INTERNATIONAL
SHIP SALE AND PURCHASE

国际船舶买卖

主　编　谈超凤　　副主编　张文静

中山大学出版社
SUN YAT-SEN UNIVERSITY PRESS

·广州·

图书在版编目（CIP）数据

国际船舶买卖/谈超凤主编；张文静副主编 . —广州：中山大学出版社，2023.9
ISBN 978 - 7 - 306 - 07885 - 8

Ⅰ.①国…　Ⅱ.①谈…②张…　Ⅲ.①船舶市场—教材　Ⅳ.①U695.5

中国国家版本馆 CIP 数据核字（2023）第 154555 号

GUOJI CHUANBO MAIMAI

出 版 人：王天琪
策划编辑：曾育林
责任编辑：曾育林
封面设计：曾　斌
责任校对：陈　颖
责任技编：靳晓虹
出版发行：中山大学出版社
电　　话：编辑部 020 - 84113349，84110776，84111997，84110779，84110283
　　　　　发行部 020 - 84111998，84111981，84111160
地　　址：广州市新港西路 135 号
邮　　编：510275　传　　真：020 - 84036565
网　　址：http：//www. zsup. com. cn　E-mail：zdcbs@ mail. sysu. edu. cn
印 刷 者：广东虎彩云印刷有限公司
规　　格：787mm×1092mm　1/16　14.875 印张　348 千字
版次印次：2023 年 9 月第 1 版　2023 年 9 月第 1 次印刷
定　　价：58.00 元

前　言

近年来，我国船舶拥有量、造船规模均处于世界领先地位。有关数据统计显示，截至 2022 年底，我国海运船队运力规模达 3.7 亿载重吨，较 10 年前增长 1 倍，船队规模跃居世界第二。我国造船业的国际市场份额已经连续 13 年保持第一。我国造船完工量、新接订单量和手持订单量三大指标均位居世界第一，中国也成为唯——个三大指标实现全面增长的国家。由此衍生的国际船舶买卖交易量逐步增长，国际船舶买卖服务需求也在迅速增加。

国际船舶买卖主要分为新造船买卖、二手船买卖和废船买卖。新造船是船舶运力供给的源头，二手船买卖是企业改变船队运力结构的主要方式，而拆船业拆解老旧船舶回收可再利用物资，在调节市场过多运力供给、绿色环保方面发挥了重要作用。

国际船舶买卖通常涉及跨国交易，国际化特征明显，需要精通技术、船舶、航运专业知识并有相关经验，熟悉国内和国外法律、国际惯例和金融体系，并具备一定外语能力的复合型人才的参与。除了从国外引进优秀人才外，本土人才的培养显得尤其重要。而航运类的特色院校在相关人才培养中承担着主要任务，本书正是在这种背景下编写的。

目前关于船舶买卖方面的书籍已有一些，而教材几乎都编写于 10 多年前，有些内容已经滞后于行业的发展，且大多都更侧重于新造船的建造理论，对最为活跃的二手船买卖和废船买卖的介绍有限，缺少实践应用的相关内容。国际船舶买卖涉及的整个体系庞大而复杂，需要融汇国际航运、造船、买卖船、法律与仲裁、融资等行业，新入行者很难短时间内在各个主要岗位都有机会学习和提升，笔者将自己在工作中的一些体会和总结汇编成此书，希望对有志于进入国际船舶买卖行业的读者有所帮助。

本书内容共七章，其中第一、二至三章主要由张文静和周振成编写，第四章主要由何晓伟和谈超凤编写，第五至七章主要由谈超凤编写。本书编写过程中参考了很多同行和学者的成果资料，在此表示衷心的感谢！

国际船舶买卖是近年来我国航运界越来越重视的一个领域，相关理论和实践方面也在不断发展变化，书中难免存在疏漏和问题，恳请读者批评指证并提出宝贵意见。

编　者

2023 年 7 月

目　　录

第一章　概　　述

学习目标：
● 了解船舶类型及主要设施设备
● 理解航运市场的周期性
● 掌握航运市场供给与需求分析

第一节　航运市场概述

一、航运市场的概念

航运市场又称海运市场。有广义与狭义之分，狭义的航运市场是指为海上运输提供船舶的船舶所有人与需要船舶运输的货方，或需要船舶从事营运的承租人进行船舶运输交易的市场，也即船舶与货物供求交易市场。广义的航运市场不仅包括上述市场，而且还包括与上述市场相互影响、相互作用、相互依存而不能单独存在的二手船买卖市场、新造船市场、拆船市场等。因此，航运市场可以分成 4 个相关联的细分市场：运费市场（船舶的运输或出租赚取运费或租金）、新造船市场、二手船买卖市场和拆船市场。如图 1 所示，可以进一步把这 4 个细分市场归为两类：实体市场和附属市场，如图 1 所示。

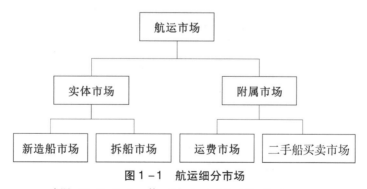

图 1－1　航运细分市场

来源：Y. H. V. Lun 等，Shipping and Logistics Management。

4 个细分市场之间存在的现金流关系如图 1－2 所示。

主要的现金流入产生自运费市场的收益，在运费市场中，运价的涨跌起伏是驱使投资者们调整其船队规模的主要机制。在拆船市场中，将旧船卖给拆船商是现金流入的另一个来源。一般而言，在经济衰退时期会有更多的船被送至拆船厂。航运服务的需求在经济衰退时期降低。拆船市场中旧船的拆解减少了航运市场中的总运力。

现金流入和流出都能从二手船买卖市场中产生。在这个市场中，船东买卖二手船。然而，涉及二手船的交易并不会改变航运业中的可得运力。新造船市场是现金流出之地，因为船东付给船厂现金来购买新船。

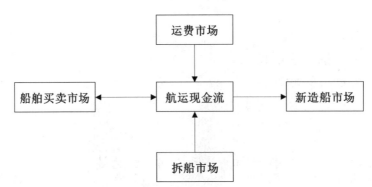

图1-2　航运细分市场现金流关系

来源：Y. H. V. Lun 等，Shipping and Logistics Management。

新造船市场需求反映了市场对航运运力的需求。新船从下订单至船舶交付进入运费市场通常需要至少一两年的时间。订造新船反映了航运投资者对未来运费市场向好的期望。因此，新船船价可作为航运产业的稳定机制。当航运需求上升时，运价将会上涨，对新船的投资将会随之加速。此时，新船造价将会上涨，通过对过度利润的"抑制"来稳定航运市场。为了在高运价时期增加航运的供给，船东通过购买新船来增加他们的船队规模。紧随着运价的上升，造船厂将会设定一个更高的新船造价，这是对增加的新船需求做出的反应。所以，运价可被视为新船价格的一个决定因素（图1-3）。

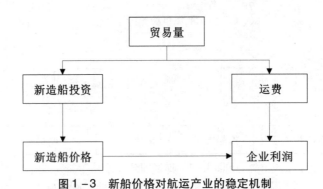

图1-3　新船价格对航运产业的稳定机制

来源：Y. H. V. Lun 等，Shipping and Logistics Management。

二、航运需求与供给

1. 航运需求市场

国际贸易是航运市场需求的来源，全球化是驱动航运发展最重要的原因。"二战"后，全球自由贸易政策、材料市场供应全球化、新的海上交通运输系统的建立造就了当今的经济全球化体系。这个体系创造了全球经济 70 多年的持续发展，至 2022 年全球 GDP 与 1950 年相比增长了 18 倍以上，带动了海运贸易量的增长（图 1-4）。

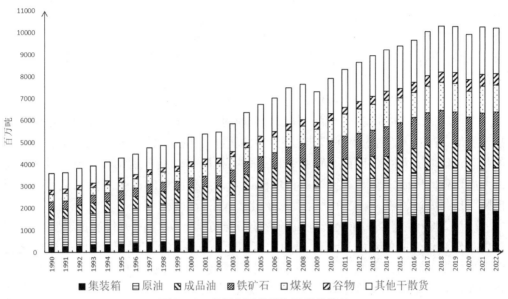

图 1-4　世界主要货种海运贸易统计

数据来源：Clarksons。

由于国际贸易商品的自然特性不同，为获得经济性，船舶经营方式不断发展，逐步形成两大运输方式——散货运输和班轮运输（图 1-5）。

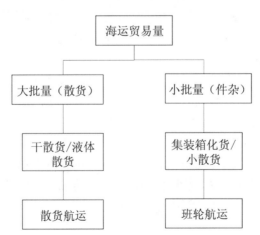

图 1-5　贸易商品与海运运输方式

来源：Y. H. V. Lun 等，Shipping and Logistics Management。

70 多年的全球化发展进程分为四大阶段：

（1）1950—1973 年：以日本、西欧国家为首在西方经济体内部率先实现了第一阶段经济全球化。这期间正是西方国家的原材料需求增长最为强劲的时期，从而带来了"二战"后第一个海运及造船业的大周期。

（2）1974—1997 年：经济的过快增长导致了过高的资源价格，抑制了全球资源需求的增长。这期间西方国家已完成工业化，对资源的需求增速出现下滑，而新加入全球化的东亚及东南亚国家，由于经济体量较小，也难以拉动全球大宗原材料的需求，同时伴着 20 世纪 70 年代遗留的大量运力过剩，该阶段海运及造船业表现平平无奇。

（3）1998—2008 年：中国更好地融入了全球经济的发展体系，成为全球制造中心并向世界输出价格低廉的产品，刺激了全球的需求，同时国内工业化及城市化的迅猛发展使我国对大宗原材料的需求量也在大幅增长。由于此前航运市场处于长期萧条的状态，新增运力供给不足，面对突如其来的需求，"二战"后第二个海运及造船业的大周期就此形成。2008 年美国次贷危机爆发，其负面影响由金融领域迅速扩展至国际贸易与海运领域，第二个海运周期由此步入下行阶段。

（4）2009 年至今：在次贷危机的影响日渐式微、以中国为代表的新兴经济体和发达经济体之间的竞争逐渐激烈的大背景下，国际贸易开始呈现出逆全球化趋势。以中国为代表的新兴经济体由于产业门类齐全、工业基底深厚、产业配套完备，在此阶段形成了竞争基础上的相对稳态，由此带来了海运运价的整体稳固和微幅增长。2020 年初，新冠疫情的暴发打破了海运市场的低迷状态，海运运价呈井喷式增长。随着新冠疫情的消退，海运市场的热度逐渐降温，进入第三个周期的下行阶段。

历经 70 多年的深入发展，目前全球经济发展模式为：大宗原材料生产国（以澳大利亚、中东、南美、独联体国家为主）、工业消费品制造国（以中国、日本、韩国、东南亚国家为主）、最终产品消费国（以美国、西欧国家等发达国家为主）三大集群间商品相互流动。原材料生产地、工业消费品制造地、最终产品消费地的不同支撑着巨大的贸易海运需求。

需要指出的是，航运需求是对运输对象的空间转移需求，它的多少并非仅由贸易量决定。当贸易量给定时，装港与卸港的地理位置及其之间的距离也是决定运输需求的一个基本因素。

2. 航运供给市场

航运供给或运力的多少往往用船舶或船队吨位的多少表示。但是，船舶吨位并不能直接全面反映供给量的多少。船舶使用效率、航速也对航运供给产生重要影响。因此，供给也与船舶实际能航行的距离相关（图 1－6）。

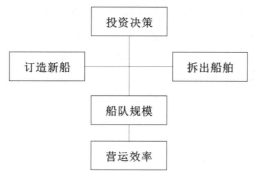

图1-6 航运供给的影响因素

来源：Y. H. V. Lun 等，Shipping and Logistics Management。

案例链接1-1

~~~
**史无前例！美国港口大堵船，等候的集装箱总长约2200公里，运费暴涨300%**

来源：上观新闻 作者：央视财经 2021-09-24

本周以来，美国最繁忙的南加州洛杉矶港和长滩港拥堵情况加剧，"南加州海事交易所"的最新数据显示，截至本周一，在以上两个港口外等待进港的集装箱货船多达97艘，是历史上从未有过的。有机构测算，如果把正在等候的船只上装载的所有集装箱首尾相连，总长度可达约2200公里，相当于从美国东海岸到西海岸之间距离的一半。那么，这一规模的拥堵会造成哪些影响？大概还会持续多久？

位于美国南加州的洛杉矶港和长滩港，是连接亚洲和美国海运航线的门户港口。去年全年，洛杉矶和长滩两港共处理了880万个进口集装箱，占美国全年进口集装箱总量的四成。

然而，受全球海运行业供需失衡以及港口作业能力疲软等因素影响，南加州港口的拥堵状况持续并不断恶化。目前，两港积压货船共97艘，是8月同期的两倍；平均进港时间已经从8月中旬的6.2天，延长至目前的8.7天。航运物流巨头马士基预计，全球主要货运港口严重拥堵的情况将至少持续到今年年底。

马士基（中国）有限公司总裁彦辞：海运供应链紧张不仅体现在港口，还与陆地运输有关。比如港口通往内陆的铁路运力不足、货运卡车不足。综合来看，至少到今年底，全球航运物流市场都将持续紧张。

"德鲁里世界集装箱指数"23日的最新数据显示，本周从上海向洛杉矶运送一个40英尺①标准集装箱的运费为10377美元，折合人民币近67000元，比去年同期上涨329%。业内人士指出，近期飙涨的是"即期运费"，并不反映全球海运业全貌。

占据海运业订单更大比例的"长期合同运费"波动幅度不大，对供应链下游的影响较小。马士基最新发布的季报显示，其东西航线每个40英尺集装箱在今年二季度的平均运价为3148美元，同比上涨67.5%，运费水平和涨幅都明显低于即期运费。
~~~

———————————

① 1英尺≈0.3048米。

由于航运活动的产品不能脱离生产过程单独存在，无法储存，航运业只能直接利用吨位变化和航速变化去适应航运需求的变化。然而，当需求发生变化时，由于船舶吨位的增加需要一段时间，船舶吨位退出市场也有一定的困难，航运供给就不可能随时与需求相适应。因此，航运供给市场有其显著的行业特征。

（1）行业属性。大宗商品属性：造船业是投资品中少有的无论新、旧产品都有明确的价格标示、标准化的产品、可自由流通的市场的行业。"量"与"价"的结合令造船业剧烈波动，在景气高峰时，行业表现为"量价齐升"；在周期向下时，则表现为"量价齐跌"（图1-7）。

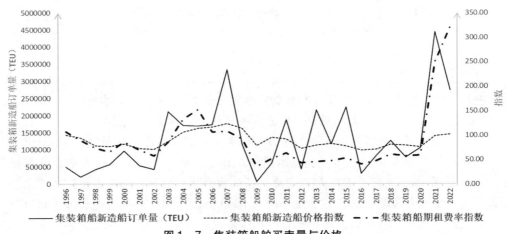

图1-7　集装箱船舶买卖量与价格

数据来源：Clarksons。

周期滞后性：船厂通常在经济高度景气时获得海量的订单，而商船交付的高峰则一般在获得订单后的第2～3年，如其间经济存在大幅波动，则往往会造成运力"错配"的局面。因此，行业的"繁荣—衰退"的巨大周期难以避免（图1-8）。

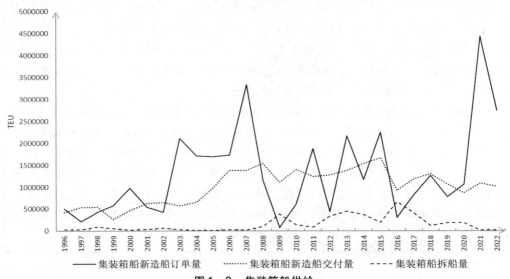

图1-8　集装箱船供给

数据来源：Clarksons。

长周期性：造船业的上游航运业主要承担大宗商品的运输，而大宗商品的超级周期往往与大国崛起的时间相契合，造船需求的周期与大宗商品的周期基本一致，长达20～30年。此外，商船的使用年限一般为20年以上，产品的替换需求也需要长时间才能获得释放（图1-9）。

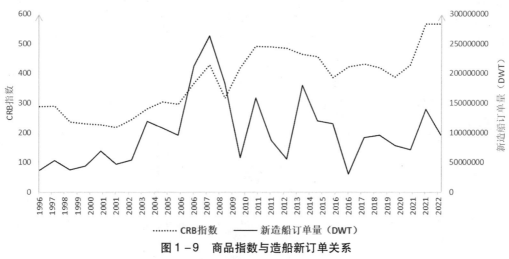

图1-9 商品指数与造船新订单关系

数据来源：Clarksons。

产业转移规律：历史上，全球造船中心经历过三次转移：西欧→日本→韩国，目前正经历由韩国向中国转移的过程。每次都是由发达国家向发展中国家转移。其原因在于大部分商船的进入壁垒不高，拥有廉价劳动力、原材料、能源优势的发展中国家可以获得较大的比较优势（图1-10）。

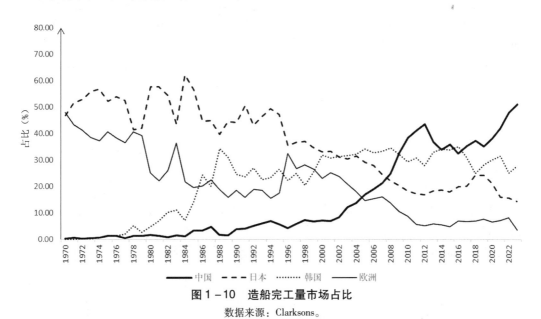

图1-10 造船完工量市场占比

数据来源：Clarksons。

（2）船舶市场的经济平衡理论。根据经济学上的供需平衡理论：商品价格越低，需求量越大；价格越高，供给量越大；价格是由供给与需求的均衡点决定的。从长期看，船舶的价格与成本是相当的，市场价格在成本线上波动；船舶市场价格的短期变动与市场状况有关。但船舶属于二次消费品，供需关系不能完全解释二次消费品的价格与供需之间的相互关系。这是因为购买者是否购买，或购买多少二次消费品并不完全取决于这些商品价格的涨落。新船属于某种意义上的"生产工具"，船东做出购买新船的决定不仅仅是出于新船价格的涨跌，还要考虑到通过使用新船，船东能够获取多大的收益。当预期收益高时，即使新船价格很高，也是可以考虑订购更多新船的。从表象上分析，商品价格的波动主要可以分解为以下情况：周期性波动、季节性波动、不规则偶发性波动及长期趋势。船舶价格波动主要受整个航运市场波动的影响（图1-11）。

图1-11　船舶与航运市场关系

来源：陈飞儿、张仁颐、胡昊：《船舶贸易与经营》，上海交通大学出版社2012年版。

周期性波动：船价波动与航运运价市场波动基本是同步的。实际上，船价是衡量船舶市场兴衰的一个重要指标。就历史数据分析，世界新船价格平均每7～9年波动一次。船价大波动时的涨落幅度都是成倍的。如2021年MSC以总价3.4亿美元从美国基金Mangrove Partners购入四艘集装箱二手船，而这四艘船舶在2017年市场低迷时的交易价格仅为总价3200万美元。

季节性波动：季节性波动一般只发生在航运市场，新船价格的季节性波动不明显。

不规则偶发性波动：这种波动往往是难以预料的。如石油危机、苏伊士运河关闭、亚洲金融危机、伊拉克战争、美国次贷危机引发的全球金融危机，以及新冠疫情等，这些突发事件都对世界船舶市场产生了重大影响，直接左右了船舶市场价格的涨落。

长期趋势：由于海事机构对运输船舶的安全、舒适性和环保等方面的要求越来越高，船舶的绝对成本不断上升。例如，同等载重吨位下，双壳油船的船价比单壳油船高出15%～26%；目前越来越引人注目的MARPOL公约、ISM规则、PSC规则等，都对船舶的结构、防污染提出了越来越多的要求，这些无疑使船舶价格不断上升。

案例链接 1-2

航运业减排加速！全球航运"一哥"马士基订购首批大型碳中和船

来源：华尔街见闻　2021-08-25

全球最大集装箱航运公司马士基"百尺竿头更进一步"，于 8 月 24 日周二宣布率先订购可由中国航行至欧洲或跨太平洋货运的大型碳中和船舶，为集装箱航运业的脱碳减排转型树立新标杆。

据多家媒体报道，马士基计划投资 14 亿美元打造更环保的船队，向韩国现代重工订购的 8 艘新船将采用混合动力技术，既能使用传统的低硫船用燃油，也可使用碳中性的绿色甲醇。每艘混动货轮最高装载 1.6 万个集装箱，每艘耗资 1.75 亿美元，预计 2024 年交付且可选下一年再交付 4 艘。

据悉，这批新船约占马士基集装箱总运力的 3%，取代旧船后每年可减排约 100 万吨二氧化碳。有分析称，马士基正在向航运业脱碳迈出迄今为止最大的一步，成为全球首家订购大型碳中和船舶的集装箱航运公司。

马士基船队战略品牌负责人 Henriette Hallberg Thygesen 坦言，使用绿色甲醇的混动货轮造价比传统船舶高出 10%～15%，绿色甲醇作为燃料的价格也是传统船用化石燃料的两倍，在正常的运价环境中，燃料价格翻倍意味着运费将上涨约 15%。

船舶价格的波动与周期性促使造船业向新兴工业国（地区）转移。20 世纪 60—70 年代是美国造船业的衰落和日本造船业的崛起，80 年代是西欧造船业的萎缩和韩国造船业的不断攀升，如今是中国造船业的不断攀升。

（3）供需匹配。从航运对象来看，航运需求具有多样性，如对象的理化性质、质量、体积、包装、外形等。要求供给满足多样性的需求，在货种、船型等方面要匹配，如表 1-1 所示。

表 1-1　商船及运输货物

总分船型	细分船型	载运量	运送货物
油轮	ULCC/VLCC	>16 万吨	原油
	苏伊士型	12 万～16 万吨	原油或成品油
	阿芙拉型	8 万～12 万吨	原油或成品油
	巴拿马型	6 万～8 万吨	原油或成品油
	灵便型	1 万～6 万吨	成品油
干散货船	好望角型	>8 万吨	铁矿石、铝土矿
	巴拿马型	6 万～8 万吨	铁矿石、煤炭、粮食
	灵便型	1.5 万～6 万吨	粮食、煤炭、钢铁、水泥、非金属矿、糖、化肥等
集装箱船		500～24000 TEU	集装箱通用货物

续上表

总分船型	细分船型	载运量	运送货物
液化天然气船			液化天然气
液化石油气船			油碳氢化合物或混合气

三、航运市场周期性

全球化带来经济繁荣、中国工业化带来自身对大宗原材料的消费，是超级大周期的需求端。从供给端看，通常情况下，造船产能及运力交付周期紧跟海运贸易周期，然而在供给与需求严重失衡时，超级大周期产生的概率大大增加（图1-12）。

图1-12　1995—2023年波罗的海干散货运价指数（BDI）

数据来源：Clarksons。

1. 航运供需失衡

供需失衡是海运及造船大周期产生必不可少的条件。在需求大幅增长的同时，运力供给并没有跟上需求增长的速度，供需不匹配所提供的"时间差"，使得海运费及船价及船舶交易量获得了空前的飙升。（图1-13、图1-14）

以最近一次海运及造船大周期为例，自2008年次贷危机爆发至2019年，长达12年的时间中，海运市场一直处于相对低迷的状态，运力供需趋于平衡。2020年初，新冠疫情暴发并迅速席卷全球，各国对医疗和生活物资的需求快速增长，由于我国率先复工复产，大量医疗与生活物资从我国出口至世界各地，海运需求迅速增长。但在供给端，受疫情影响，欧美港口装卸工人、卡车司机等人力资源短缺，导致港口作业效率降低并形成堵塞，船舶在港时间延长，运力周转效率降低，海运市场整体运力被大大压缩。供需失衡推动海运运价节节攀升，从而为船公司带来丰厚利润，船公司将从运费市场赚取的收益投入船舶买卖市场，推动了新船与二手船交易量以及船价大幅上涨。

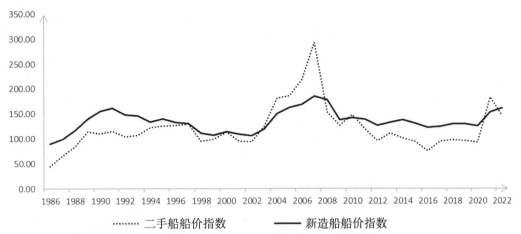

图 1-13 1986—2022 年二手船船价指数与新造船船价指数

数据来源：Clarksons。

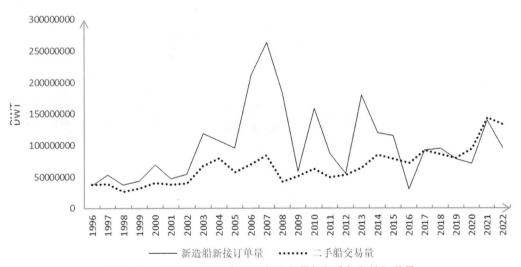

图 1-14 1996—2022 年二手船交易量与新造船新接订单量

数据来源：Clarksons。

如果将供给与需求两者结合，伴随着运力紧张、扩张、过剩、收缩的交替出现，全球化带来的四大需求周期又衍生出七个阶段（表 1-2）。通常而言，供需两端皆表现出良好的现象，则繁荣可期，例如 1998 年以后的超级周期；供需两端皆差，则萧条基本不可避免；供需两端一好一坏，则市场处于平衡阶段。然而，每个周期中供给、需求的表现都是大周期的一部分，相互间存在着极为密切的联系。当下的市场，供给过剩已经不可避免（图 1-15），而需求则需要观察未来几年的全球经济增长情况。因此，下一个航运周期，航运市场最差的结果可能是萧条，最好的结果可能是平稳，但短期重回繁荣几无可能。

表 1-2　"二战"后航运时期

周期起止时间	需求增速	供给端	市场表现
1945—1956	旺盛	紧缺	繁荣
1956—1973	旺盛	运力迅速扩张	回报较高
1973—1988	每年1%增速	运力严重过剩	萧条
1988—1997	每年4%增速	消化过剩运力	回报低
1998—2008	每年4%增速	紧缺	繁荣
2009—2019	下滑	运力过剩	萧条
2020—2022	旺盛	紧缺	繁荣
2023—	下滑?	运力过剩	萧条?

来源：Maritime Economics 3rd ED. 2009 by martin Stopford，国金证券研究所。

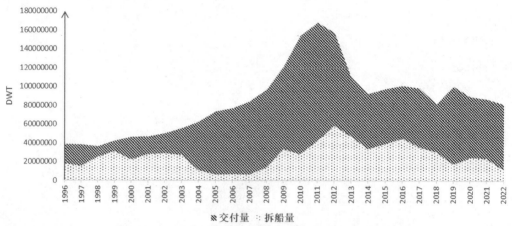

※交付量　∶拆船量

图 1-15　1996—2022 年集装箱船舶交付量与拆船量

数据来源：Clarksons。

2. 航运投机需求

投机需求是航运周期形成的另一重要原因。通常而言，船东订购新船的主要动机是更新船队或扩充运力，但在市场行情看涨之时，投机的需求不容小觑。由于普通的商船具有通用性，且二手船交易已形成标准化的市场，价格、成交信息十分透明化，这就为商船交易提供了一定的投机环境。船东在投机时对市场看好，认为运价会涨，船价也会上涨，期望在订船之后、交船之前有机会把船转卖出去，以赚取差价。在长达数年的航运牛市中，市场给予了投机船东大量的回报，因此越来越多的船东在下单时并不理智（图 1-16）。

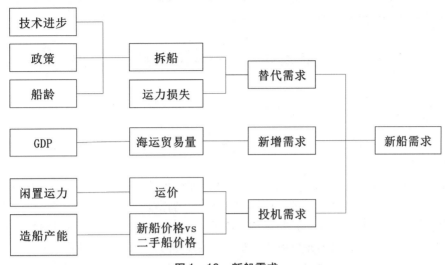

图 1-16 新船需求

来源：陈飞儿、张仁颐、胡昊：《船舶贸易与经营》，上海交通大学出版社 2012 年版。

以 2600～2900 TEU 集装箱船为例，2008 年美国次贷危机爆发后，航运市场低迷，5 年、10 年、15 年船龄的二手船船价相对于新船价格折价分别为 40%、60%、75% 左右。2020 年后二手船船价暴涨，2021 年 5 年、10 年、15 年船龄的二手船船价甚至分别超过新船船价 15%、10%、3%，飙升的二手船价导致船东对于新船价格暴涨有很乐观的预期（图 1-17）。

图 1-17 2600～2900 TEU 集装箱二手船价相对于新船价格的折价幅度

数据来源：Clarksons。

投机需求造成的后果是风险转嫁给船厂。当航运市场步入萧条期，航运企业推迟接船或违约的可能性大增，同时船价快速下跌，高位订船的船东可以通过弃船的方式

将损失降至较低水平，虽然可能承担一定的违约金及信誉损失，但原来由船东承担的大部分风险被转移至船厂。

第二节　船　舶　概　述

一、船舶种类

船舶是指能航行或停泊于水域进行运输或作业的交通工具，按不同的使用要求而具有不同的技术性能、装备和结构。

按船体材料分，有木船、钢船、水泥船和玻璃钢船等；按航行区域分，有远洋船、近洋船、沿海船和内河船等；按动力装置分，有蒸汽机船、内燃机船、汽轮船和核动力船等；按推进方式分，有明轮船、螺旋桨船、平旋推进器船和风帆助航船等；按航进方式分，有自航船和非自航船。商用船舶通常是按用途进行划分的。因分类方式的不同，同一条船舶可有不同的称呼。按用途的不同，商用船舶可分为：客船、客滚船、杂货船、散货船、集装箱船、滚装船、油船、化学品船、液化气船、多用途、特种货船、木材船、冷藏船、牲畜运输船等。常见的商用船舶类型如图 1－18 所示。

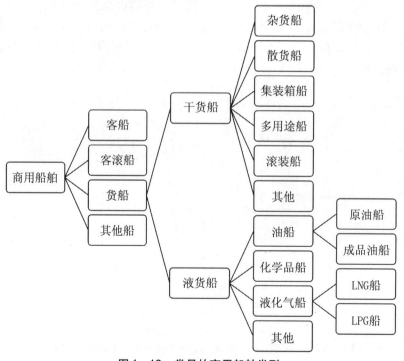

图 1－18　常见的商用船舶类型

1. 客船（passenger carrier）
客船是指专门用于运送旅客及其所携带的行李兼带少量货物的运输船舶，一般定班定线航行。《国际海上人命安全公约》规定，凡载客超过 12 人的海船须按客船标准要求进行设计及配备。所以，严格地讲不论是否以载客为主，载客超过 12 人的均应视为客船。

客船一般具有多层甲板的上层建筑，用于布置旅客舱室；设有较完善的餐厅和卫生娱乐设施；具有较好的抗沉性，一般为"二舱不沉制"或"三舱不沉制"；配备有足够的救生、消防设施；航速较快且功率储备较大，设置减摇装置以改善航行环境。随着远程航空运输的发展，客船逐渐转为提供短途运输和旅游服务。如图 1 - 19、图 1 - 20 所示。

图 1 - 19　豪华客轮

图 1 - 20　双体高速客船

2. 杂货船（general cargo carrier）

杂货船是干货船的一种，主要指运载包装、箱装、捆装、桶装杂件货的普通货船。如图 1 - 21、图 1 - 22 所示。杂货船的主要优点有：

（1）吨位小，机动灵活。远洋的杂货船总载重吨约为 10000 吨，有的杂货船可达 20000 吨以上；近洋的杂货船总载重吨约为 5000 吨；沿海的杂货船总载重吨约为 3000 吨。现全球杂货船队中有 80% 以上的杂货船是小于 10000 吨的，这些小于 10000 吨的杂货船吃水一般在 8.5 米以下，对航道的要求低，且操纵性好，可以轻松地通过狭窄水道、桥梁、船闸。又因其所需的转弯半径小，故对港口的水域面积要求低，可以方便地进出各个中小港口。

（2）可自带起货设备。杂货船装载的件杂货种类繁多，会去到条件不同的港口，故要求杂货船的适应性强。自给自足是杂货船的特点，通常自备吊杆，有的还有重吊。杂货船自带起货设备，因此对码头的要求就大大降低了，哪怕是光杆码头，甚至是普通的由岩石组成的海岸，只要前沿的水深足够、海况允许，杂货船就可以靠岸装卸，所以杂货船的活动范围就延伸到各个小型码头。因为小型码头的造价低，所以通常船舶所支付的港口使费就低，进而拉低了货物的运费，经济性好。

（3）舱口、舱内空间大。新造的杂货船倾向于大舱、宽口，以便于装载大型货物。不同吨位的杂货船的舱口尺寸也不同，如一艘 5000 吨的杂货船，其舱口尺寸在 10.5 米左右，而万吨杂货船的舱口尺寸超过了 14 米。同时，杂货船的底舱都被设计成大舱，且底舱的甲板强度大，船体底部多为双层结构，系固配件多，这就为装运重大件货提供了方便。再者，装运重大件货的杂货船有相当部分配备了重吊，件杂货码头上也大都配备了重型门机或重型浮吊，这些重吊的起重量一般在百吨以上，足以保证重大件货的正常装卸。

（4）建造营运成本低。杂货船和集装箱船主要的运输对象都是件杂货。但杂货船的建造成本通常低于同吨位集装箱船。杂货船被设计成几个船舱，而大多数全集装箱船却是单一船舱，集装箱船由于没有横舱壁，其船体的横向强度要低于同吨位的杂货船，所以杂货船可以选用在硬度、刚度、屈服极限等参数上比集装箱船要求低的船体材料。此外，杂货船航行速度慢，因此可以选用低功率、价格便宜的主机。在船舶导航、通信设备和船员配备等方面，国家标准和国际公约对杂货船的要求也比对集装箱船的要求要低。

杂货船的营运成本也更低。对集装箱船来，说保证班期是商业信誉的体现，至关重要，所以集装箱船的航速都保持在 20 节以上，而远洋杂货船一般为 14～18 节；近洋杂货船的航速一般为 13～15 节；沿海杂货船的航速一般为 11～13 节。集装箱船航速的提高带来耗油量的大幅增加，其航行成本要远大于同吨位的杂货船。由于杂货船在码头的管理成本低，在码头的停泊费用也通常低于集装箱船，所以杂货船的总成本要低于同吨位的集装箱船，这使得杂货船能报出对货主更有吸引力的运价。

杂货船的主要缺点是各种杂货需要包装、装卸前捆，装卸时间长、劳动强度大、货易损、装卸效率低、货运周期长等。

图 1-21　杂货船运输游艇

图 1-22　杂货船

3. 散货船（bulker）

散货船的运输对象为粉末状、颗粒状、块状等非包装散堆货，如粮食、矿砂、煤炭、铁矿石等。这类船舶多为尾机型、单甲板，舱口也较大，并且多不配起货设备。可以分为普通散货船、专用散货船、兼用散货船、特种散货船等。

普通散货船一般为单甲板、尾机型，货舱截面呈八角形，货舱横剖面呈棱形，货舱四角的三角形水柜为压载水舱，舱口尽量大，便于装卸，不设装卸设备。如图 1-23 所示。

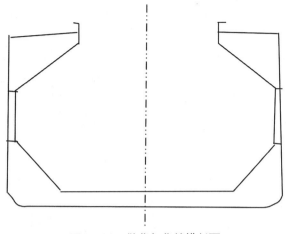

图 1 - 23　散货船货舱横剖面

普通散货船按照载重吨位大小，可以如表 1 - 3 所示划分。

表 1 - 3　散货船分类

船型	船舶载重（吨）
灵便型（Handy）散货船	15000 ～ 39000
大灵便型（Handymax）散货船	40000 ～ 50000
超灵便型（Supemax）散货船	50000 ～ 60000
巴拿马型（Panamax）散货船	60000 ～ 80000
卡尔萨姆型（Kamsarmax）散货船	80000 ～ 85000
超巴拿马型（Post-Panamax）散货船	90000 ～ 110000
小好望角型（Mini-cape/Baby-cape）散货船	110000 ～ 160000
好望角型（Capesize）散货船	160000 ～ 220000
超大型矿石运输船（Ultra Large Ore Carriers，ULOC）散货船	>220000

　　灵便型散货船（图 1 - 24）可细分为 Handy 型、Handymax 型和 Supermax 型。Handy 型散货船载重吨在 15000 ～ 39000 吨之间，通常配有 5 个货舱，一部分小型 Handy 型散货船也会有 4 个舱。除了传统的 Handy 型散货船，也会有一些结构更复杂的 Handy 型散货船可以用来运输原木。这种船通常被称为原木船，它们额外配有系固装置、支柱接口和支柱在甲板的船舷边上，以便于原木的安全存放。这些支柱可以是永久性的，也可以是可拆卸的。另外，20000 ～ 30000 吨的 Handy 型散货船通常用于美国五大湖和圣劳伦斯河道上，因此，它们也被称为大湖型散货船。这种大湖型散货船船长 70 米，宽 21.5 米，吃水 7.92 米，净空高不会超过 35.6 米。

　　Handymax 型散货船载重吨在 40000 ～ 50000 吨之间，也配有 5 个货舱。但是这种船型普遍较老了，现在的新造船很少在这个载重吨范围。

　　Supermax 型散货船目前几乎已经取代了 Handymax 型散货船，载重吨在 50000 ～ 60000 吨之间，也是 5 个舱。近些年新出了 Ultramax 型散货船，载重吨在 62000 ～

65000 吨之间，5 个货舱，这种船通常配有"经济型主机"，一般被当作 Supermax 型散货船的升级版。

Panamax 型散货船（图 1 - 25）载重吨在 70000～80000 吨，但是也有一些在 2000 年之前造的比较老的 Panamax 型散货船在 60000～70000 吨之间。Panamax 型散货船通常有 7 个货舱，而正如它的名字，这种船型是巴拿马运河允许通过的最大型船舶。当然，随着运河的扩建，相应更大的船舶也被设计、建造出来，这种船舶被称为 Post-Panamax（超巴拿马型）船，她们载重吨在 90000～110000 吨间不等。

Kamsarmax 型散货船比 Panamax 型散货船略大，船载重吨在 80000～85000 吨之间，大多数为 82000 吨左右，船长 229 米，比 224～225 米的 Panamax 散货船略长。它是能够进入西非卡尔萨姆港（Kamsar）的最大型船，卡尔萨姆港是世界上最大的铝矾土出口港。地处西非的几内亚拥有世界上最大的矾土储量，每年能生产 1800 万载重吨铝矾土，主要出口美国。该船型在该航线上具有非常好的经济性。

Capzesize 型散货船载重吨在 160000～220000 吨之间。早前，有更小的 Capesize 型散货船被称为 Mini-cape 或 Baby-capes，载重吨在 110000～160000 吨之间，当然，这种船毕竟不是一种常规的设计，在市场上也很少见。Capesize 型船通常有 9 个货舱。一些较大的 Capesize 型散货船宽 47 米，被称为 Newcastlemax 型散货船，它们是能够进入澳大利亚纽卡斯尔港的最大船舶。

ULOC 是一种比 Capesize 更大的船型，通常用来运输铁矿石。这种船最大的被称为 Valemax 或 Chinamax，载重吨高达 400000 吨。

较小的船型通常（但并不是所有的）装备有船吊。而更大的船型——从 Panamax 到 VLOC 大多不会配备船吊。很少一部分有船吊的主要是 Panamax 和 Karsarmax 型散货船。小型散货船可以运输多种散货甚至可以用来运输杂货，所以主要是近海运输。而 Panamax 和 Capesize 型散货船主要是运输粮食、煤炭和铁矿石，其他货物很少。更大的 ULOC 基本用来运输铁矿石。

图 1-24　灵便型散货船

图 1-25　巴拿马型散货船

专用散货船是根据一些大宗、大批量的散货对海上运输技术的特殊要求而设计建造的散货船，主要有运煤船、散粮船、矿砂船、散装水泥船等。例如，矿砂船对货舱容积要求不大，双层底抬高，适当提高货物重心，改善船舶性能，有利于矿砂装卸。

兼用散货船指根据某些特定的散货或大宗货对海上运输技术的特殊要求而设计建

造，并具有多种装运功能的船舶。主要有矿/油（ore/oil）两用船，用于运输矿砂和原油。简称为O/O船，这种船的中间货舱比较窄，占整个船舶货舱船容的40%～50%。运输矿砂时把矿砂装在中间货舱内，而运输原油时，则把原油装在两侧边舱和中间舱内。矿/散/油（OBO）三用船用于运输矿砂、较轻的散货和原油等。

特种散货船有自卸散货船等，自卸散货船是一种具有特殊货舱结构且自身装有一套自动卸货系统的船舶。其货舱底部呈"W"形，下面尖顶部位有开口，可将货物漏到下面的纵向传动皮带上，再经垂直提升机和悬壁运输皮带输送到码头上。

4. 集装箱船（container carrier）

通常不会用载重吨来衡量集装箱船的运输能力。它们的载重单位是标箱（TEU）。目前最大集装箱船达到24000多标箱。它们的速度一般比较快，可以达到25节。经营方式几乎全部为班轮运输，多半是船身较宽的单层甲板、双层底和双层壳船，为了装卸货的方便，设有宽大的货舱口，货舱内为格栅结构，对稳性要求高。

5. 油船（tanker）

油船与其他轮船很容易区别开来，由于用油泵通过管路装卸货物，油船甲板上没有起货设备和大的货舱口，但设有入孔舱口；单层甲板、双层底、双层舷侧、尾机型，货舱多道纵舱壁和多道横舱壁分隔，以减小自由液面对稳性的影响；多管系，包括输油、清舱、通气、加热（冬）、洒水（夏）、惰性气体（防燃）等管系。油船种类相对比较简单，主要的类型包括原油船和成品油船，当然也会有一些特殊的类型，比如沥青船等。

按载重吨位大小，将油船分为以下类别（表1-4）：

表1-4　油船按吨位分类

运输对象	船型	船舶载重吨（吨）
成品油	小型（general purpose tankers，GP）	10000～25000
	中型（medium range，MR）	25000～45000
成品油或原油	长型1类（long range 1，LR1）	45000～80000
	长型2类（long range 2，LR2）	80000～160000
原油	超大型轮（very large crude carrier，VLCC）	160000～320000
	巨型轮（ultra-large crude carrier，ULCC）	>320000

按船型可分为灵便型、巴拿马型、阿芙拉型、苏伊士型、超大型轮、巨型轮（表1-5）。

表1-5　油船按船型分类

运输对象	船型	船舶载重吨（吨）
成品油	灵便型（Handysize）	10000～60000
成品油或原油	巴拿马型（Panamax）	60000～80000
	阿芙拉型（Aframax）	80000～120000
	苏伊士型（Suzmax）	120000～160000

续上表

运输对象	船型	船舶载重吨（吨）
原油	超大型轮（very large crude carrier，VLCC）	160000～320000
	巨型轮（ultralarge crude carrier，ULCC）	>320000

小型通用油船（general purpose tanker）和 MR（中型）油船通常用在较短航线上，例如从欧洲到美国东海岸，主要用来运输精炼的成品油，由于尺寸较小，能够进出全球大多数港口。

LR1（长型1类）油船，既可以用来运输成品油，也可能运输原油。其中专门用来运输脏油和原油的也可以叫作 Panamax 油轮。LR2（长型2类）油船也是原油、成品油都可以运输的，载重吨在 80000～160000 吨。其中适合运输原油的包括 Aframax 型油轮（图 1-26），载重吨在 80000～120000 吨之间，此船可以停靠大部分北美港口，并可获得最佳经济性，一般又被成为"运费型船"或"美国油轮船"。还有 Suzmax 型油轮载重吨在 120000～160000 吨之间，是满载状况下可以通过苏伊士运河的最大油船，该船型以装载 10 万吨原油为设计载重量，载重量一般不超过 15 万吨，因此又常被称为"百万桶级油船"。LR 型油船最常见。

VLCC（超大型）油船（图 1-27）和 ULCC（巨型）油船一般只用来运输原油。VLCC 载重吨一般最高为 320000 吨，用于全球范围内大部分原油运输。目前世界上载航 ULCC 共有 4 艘，最大的载重吨为 44 万吨。由于船型过于巨大，因此需要定制的节点来进行装卸货操作。

图 1-26　阿芙拉型油船

图 1-27　VLCC

6. 液化气船（liquified gas carrier）

液化气船是专门装运液化气的液货船，装有特殊的高压液舱，先把天然气或石油气液化，再用高压泵打入液舱内的运输。液压的主要方式是降温或降压。液化气船可分为液化天然气船（liquified natural gas carrier，LNG 船）和液化石油气船（liquified petroleum gas carrier，LPG 船）。液化气船的吨位通常用货舱容积立方米表示，船速在 15～20 节之间。

（1）LNG 船。LNG 船只有一种，就是冷冻式液化天然气船。常压下，天然气的

液化温度为 –164 ℃，液态时的体积只为气态时的 1/600。在液化的温度下一般船用碳素钢均呈脆性，为此液化天然气船的液货舱只能用昂贵的镍合金钢或铝合金制造。

LNG 船型按液货舱的结构划分为独立贮罐式和膜式两种。早期的液化天然气船为独立贮罐式（图 1–28），是将柱形、筒形、球形等形状的贮罐置于船内。贮罐本身有一定的强度和刚度。船体构件对贮罐仅起支持和固定作用。膜式液化天然气船（图 1–29）采用双壳结构，船体内壳就是液货舱的承载壳体。在液货舱里衬有一种由镍合金钢薄板制成的膜。它和低温液货直接接触，但仅起阻止液货泄漏的屏障作用，液货施于膜上的载荷均通过膜与船体内壳之间的绝热层直接传到主船体。同独立贮罐式相比，膜式的优点是容积利用率高，结构重量轻，因此新建液化天然气船，尤其是大型的，多数采用膜式结构。这种结构对材料和工艺的要求高。液化天然气船设备复杂，技术要求高，体积和载重吨位相同的油船相比较大，因此造价也高得多。液化天然气船一般都设有气体再液化装置，也可运送液化石油气。

图 1–28 贮罐式 LNG 船

图 1–29 膜式 LNG 船

（2）LPG 船。石油气可以在常温下加压或冷冻而液化，故根据液化的方法可将 LPG 船分为三种：①将石油气加压液化，称全加压式液化石油气船。这种船是将几个压力储罐装在船上，结构简单，出现最早。②将石油气冷冻液化，称全冷冻式液化石油气船。这种船为双壳结构，液货舱用耐低温的合金钢制造并衬以绝热材料，容量大多在 1 万立方米以上。③将石油气既加压又冷冻，称为半加压半冷冻式液化石油气船。

液化天然气船可以兼运液化石油气船，但是液化石油气船却不能装运液化天然气船，所以液化天然气船的大型化发展较快，而液化石油气船的大型化发展慢，一般货舱容积不超过 10 万立方米。

7. 化学品船（chemical tanker）

化学品船是用于运载各种有毒的、易燃的、易发挥或有腐蚀性化学物质的货船，如甲醇、硫酸、苯等。运输对象通常易燃、易爆、易挥发、具有强腐蚀性和剧毒。因此，对船舶的防火、防爆、防毒、防腐蚀等有很高的要求。液体化学品船多为双层底和双重舷侧，货舱设有分隔。一般双层底和双重舷侧分舱分隔多，并装有专用的货泵和管系，各种泵及关系多且复杂，货舱内壁及管系采用高抗腐蚀材料，建造技术高、费用大，属于高价值船。

为了确保运输安全，按运输货种危险性大小将货船分成三类：

第一类：专用于运输最危险的货物，双层底，双重舷侧，边舱宽度不小于1/5船宽，以防船舶碰撞、搁浅而使液体泄出船外。

第二类：专用于运输危险性略小的货物，双层底，双重舷侧，边舱宽度小于第一类船舶。

第三类：专用于运输危险性更小的货物，其构造与油船相似。

二、船舶主要设备

一艘营运的船舶必须安装有各种各样的设备。通过这些设备的应用来完成船舶的航行、靠离泊、装卸货物等生产作业，并保证船舶和人员的安全。根据组成船舶的各种系统、机械和设备所起作用的不同，可以将其分为推进装置、辅助装置、管路系统、甲板机械、防污染设备、特种系统六个部分。

1. 推进装置

推进装置也称主动力装置，是指以一定功率推动船舶航行的设备，它是船舶的心脏，是船舶动力设备中最重要的部分。推进装置（图1-30）包括主机及附属系统、传动设备、轴系和推进器。各主要部分的作用为：

（1）主机，是指推动船舶航行的动力机械。如柴油机、蒸汽机、汽轮机、燃气轮机等。

（2）传动设备，传动设备的功用是隔开或接通主机传递给传动轴和推进器的功率，同时还可达到使后者减速、反向和减震的目的。其设备包括离合器、减速齿轮箱和联轴器等。

（3）轴系，用来将主机的功率传递给推进器，它包括传动轴、轴承和密封件等。

（4）推进器，是能量转换设备，能够将主机发出的能量转换成船舶推力。它包括螺旋桨、喷水推进器等。

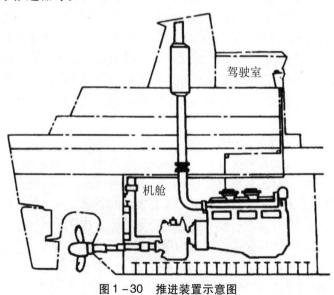

图1-30　推进装置示意图

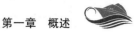

2. 辅助装置

辅助装置是产生除推进装置所需能量以外的其他各种能量的装置，包括船舶电站、辅助锅炉、压缩空气系统以及为船员和旅客生活服务的设备和系统。船舶电站提供全船所需的电能，由发电机组、配电板及其他电气设备组成。发电机组中驱动发电机的柴油机通常称为副机。辅助锅炉装置提供低压蒸汽，以满足加热、取暖及其他生活需要。压缩空气系统提供压缩空气，以满足船和旅客柴油机起动、自动控制和船舶作业的需要。

3. 管路系统

管路系统简称管系，用以输送各种流体，由各种容器、管路、泵、滤器、热交换器和阀件等组成。按用途可以分为动力系统管系和辅助系统管系。

（1）动力系统管系是指为推进装置和辅助装置服务提供保障的管路系统，用于输送燃油、润滑油、海水、淡水、蒸汽和压缩空气等，主要包括燃油系统、滑油系统、海水和淡水系统、蒸汽系统和压缩空气系统等。

（2）辅助系统管系指为船舶航行、人员生活和安全服务的管路系统，也称船舶系统或通用系统，包括压载水系统、舱底水系统、消防系统、日用系统、通风系统、空调和冷藏系统等。

4. 甲板机械

甲板机械是指为满足船舶航行、停泊及装卸货物需要而设置的设备，主要包括舵机、锚机、绞缆机、起货机、货舱盖开关机械、侧推器和减摇设备等。

船舶起货机是现代航运业中不可或缺的重要设备之一。除完成装卸货物、移动货物、吊运物品等基本任务外，良好的起货设备还可以大大提高港口的作业效率，缩短停港用时，加速港口的货物吞吐量。因此，在现代化的大型货轮上，起货机已经成为必备的设备之一。

船舶起货机主要分为电动起货机和液压起货机两种类型。其中，液压起货机具有功率大、承载能力强、升降速度快等特点，被广泛应用于大型船舶的起重作业中。根据起货设备的不同，又可分为吊杆式起货机和回转式起货机（又称克令吊）。回转式液压起货机具有结构紧凑、操作灵活方便、作业效率高、安全性好等特点，是目前大型船舶中应用最为广泛的一种起货机。

吊杆式起货机可以根据吊杆数量的不同分为单吊杆式和双吊杆式。单吊杆起货机的优点主要体现在以下方面：首先，单吊杆起货机只需一人操作，降低了人力成本和作业难度。其次，由于作业前准备工作简单，且可随时调整作业范围，因此能够适应不同货物的装卸需求。此外，单吊杆起货机能够两舷轮流装卸货物，提高了作业效率。

然而，单吊杆起货机也存在一些缺点。其中最明显的就是吊杆在作业中需要回转，导致起吊周期较长。这不仅增加了作业时间，而且还会影响船舶的航行速度。另外，货物在空中容易摆动，落点定位不准确也是一个普遍存在的问题，这可能会导致货物损坏或人员受到伤害。

5. 防污染设备

防污染设备是指为防止船舶污染海洋和大气环境而设置的设备，主要包括油水分

离器、生活污水处理装置、焚烧炉、压载水处理装置和柴油机尾气处理装置等。

6. 特种系统

特种系统是为特种船舶而设计、装备的系统，如油船专用系统、复式储油船的端点系泊系统、挖泥船的泥浆抽吸系统等。

第三节　船舶营运的适航条件

船舶营运的适航条件是船舶能顺利地在水上航行并提供运输服务的必要保证，也是船舶承运人在从事国际航运活动中的一件必须高度重视的大事。为了使船舶营运达到或具备技术、安全、法律等方面所规定的适航条件，国际航运管理人员应通过船舶登记、船舶检验、船舶入级、船舶签证、船舶保险及船员配备等方式对其进行控制、监督和执行。

一、船舶登记

进入并使用公海的船舶必须拥有特定的国籍，无国籍船舶不受国际法的保护，而且港口也不会允许无国籍商船进港。所以，船舶国籍是船舶从事国际航运的必要条件。

船东通过登记为船舶取得国籍，所谓船舶登记就是将特定船舶的资料在某一特定国家做公开记录。船舶在某一特定国家登记后就拥有该国国籍，有权悬挂该国国旗航行。船舶拥有特定国国旗后，便可享有从事该国内河、沿海的排他经营权。绝大多数国家都规定其内河、沿海运输只能由悬挂本国国旗的船舶经营。例如，美国自东海岸至阿拉斯加之间的运输虽然经过巴拿马运河，但依美国法仍属沿海运输，外国船舶不得经营。我国海商法也明文规定："中华人民共和国港口之间的海上运输和拖航，由悬挂中华人民共和国国旗的船舶经营。"

船舶登记的目的在于确定船舶国籍，以保障船舶所有人对登记船舶的所有权及其他合法权益，有利于加强船旗国对船舶监督管理，实践中一般根据船舶的注册地来确定船舶的国籍。

1. 船舶所有权登记

船舶经所有权登记后，应领取船舶国籍证书或船舶登记证书或者船舶执照。此时，船舶才取得有关法律和公约规定的航行权。船舶登记是特定船舶享有某国国籍的先决条件。从国际公法来看，船舶登记具有以下法律效力：

（1）船舶隶属于某一特定登记国家，受该国管辖。

（2）拥有悬挂该登记国国旗的权利。

（3）可获得该登记国的外交保护和领事协助。

（4）受该登记国海军的保护。

（5）有权从事该登记国领海内的商业活动。

（6）战时依该登记国确定交战或中立地位。

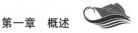

而从私法上来看，船舶登记则具有以下两个法律效力：

（1）船旗国保护登记船东的所有权。

（2）船旗国保护对该船舶拥有担保权益的人。

由于船舶是具有特殊性质的动产，在各国法律中都适用不动产的规定，要求船舶所有权的取得、转移和消灭都必须登记，未经登记的所有权取得、转移和消灭虽然并不因此无效，但其效力被限制在合同当事人之间，不得对抗第三人。

2. 船舶航线登记

船舶航线登记主要适用于国际航行船舶。船舶所有人或经营人应首先向船舶检验机构申请船舶技术检验，在取得有关航行区域的合格证书后，向船籍所在港口的港务监督申办船舶登记，领取船舶国籍证书后才能航行于国际航线。

3. 开放登记

开放登记（open registry）又称为方便旗（flag of convenience）制度。开放登记在国际上并无一个统一的定义，它在实践中一般是指允许由外国船东和外国人控制的船舶在本国登记，并提供对船东较为方便和适宜的登记要求和条件的一种船舶登记制度。在实践中要区分某一特定船舶登记制度是否属于开放登记则非难事，开放登记制度通常具有税务优惠；对船员无国籍限制、无航行限制、公司法简单和自治性较强等特征。开放登记制度最显著的特征是对申请登记的船舶及其船东基本无限制。一般来说，只要船舶符合这些开放登记国对船龄和技术标准的要求，任何人都可以在这些国家登记船舶。有些开放登记国家，如利比里亚，要求船舶所有人在利比里亚当地成立一家公司作为该船的船东，但此类空壳公司的注册手续极为简便，甚至在几个小时内就能办妥。而且当地法律对股东和董事的国籍、身份等也无限制。相反，在其他国家注册船东公司则一般比较复杂。例如，按照丹麦法律的规定，拥有船舶公司的董事中必须有2/3是在丹麦有住所的丹麦公民。

除对船舶所有人的国籍没有限制外，开放登记国家对各级船员也没有国籍的限制。这与非开放登记国家的有关规定截然不同。例如，英国船舶上的高级船员必须由英国公民或英联邦公民担任。而开放登记国家则允许非本国公民担任包括船长在内的所有船员。显而易见，开放登记制度有利于船东降低营运开支，因为第三世界国家的船员工资和西欧及北美的船员工资之间存在着显著的差距，而工资在整个船舶的营运开支中又占了很大的比例，它可能超过船舶的维修、保险等开支。正是这些原因使得开放登记制度受到各国船东的欢迎。

和其他国家相比，开放登记国对船舶及其船员的管理较差，往往无法达到国际间的要求，这也正是开放登记制度备受指责的原因之一。《联合国船舶登记条件公约》第5条规定，船旗国必须实施有关船舶和船上人命安全以及海上环境污染的国际规则和标准，但由于开放登记国家对船舶无实际控制权，所以实际上很难使船舶达到有关的国际标准。

二、船舶检验

船舶检验的目的是使船舶及其有关设施具备正常的技术条件，以保障海上航行船

舶、有关设施和相关人员的人身的安全，以及使海洋环境免受污染。就船舶营运的基本条件而言，船舶检验也是保证船舶适航的法定程序之一，其中包括船舶建造检验、初次检验、船级检验、法定检验、临时检验、公正检验等。

三、船舶入级

船舶入级是对船舶进行经常性技术监督和检验的重要手段。对于国际航行的船舶来说，是否取得船级或取得何家船级社的船级，对船舶的营运活动会有很大的影响。在租船业务中，船级是船舶技术状况良好的凭证。

我国船级社就有关船舶入级划分了以下各种检验：

（1）新造船的入级检验。凡在中国船级社验船师监督下建造的船舶，符合入级规则及建造规范要求时，船级社将对其船体及舾装授予"★CSA"入级符号，对其轮机授予"★CSM"入级符号。

（2）初次入级检验。凡未在中国船级社检验下建造的船舶，如欲取得 CCS 船级，则需接受中国船级社验船师的初次入级检验。

（3）保持船级检验。凡在中国船级社入级的船舶，要想保持其已获得的船体级及轮机级，须进行保持船级的检验，查明各部分的使用情况及磨耗和损坏程度，以确定能否继续保持原有的船级。

四、船舶签证

船舶签证的目的在于监督船舶保持适航状态，保障船舶航行安全，维持海上运输秩序。因此，国际航行船舶在进出各国港口时，必须按有关公约和法规规定履行船舶签证手续，主要是向船舶所在港口的主管机关呈验各种证书文件。船长对全部文件的完整无缺并保证使之始终处于有效状态负直接责任。

船舶签证一般是以船舶进出港口签证一次、掌握出口签证为原则。船舶应当在进口以后和出口之前的一段时间内，将航行签证簿及进出口报告书一次填好，连同有关证书一并送港航监督机关办理签证手续。未经签证的船舶不得出港。

五、船舶保险

船舶保险是对船舶在运输过程中因自然灾害和意外事故所造成的财产损失的一种补偿办法。凡是可能遭受海上风险的财产（如船舶、货物）、船舶的运输收入（如运费、佣金）以及对第三方所负的赔偿责任（如船舶碰撞责任）等，都可以作为保险利益向保险人投保，以便在保险标的发生承保范围内的风险而遭受损失时，向保险人取得经济上的补偿。我国远洋运输船舶投保的险别主要有以下四种：①全损险；②船舶综合险；③船舶战争险；④船舶油污险。其中，战争险和油污险均属船舶保险的特别附加险，不能单独投保。保险公司不负赔偿责任：①船舶不适航；②船东疏忽或恶

意行为所致损失；③船舶正常维修费用；④滞期费和间接费用；⑤清理航道费用等。

六、船员配备

船员配备的目的在于保证船舶正常生产、安全航行，是船舶适航的重要条件之一。配备足够的持有证书的船员并备有船员名册，也是船舶签证时的一项重要内容。

第四节　船舶买卖市场概述

一般意义上，航运服务业是指所有围绕航运开展而形成的服务产业。从服务对象角度看，航运服务业主要包括：一是以船舶为对象的服务，如船舶运输、船舶管理、船舶修理、船舶买卖及租船交易、船舶检验和注册登记、船舶供应等服务；二是以水上货物和旅客运输为对象的服务，如货运代理、报关、旅客运输（含邮轮客运）、货物运输、船舶拖带、码头装卸、仓储堆存、理货等服务；三是为上述两类服务活动提供各类专业服务，如金融、海事保险及公估公证、海事法律及海事仲裁、航运咨询、信息技术、人才培训、航运会展等服务。船舶买卖是属于航运服务业的上游产业，服务需求个性化，存在比较明显的定制化现象，服务内容和结果具有知识密集、经验密集和高附加值等特征。服务提供者需集技术性、知识型、信息性、专业性等多个特征于一身。新造船买卖、二手船买卖和废船买卖的特点不一，需求的市场服务也有所差异。在市场繁荣期，往往新造船买卖服务需求旺盛，在市场低迷期，废船买卖服务需求旺盛；而不论在哪一个时期，二手船买卖需求能一直保持较活跃状态。

一、新造船市场

新造船市场是国际航运业运力资源的供给来源，也是国际航运投资规模与状况最直接的市场体现。对航运企业来说，相对于二手船市场，新造船舶的优势体现在：生产效率高、运输成本相对较低、运输质量好、竞争能力强、经济效益好、容易获得本国政府或其他金融机构在财政方面的补贴和优惠等方面。其缺点在于投资大、投资回收周期长、船舶维持成本高等。就市场的变化规律而言，新造船市场的变化规律和航运市场类似，都受到国际经济发展变化的影响。当国际航运市场繁荣时，对船舶投资的规模也随之增加，于是投资订造新船的需求也随之增大，此时造船市场将会显现出较为繁荣的景象，船舶造价将随之趋于上升；反之，当国际航运市场陷入萧条时，对船舶的投资规模也将随之减小，于是投资订造新船的需求也随之减小，这时的造船市场将会显现出不景气与萧条的景象。反映造船业景气度的指标很多，最典型的是三大指标：造船完工量、新接订单量和手持订单量（表 1-6）。

表 1-6　2022 年全球造船三大指标

指标/国家		全球	中国	韩国	日本
造船完工量	万载重吨（吨）	7502	3524	2279	1492
	全球占比（%）	100	47.0	30.4	19.9
新接订单量	万载重吨（吨）	7627	4096	2442	721
	全球占比（%）	100	53.7	32.0	9.5
手持订单量	万载重吨（吨）	22397	10734	6902	3687
	全球占比（%）	100	47.9	30.8	16.5

数据来源：中国船舶工业行业协会、Clarksons。

二、二手船市场

一般来说，船舶在整个使用期中始终留在原船东手中营运是很少的，大多数商船都一换或多换其主。二手船通常是指经过一段时间的营运使用后，由原船东将其转手出售给新船东并继续投入使用的旧船。世界上很多航运企业都把目标瞄准二手船市场，在适当的时候抛售手里的船舶或购进旧船。我国在组建中国远洋运输船队的初期，就是从二手船市场上购进大量二手船来发展船队的。从经济学的角度来看，船舶买卖市场是由供给方即二手船出售者和需求方即二手船购买者结合而形成的船舶交易市场。在供给方面，一些航运企业所拥有的船舶在经过一段长时间的营运使用后，会出现因船龄日益老化而出现船舶技术状况逐步恶化、营运经济效益渐趋于下降的情况。对于航运企业来说，投资购买二手船，尽管在许多方面不比建造新船有优势，但也有许多有利之处。这主要体现在以下三方面：

（1）投资额较少。通常来说，在正常的市场运行机制条件下，二手船的价格总是低于新造船的价格，因而需要的投资额较少。这对于一些资金缺乏的航运企业来说，投资于二手船市场是一个较为现实的方案。由于投资较低，造成资金的时间价值损失及风险也相对较小。而投资建造新船，将面临航运市场恶化和延迟交船的风险，这可能会为投资带来一定损失；另外，在新造船的投资中，如果使用美元以外的其他币种，则还可能因汇率变化而带来经济上的损失，这也是投资于造船市场所面临的风险。如果投资购买二手船，则可避免这些风险或风险相对小些。

（2）投资二手船可以立即投入生产运营。由于航运市场是瞬息万变的，因此，成功的航运经营者往往能把握住市场的最佳时机，投资购买船舶并投入营运，从而获利。可以设想，如果航运市场的运费一直上涨，此时购买二手船即可立即投入营运，而建造新船则需要 1～2 年的时间。这样，一艘只有两三年船龄的旧船可能会比两年以后的新船价格还高。因为两年后，运费可能呈下跌趋势，订造新船的船东就失去了这两年的盈利机会。而当时购买二手船的船东就获得了这两年的盈利机会。

（3）二手船的船舶性能易于掌握。一艘新船在投入营运前，要通过试航来了解

该船的性能。而对于一艘旧船，它的营运状况和航行性能已经有了一定的显示。买主在购买旧船时，无疑要通过该船的船舶资料了解船舶的营运历史和基本性能，当船舶各方面的条件都符合要求时才能购买。一般来说，了解一艘旧船的营运状况和性能要比了解一艘新船来得容易些。

总之，由于投资于二手船所具有的这些优点，使得在当今的国际航运投资中，对二手船市场的投资一直是非常活跃与兴旺的，这也就导致了二手船的投资在国际航运投资中占有重要的地位，它对整个国际航运业的发展也起到了巨大的推动作用。

三、拆船市场

拆船市场是以拆卸旧船为对象而形成交易关系的经济活动及场所。拆船市场是国际航运产业和个别船舶所有人，即船东，让船龄较高的船退役和缓解航运市场运力过剩压力的重要途径。拆船市场的供求对象是需要拆解的废船。二手船和废船两者之间就船舶本身来说，并没有明显的区别和界限，主要是船东根据航运市场、船舶市场的前景预测，并结合其自身的营运状况考虑，做出把旧船作为二手船转卖给其他船东，或者把旧船报废后出售给拆船厂商的决定。一般来说，在航运市场处于繁荣兴旺时期，航运价格对船东有利可图。此时，船舶市场上的二手船供不应求，船价看好，船东会把一些已接近或超过使用年限而应报废拆解的旧船的使用期延长；并把一些本已闲置的旧船经过一轮全面检修或改装后重新投入营运使用。而在航运市场和船舶市场出现萧条的情况下，船东又会把一些尚未到使用年限的营运中的旧船或闲置船舶提前报废，出售给拆船厂商作为废船拆解，以缓和船队运力过剩的压力。

拆船市场的影响因素很多，主要可以归纳为宏观因素和微观因素两大类。

1. 宏观因素

宏观因素包括国际政治、国际贸易、国际航运、造船、环境保护等诸多行业的发展状况、政府政策的扶持（税收）力度等。国际政局稳定、贸易渠道航线安全通畅、航运市场繁荣对船舶需求的增加，综合权衡船舶的使用年限（自然船龄、技术船龄、经济船龄），为取得最佳经济效益，减少老旧船舶维护修理等费用的支出及出于安全考虑，船东会加速更新船舶，使得更多的船舶进入拆船市场，从而间接促进拆船市场的发展。

造船业的发展对拆船业的繁荣产生着积极的促进作用。大量新船投入运营以后，船东会考虑经济效益，为减少对旧船和闲置船舶的维修、保养费用的支出而加速出售、拆解旧船。技术落后、老旧破损的船舶自然会退出航运市场而进入拆船市场。拆船企业作为经济活动的一个组成部分，受经济形势变化影响很大，受国家政策导向方面的影响更大。

从历史以及各国拆船业发展情况来看，拆船业是发展中国家亟须大力扶持的产业，它的成败在很大程度上取决于国家产业政策。如印度、孟加拉国之所以能够在过去的几年中迅速跃升为世界前列的拆船大国，一方面是由于国内废钢需求量不断增长，另一方面正是因为进口废船完全减免税费等宏观政策的大力扶持。

2. 微观因素

企业资金的拥有情况直接影响拆船企业的规模和发展，是对拆船企业影响最重要的因素之一。企业资金的来源大致有以下途径：自有资金、贷款、市场融资等。拆船的投资效益取决于拆船物资的销售额和拆船成本。当拆船物资销售额等于拆船成本时，此报废船舶价格被称为盈亏平衡船价。企业应根据市场变化、国家政策和自身情况合理筹措、运用所掌握的资金，在合适的价位、合适的供求市场情况下，合理分配资金的流向，最大限度地减少购入成本，同时加大拆解物资的销售力度，加快资金的回笼，发挥资金的最佳使用效率。

第二章　船舶买卖经纪人

学习目标：
- 了解船舶买卖经纪人的发展现状与前景
- 理解船舶买卖经纪人的责任与义务
- 掌握船舶买卖经纪人的风险防范

第一节　船舶买卖经纪人概述

船舶买卖经纪人（sale and purchase broker，简称 S&P 经纪人）船舶买卖经纪人是航运经纪人的一种，是专门从事船舶买卖交易及相关服务，并收取报酬的经纪人。船舶买卖经纪人的主要职责包括：跟踪市场、收集世界范围内的所有船舶买卖交易记录、以代理身份为船东进行买卖交易洽谈、起草合同等。

一位优秀的船舶买卖经纪人能向买方或卖方提供极有价值的服务，船舶买卖实践告诉我们，调整船舶买卖双方关系的往往是惯例和习惯，而不是明文规定的法律条文。因此，船舶买卖经纪人的丰富经验将有助于买卖交易的磋商和履行均得以顺利进行。船舶买卖经纪人在市场调查阶段可以为船东提供各种市场信息，或按船东的特定要求进行调查研究并做出报告；在合同磋商时，他们可以为船东拟定或修改来往邮件，并提供交易对方的情况；在双方对交易条件达成一致后，经纪人便会制作合同的正式文本，送双方签字；在交接船舶时，经纪人一般也会参加法律交接。

船舶买卖经纪人除了为船东提供买卖代理服务和提供船舶买卖市场信息以外，还能提供其他与船舶买卖有关的服务，例如为船舶估价。船舶估价对船东来说具有重要意义，除了船舶买卖需要了解船舶价格以外，在船舶实际营运中也同样需要了解船舶价格，例如船舶保险、船舶融资等。船舶买卖经纪人在对船舶进行估价后会出具一份船价证书（ship value certificate）。这份证书虽然在船舶买卖中对双方均无拘束力，但在船舶保险和船舶融资中则具有证据的价值。

在具体的船舶买卖交易中，一个好的经纪人还能起到买卖交易润滑剂的作用。由于有了经纪人，买卖双方都可以通过经纪人传达各自的意图，当双方僵持不下时，经纪人可以从中斡旋，解决矛盾，促成交易。一个好的经纪人应能理解双方当事人的交易意图，并能利用自己的参与避免交易陷入僵局。

一、船舶买卖经纪人的法律地位

船舶买卖经纪人是独立的合同承包人，也是船舶出售和购买委托人的代理人。船舶买卖经纪人的主要任务是在一个可能非常大的范围内为委托人寻找适当的交易对象，把交易双方结合起来达成交易。在这个过程中，经纪人除了需要协助双方之间的谈判、合约达成、事务协调和文件处理等，还需要给委托人提供中肯、准确的专业意见。有些时候遇到对航运业务不太熟悉的交易对象，经纪人还需帮助其完成接船后的各项工作，如寻找租约、加燃油、安排船壳与互保协会保险等。

经纪人在买卖交易中的身份是代理人，他可能代表买方，作为买方的经纪人（buyers' broker）进行交易；也可能代表卖方，作为卖方的经纪人（sellers' broker）进行交易。有关经纪人的法律地位在各国都适用代理法，经纪人必须在授权范围内为委托人的利益工作，其行为的法律后果则由委托人承担。在实际洽谈时，经纪人可以按照船东的意图起草来往的邮件，但所有以船东名义发出的要约和反要约都要经过船东的同意，否则构成越权代理，经纪人对此应负严格责任。有时，船东自己拟写邮件，再通过经纪人发给对方，这时经纪人往往会加上自己的评语或注解（broker's comments）。这些评语一般是经纪人对船东的观点或要求的解释或评论，它并不构成船东要约或反要约的内容，仅供对方参考而已。

经纪人在一般情况下作为中间人参与船舶买卖交易，但有时经纪人也可能成为合同当事人的代理人代为履行合同或接受合同履行。按照英国的规定，除非卖方经纪人有相反的意思表示，如果买方将押金和其他船价付给卖方的经纪人而不是卖方时，卖方经纪人应视为卖方的代理人，买方和卖方之间应视作已成立了有效的合同。

二、船舶买卖经纪人的种类

船舶买卖的一个显著特点是，几乎所有买卖交易都通过船舶买卖经纪人进行。根据船舶买卖的种类不同，可以将船舶买卖经纪人划分为三类：新造船经纪人、二手船买卖经纪人和拆船经纪人。根据委托人的不同，可以划分为四类：卖方经纪人、买方经纪人、买卖双方经纪人、中间经纪人。其中，中间经纪人是指受买方经纪人或者卖方经纪人委托，在船舶买卖市场上为之寻找订约机会或者代替他们与卖方或者买方达成交易意向，但是与买方或者卖方没有直接委托关系的经纪人。在实践中，船东委托经纪人的方式主要有两种：一种方式是根据自己的需要，临时在市场上寻找一个合适的经纪人；另一种方式是委托长期为自己服务的一个或几个经纪人，该类经纪人称为"独家经纪人"（exclusive brokers）。

在船舶买卖过程中，对于经纪人的聘用常见以下做法。

1. 直接交易而不聘用经纪人

这种做法的特点是要碰巧，即买方知悉另一位可能是好友船东正好想出售船舶，而买方有兴趣买进，显然这种机会并不多。正常情况下，若想买入船舶而在市场上通过经纪人去寻找卖家和目标船舶，至少可以找到几艘至几十艘真正或急于出售的船舶在市场上流通。对一些有经验、人际网络广泛且有知名度的船舶买卖经纪人，他们会掌握一些在市场上不流通或未披露的船舶信息，他们知道只要船价足够高，卖方就愿意出售。或是卖方只通过这些有名的船舶买卖经纪人去放售，聘用他们为"独家经纪人"（exclusive broker）。不聘用经纪人的直接交易也有其不便之处，如：

（1）想向对方打探消息不容易或不好意思。两位船东即使是好朋友，在业务中也是竞争者，所以买方会不好意思向卖方直接询问是否愿意出售某艘船舶与意向船价。而通过一位船舶买卖经纪人并且先不透露买方身份就自然多了，并且船舶买卖经纪人在没有任何意向买方的情况下也经常这样做以营造气氛。

（2）船舶买卖是一宗大交易，争议之处较多，情况复杂，而在谈判时买卖双方通常互不信任，会以各种合法但不一定道德的谈判手段为自己谋利。因此，若是买卖双方相互认识，在这样的情况下反而不容易直接谈判与交易。若真的这样做，很可能使双方在这宗交易之后变成冤家。但若通过买卖双方各自的船舶买卖经纪人进行谈判，双方会自由很多，即使出现争议，也可由双方的船舶买卖经纪人在一开始就进行劝说、调解并提出建议，这样反而容易化解冲突。

（3）买卖双方中若有一方不熟悉船舶买卖业务，则更需要委托一位船舶买卖经纪人，因为该船东会不断需要专业的意见及恰当的引导。

2. 只委托一位经纪人

这种情况是买卖双方只委托或通过一位船舶买卖经纪人完成交易。买卖双方一开始就同意这样做的可能性极低，因为他们之间需要靠经纪人联系在一起。况且，若双方在一开始没有船舶买卖经纪人参与时就同意只委托一位经纪人，估计他们完全可以进行不聘用经纪人的直接交易。

另一种情况是本来一开始买卖双方各自有船舶买卖经纪人，但在谈判中途，其中一方的船东想跳过其经纪人直接与对方或对方经纪人谈判，可能是因为该方船东对其经纪人的服务不满意或想省下佣金。这就导致后期谈判与最后的订立买卖合约只有一位船舶买卖经纪人的参与。但是，被跳过的船舶买卖经纪人已对买卖做出了贡献，他不一定会罢休，所以该笔佣金不一定能省下。

最后也是最常见的情况是，其中一方从不委托或通过船舶买卖经纪人交易，他自己直接与对方的船舶买卖经纪人进行谈判。若一宗交易中的确只有独一的经纪人（sole broker），一般看谁先接触他，若先是卖方船东找该经纪人去寻找买方，那么他应是卖方经纪人；但若是先由买方找该经纪人去寻找适合的船只，则他应是买方经纪人。弄清楚自己的身份与定位才可以明确该为谁服务。而对于没有委托经纪人的对方，也要明了该独一经纪人只为其委托人服务，在谈判时需要小心，不能轻易露出"底牌"。

如果该独一经纪人想要为买卖双方同时服务，即同时做买卖双方的经纪人，除了要了解工作的难度之外，还必须事先全面披露与取得买卖双方的同意。此外，在进行谈判时，该经纪人更要继续小心披露信息、减少建议和避免代下决定，尽量让买卖双方自己做决定。例如，卖方船东为了方便，授权在谈判中的经纪人当船价高于1200万美元时即可成交。若买方出价高于此数，经纪人理应可以受盘。但在经纪人身份、定位不清楚，对双方均要负责的尴尬情况下，还是让卖方自己决定是否无条件接受为佳。

3. 买卖双方各自委托自己的船舶买卖经纪人

船东在决定买入或卖出船舶时会委托一个船舶买卖经纪人，由该经纪人出面和对方进行磋商。在正常情况下，一个买卖交易会有两个经纪人，一个代表买方，另一个代表卖方，但有时却会有三个、四个甚至更多。在特定的船舶买卖交易中无论有几个经纪人参与，作为交易当事人的买方和卖方一般都只委托一个，其他经纪人均是接受买 卖双方经纪人的再委托而参与交易。

这也是非常普遍的做法，买方委托一位船舶买卖经纪人去留意船舶市场，如果一看到有合适的目标船舶就向买方做出报告。而卖方则委托另一位船舶买卖经纪人把旗下的一艘或多艘船舶放在市场上出售或低调寻找有兴趣的买方。然后，双方船舶买卖经纪人直接或通过另一位中间经纪人（intermediary broker）取得联系，在买方做出发盘后即可继续谈判直至成交。

通常买卖双方只会找自己信赖或者是长期委托的船舶买卖经纪人，但也有买方或卖方同时通过几个船舶买卖经纪人在市场上活动。例如，卖方把船舶放盘出售，在几个经纪人之间制造竞争，看谁能先找到合适的买方，就通过该经纪人的渠道进行谈判并试图成交。在买卖双方各自委托经纪人的情况下，各自经纪人的服务对象和所负的责任应是明确的，尤其是在双方利益冲突和买卖合约的对立谈判过程中。

三、船舶买卖经纪人的责任与义务

通常买方或卖方会以明示协议委托船舶买卖经纪人，这种协议文书就是所谓的经纪人协议（brokerage agreement）或聘约（retainer agreement）。但有时也只通过传真或口头的方式确定委托关系。无论如何，只要有明显的约因或对价，如船东/委托人付佣金、经纪人提供服务，那么委托人与经纪人的合约关系就是肯定的。但也有经纪人与船东谈不上有合约关系的情况，比如没有被任何一方所委托，只是中途加入交易的经纪人，如果交易发生纠纷、索赔，经纪人有可能被认为是侵权。

1. 合理谨慎的一般性义务

在有协议的条件下，当然会有明示条文对经纪人责任做出规定，这是订约自由。但若没有明示条文，法律默示经纪人（不局限在旧船买卖中的经纪人）有一个"默示责任"去行使合理技术，谨慎与努力地提供服务，同时不能犯错、疏忽与超越权限。

在经纪人协议中，如要明示豁免经纪人的疏忽责任，很难会被船东/委托人接受。但在一些高风险的委托工作中，例如需经纪人对船舶做出估价证明，经纪人可设法加入豁免或减少疏忽责任的明示条文，比如约定将来可能赔偿的最高限额。

而在没有协议关系的条件下，普通法亦强加了经纪人的责任。所以，不论在协议还是侵权关系中，经纪人的责任基本完全一致，经纪人有合理、谨慎的一般性义务，除非合约中有关于豁免的明示条文。

船舶买卖经纪人合理、谨慎的一般性义务是指经纪人应运用合理的技能、行使合理的小心与谨慎之职以履行委托人委托的商业事务。委托人将有权预期他的经纪人会试图尽可能合理、谨慎地执行指示，及时、有序并以专业性的态度进行谈判，以及真正去留心注意谈判中的交易细节。如果经纪人达不到这些标准的要求，他就可能承担对委托人的赔偿责任。

经纪人永远不可能在零风险的环境中进行活动，再多的培训和监督可能也防止不了诚实和称职的专业人员犯错误。但无论何时，买卖经纪人都可以通过商业上可接受的与法律上可执行的责任免除与责任限制的书面条款（为银行和专业投资人进行正式评估的情况也可以这样做），以及通过安排适当的法律责任保险保障，来规避和解决工作范围中的风险。例如船舶买卖价格评估工作是高风险的业务，看似不起眼的错误有可能会产生巨大的潜在经济后果。一些买卖经纪人会通过几家经纪公司组成联合工作组共同发布评估报告，这样做的好处是，集体的行为应该可以减少估值失误的概率并分摊赔偿风险。

2. 提供信息/资料的责任

经纪人的主要服务之一是大量且不断地提供船东/委托人（买方或卖方）的消息和资料。例如，告知买方有关他所拟买进的船舶有哪几艘在二手船市场上出售，或是告知卖方同类型船舶最近一次成交的船价与建议开价。但是，显然经纪人可能会在提供这些消息或数据时出错，比如经纪人记录不全。

那么，如果经纪人提供的信息或资料有误，经纪人应当如何承担责任呢？经纪人有责任合理、谨慎地提供服务。根据纠纷先例的判决可知不同情况下，承担的责任会有所差异，提供消息/资料给接收人去下决定如何行动与建议接收人应该如何行动有区别。若去建议如何行动，给建议的经纪人一定要合理、谨慎地考虑到所建议行动或不行动的所有潜在后果。若有疏忽，而建议的行动实施了，则给建议的经纪人要对这个错误建议的可预见后果/损失负责。但如果他只是去提供消息/资料，但不涉及建议行动，则他必须保证消息/资料的正确，若是疏忽，他对错误消息/资料导致的可预见后果/损失负责。

买方或卖方只会听取由他们自己聘用或委托的经纪人提出的相关建议来采取行动，而不会理睬没有合约关系的中间经纪人的建议。因此，若经纪人所建议的行动有错误，委托人与提出这个建议的经纪人应负责，与中间经纪人无关。但在另一种情况下，若疏忽或错误的消息与资料来源于中间经纪人，遭受损失的船东可向没有合约关系的中间经纪人以侵权的名义索赔。

在每个交易中，应明确界定买卖经纪人的责任范围和性质。同时，也要试图限制他们的义务范围，和因违反小心谨慎的义务而承担的责任限度，并且无论何时这些责任免除和责任限制在商业上和法律上都是可以实现的。

3. 信托的义务

除了一般小心谨慎义务之外，买卖经纪人将向其委托人承担法律上和合同上的责任。通常，在商业环境的正常来往过程中，经纪人代表委托人行为，这就产生的所谓的信托关系，这种关系将使经纪人向他的委托人承担更高形式的小心谨慎的义务或者信托义务。

受托人是指某人承诺代表另一人去处理某些特定事项，这种背景下，他们之间就产生信任和信赖的关系。受托人的主要职责是忠诚——委托人有权获得他的受托人的全心全意的忠诚度。受托人向他的委托人负有的义务的确切性质和范围，将由单个关

系的特殊情况和任何主合同的条款来确定。但在一般情况下，买卖经纪人主要的信托义务可以概况如下：

（1）他必须真诚、善意地为他的委托人的最佳利益而行事。

（2）他绝不能从信托关系中获利。

（3）他不能把自己置身于一个向他的委托人负有的义务与他自己的利益相冲突的位置。

（4）没有经过他的委托人的知情同意，他不能为自己的利益或第三人的利益而采取行动。

违反信托义务的一个例子是，其中合同一方当事人偷偷地付款给对方的经纪人或暗中授予该经纪人一些其他的好处。这样支付的款项或输送的利益（通常被称为秘密佣金）是违反经纪人信托义务的，除非是实际披露给经纪人的委托人，并得到委托人的完全知情和同意。如果已经确定是支付了金钱，或秘密输送了好处，则无论其动机如何，获取金钱或好处这一事实就足以导致经纪人向他的委托人负有的信托义务和经纪人自身的利益之间形成潜在的冲突。

当经纪人接受秘密佣金或其他好处时，其委托人将有权立即终止代理的任命，且经纪人将被剥夺享有任何佣金的权利。委托人也有权认为整个商业交易无法律效力并将它终止。该经纪人和金钱支付方或利益输送方有可能承担一系列的民事法律责任并受到惩罚（包括因金钱或利益引起的责任，以及损坏赔偿的责任），他们也可能遭受到刑事处罚。

4. 保密责任

在交易的过程中，买卖经纪人可以以该身份掌握一些机密信息。如果未经他的委托人的充分知情同意而把这些信息透露给第三方，或以此信息做其他用途，经纪人可能有对其委托人或其他人承担损害赔偿责任。

5. 代签买卖合同的责任

在正常情况下，经纪人和谈判的各方当事人都已经清楚地认知和理解了买卖经纪人的职能和他的权利范围，所以，当经纪人经过委托人的授权代表委托人签署买卖合同时，经纪人仅是作为代理人行事，他不会成为合同当事人或承担买卖合同的责任。

签署买卖合同的身份是很重要的。当经纪人以他自己的身份签署合同的任何部分，但却未表明其是作为委托人的代理人签字，则经纪人未能披露其委托人的存在，将导致另一方委托人认为是与该经纪人签订的合同。在这种情况下，经纪人个人就将承担履行合同的责任。若经纪人虽然披露了其委托人的存在，但并没有指明委托人的身份特征，也可能会有同样的后果。

经纪人代表他的委托人签署买卖合同时，应该通过附加文字说明他自己的签字资格，以清楚地表明他的签字权利来源，以及他是以经纪人的资格身份签署合同的，例如，"仅作为经纪人的资格并根据某日的授权代表某委托方签字……"。这种明示的资格限制将推定该经纪人不是作为合同当事方签字的，除非从合同其他部分的内容使用的措辞或当时的合同背景可明显看出，尽管是限制性的签名，但经纪人意图承担合同要求履行的个人责任。

当然，在某些情况下，买方的经纪人可能会以经纪人的身份签字，同时也是为自己的利益而签字。在这种情况下，买方的经纪人应在买卖合同的字面上清楚表明，何处是纯粹以经纪人的资格签字的，何处的签名是用于为他自己的利益而意图订立的买卖合同相关部分的内容。

第二节　船舶买卖经纪人的主要工作

一、主要工作流程

1. 向主要船东提供船舶买卖市场信息

在实践中，船舶买卖经纪人会向市场上的主要船东不断提供船舶买卖市场的信息。这些信息包括每天市场上可供船舶（ship for sale）和询购船舶（ship required）的船舶规范和大致价格，以及每天在市场上成交船舶的船名、成交价格、买方名称和主要交易条件。除每天的市场信息外，船舶买卖经纪人还会向船东提供每周、每月、每半年和每年的船舶买卖市场报告。如果船东有要求，船舶买卖经纪人还能提供特定船舶种类或在特定期间的买卖市场情况。船舶买卖经纪人提供的这项服务是免费的，其目的在于推销自己，以获得买方或卖方的委托。

知识链接 2 - 1

［第 28 周］船舶交易市场周报节选

数据来源：世纪环海

·新造船市场

华夏金融租赁公司已在澄西造船厂建造其首批 2 艘 82600 载重吨卡姆萨尔型散货船。具体造价和交付日期没有披露，但类似的新造船的价格约为 3500 万美元。恒力造船（大连）有限公司与 George Prokopiou 旗下 Sea Traders 公司签署建造 10 艘 82000 载重吨卡姆萨尔型散货船合同，每艘船的价格为 3500 万美元，新船将于 2025 - 2027 年交付。此外，丹麦船东 Celsius Shipping 旗下的 Celsius Tankers 已确认与招商局重工（江苏）有限公司签订了 4 艘 180000 立方米液化天然气运输船的造船合同，每艘造价 2.35 亿美元，预计 2026—2027 年交付。据悉，新船已与大宗商品贸易巨头 Gunvor 的子公司 Clearlake Shipping 签订长期租约。

国外船厂方面，Nicholas Inglessis 的 Alberta Shipmanagement 与日本今治造船和 Marine United 的合资企业 Nihon 造船厂签订了建造 2 艘 158600 载重吨苏伊士型油轮的合同，将在 2025 年 4 月和 5 月交付这 2 艘船。日本船东 Shoei Kisen 与日本 Minaminippon 船厂签订 4 艘 51000 载重吨油轮订单，造价未公开，预计 2025 年交付。挪威天然气船东 Solvang 与韩国现代重工签订了建造 3 艘 88000 立方米液化石油气运输船的订单，总价值约 3.2 亿美元，将于 2026 年 12 月交付。韩国现代尾浦接获土耳其船东 Pascogas 建造 1 艘 45000 立方米液化气运输船订单，每艘造价 7400 万美元，预计 2026 年交付。

·散货二手船市场

国银金融租赁旗下五艘金海重工建于 2010—2012 年、安装压载水系统的海岬型姊妹散货船 "Bulk Ingenuity" "Bulk Achievement" "Bulk Integrity" "Bulk Peace" 和 "Bulk Genius" 据报以 1.065 亿美元打包出售给 Danaos。

卡姆萨尔型散货船 "JY ATLANTIC"（81096 载重吨，2019 年澄西船厂建造，SS/DD 11－2024，安装压载水系统）据报通过竞拍以 3015 万美元出售给中国买家；

巴拿马型散货船 "JOY"（79457 载重吨，2011 年金海重工建造，SS 01－2026/DD 02－2024，安装压载水系统）据报以 1400 万美元出售给希腊 LOMAR。

Ultramax 型散货船 "Mona Manx"（63878 载重吨，2017 年舟山常石建造，4X30 吨克令吊，SS 07－2027/DD 10－2025，安装压载水系统）据报以 2670 万美元出售给希腊买家。

"Kambos"（63696 载重吨，2015 年舟山中远建造，4X30 吨克令吊，SS/DD 06－2025，安装压载水系统）据报以 2450 万美元出售给希腊买家。

灵便型散货船 "KATYA ATK"（28467 载重吨，2009 年日本今治建造，4X31 吨克令吊，SS 09－2024，安装压载水系统）据报以 1000 万美元出售。

·油轮二手船市场

苏伊士型油轮 "Donat"（166188 载重吨，2007 年克罗地亚 Brodosplit 建造，SS 07－2027）据报以 HIGH 4100 万美元出售给阿联酋买家。

"Eurodignity"（159426 载重吨，2004 年韩国大宇建造，SS 10－2024，安装压载水系统）据报以 HIGH 3800 万美元出售给中东买家。

MR 型油轮 "New Jupiter"（53116 载重吨，2008 年广船国际建造，SS/DD 08－2023，12 环氧涂层舱，Ice Class 1A，安装压载水系统）据报以 MID 2100 万美元出售。

Scorpio Tankers 旗下的 "STI VILLE"（49990 载重吨，2013 年韩国现代尾浦建造，SS/DD 09－2023，12 环氧涂层舱，安装废气洗涤器，压载水系待定）据报以 3250 万美元出售给印尼 Pertamina。

油化船 "Yongkang Ocean"（17427 载重吨，2020 年无锡红旗船厂建造，SS/DD 04－2025，船用管线涂层舱，安装压载水系统）据报以 1850 万美元出售。

·集装箱二手船市场

次巴拿马型姊妹集装箱船 "Cardonia"（2824 TEU，2003 年韩国现代尾浦建造，Ice Class II）和 "Cimbria"（2824 TEU，2002 年韩国现代尾浦建造，SS 10－2027，Ice Class II）据报以 4250 万美元打包出售。

·拆船市场

对于次大陆市场来说，又是令人沮丧的一周。开斋节结束后，业务尚未完全恢复正常，拆船价格持平或停滞不前。另外，由于拆船价格进一步稳定和修正，船东和现金买家开始接受当前的价格，加上船舶坞特检即将到期的船东也在做出出售的决定，吨位供应不足的情况似乎开始呈现缓解的迹象。孟加拉国市场，开斋节假期结束，孟加拉国买家重新购买吨位的进展却依旧缓慢，本周几乎没有合理甚至可以接受的报价，船东和现金买家进而开始转向其他市场。基本面方面，当地的钢板价格一段时间以来一直持平，孟加拉国塔卡兑美元的汇率也继续创下历史新高。信用证和融资问题依然为孟加拉国市场的负担，随着终端买家再次尝试与中央国家银行谈判可接受的利率（如今年早些时候所见），预计这种情况将在未来几周缓解。当地的回收商继续以低于市场的价格机会主义的报价。一艘 1994 年建造杂货船"XIANG HE"（9016 轻吨，新加坡交船）以 520 美元/轻吨的价格成交。

印度市场的拆解价位继续让业界感到困惑和失望，当地终端买家尝试提供低于 500 美元/轻吨的低价去吸引船东和现金买家放弃他们的老旧吨位，但几乎没有任何可用的吨位的成交。基本面也不稳定，本周当地钢板价格下跌约 13 美元/吨，印度卢比兑美元的汇率也在 RS.82 上下波动。

巴基斯坦市场最近收到了令人鼓舞的消息，国际货币基金组织将在未来 9 个月内承诺约 30 亿美元的贷款，将进一步缓解该国的流动性危机。第一笔 12 亿美元的分期付款已经到位，为该国带来了一些急需的经济救济和稳定。然而，目前的基本面仍不太乐观，尤其是国内钢板价格连续几个月持平，巴基斯坦卢比兑美元的汇率最近升至 PKR 277，一周以来一直维持在这一水平。

对上市或不上市交易的旧船，船舶经纪人获得出售信息或船东的委托后，将会尽快将旧船的资料和出售条件转达给予其经常联系的买主，以便买主尽早决定可否开始交易。也有一些船舶经纪人在直接联系买主的同时，还联系一些二手中间经纪人，由这些中间经纪人与更多的买主联系。这一做法为船东能迅速出售旧船找到大量的买主，也使买主能够适时地找到所需要的旧船。

2. 与委托人建立委托关系

在实际业务中，除委托人和船舶买卖经纪人之间签订有长期委托合同外，委托人一般不会以书面方式与船舶签订委托合同，通常是通过书面发出购船或买船意向以及随后的一系列行为作为双方建立委托关系的依据。因此，经纪人的授权范围通常是按照一般的法律原则和实际情况予以确定。

假如首先由买方经纪人正式与卖方接触，代买方做出一个"发盘"（offer），习惯写法是一开始就说明代谁人（for account of）做出"发盘"。这就给卖方一个强而有力的信息，即说明发盘的一方只是代理人。另一处容易出问题的地方是当船舶买卖经纪人代买卖双方签署一份正式的、经整理并批准的"买卖合约"（memorandum of agreement）时，经纪人在签字一栏要特别小心，因为容易负上个人责任。

3. 参与买卖合同洽谈

船舶买卖合同的洽谈可以采用各种不同的形式，但最常见的洽谈是通过双方的经纪人以电邮方式进行。在交易洽谈中，船舶买卖经纪人随时传递船东的发盘、买主的

出价和船东的还价，以及其他竞争买主对该船的出价及变化情况，尽力缩小买家和卖家对船舶在价格和交易条件各方面的差距，以促成船舶交易。

在实际洽谈时，船舶买卖经纪人收到买卖双方的往来电邮后，通常会加上自己的评语或注解后再传送给另一方。这些评语或注解仅仅是对委托人电邮内容的解释或评论，并不构成委托人要约或反要约，仅供对方参考而已。此外，船舶买卖经纪人有时也会按照委托人的意图起草或修改来往的电邮，并传送给对方作为委托人的要约或反要约，此时应注意其内容应取得委托人确认并以委托人名义发出。

4. 船东委托船舶买卖经纪人对船价评估

无论在买入或卖出船舶前，船东都要对所买卖船舶的价值进行评估，以便确定一个开始交易磋商的基础价格。在实际业务中船东并非一定委托船舶买卖经纪人进行船价评估，完全可以自行评估，如果委托船舶买卖经纪人估价则双方需要签署委托协议约定评估费用等标准。

经纪人为船舶估价并给出证明是一项高风险的工作。一般而言，为船舶估价是二手船买卖经纪人的业务之一，需要对船舶进行估价的有船东、银行、法院、投资人等。表面上看，船舶估价工作非常简单，经纪人只用出具一份证明并随意估计一个数字就可以收取一笔费用。但是，要做好一份估价，有很多的先决条件。例如，需要充分而全面的市场消息和资料，并且熟悉市场运行才能给出一个正确且专业的估价。此外，估价经纪人要谨慎且努力地调查船舶市场情况。如调查近期有否同类型船舶的交易可作为指导。如果有，该交易中的船价是否能反映市场或只是买卖双方的私下交易，并不能代表市场均价，又或是该交易涉及的船舶是连同长期租约出售。

即使是同类型的船舶，两艘或两艘以上的船本身也会有很大区别。例如，同是2005 年建造的 65000 吨巴拿马型散货船，由于造船厂、主机型号、船旗、原船东、装卸设备、主要船舶特征的不同，两船的船价差距可能会较大。因此，必须了解某同类型船舶与本船的主要区别，才能做出较准确的估价。再如，同类型船舶的船龄相差一年，船价会相差多少？船龄差别对新船或老船的影响是否一样？通过或未通过船级社特检，船价差异如何？种种问题，都需要经纪人具有专业的知识、经验、技巧与深入的研究分析。若是由于经纪人无法了解一些市场公开的资料或是做出的分析得不到其他高水平经纪人的认同而导致疏忽或犯错，那么该经纪人可能要承担责任，且涉及巨额赔偿金。

据知英国已有好几宗未被报道的法院诉讼，涉及银行、债券或其他投资者向船舶买卖经纪人索赔庞大的金额，指称估价错误。面对这些估价责任，经纪人可采取如下保障做法：

（1）委托人一般只会委任著名与有规模的船舶买卖经纪人公司做船舶估价，船舶买卖经纪人公司可投保责任险，但通常保费很高，且应投保多少金额才足够赔偿较难确定。

（2）和其他船舶经纪公司一起成立估价团（panel of valuation），并由估价团去做估价证明，而不是由个别公司做出。通过估价团去估价，经纪人一方面可以减少疏忽或遗漏，另一方面也可分摊并减轻赔偿损失。

（3）在被委任时，经纪人争取加入明示条文去豁免疏忽责任。若不被委托人接受，可明示赔偿的最高限额，如 50 万美元或 100 万美元不等。若是限额数字合理，委托人可能会接受，再加上可能省去一些保费，也可使船舶估价收费便宜一些。

5. 起草船舶买卖协议书

在双方买卖合同达成一致后，船舶买卖经纪人应根据双方达成的条款和参照的标准合同格式进行修改或补充，起草一份完整的船舶买卖合同，分别取得买卖双方的确认，送交买卖双方签字。在实际业务中，有些船舶买卖经纪人也可能作为合同一方当事人的代理人代为签署合同。为代理身份时，应表明代理身份。

6. 督促买卖双方履行合同规定的义务

船舶买卖经纪人应随时了解船舶动态，督促协助买方按约支付购船保证金、检查船舶，并向买方传递验船报告文件等。

7. 交船文件的缮制和公证认证

作为船舶卖方的经纪人，通常无偿地协助或负责为卖方起草合同所规定的交船文件，并且代为联系有关交船文件的公证、认证以及船舶注销等事宜。

8. 参与船舶交接

在实际业务中，船舶买卖经纪人通常会参与船舶交接业务，尤其是购船款和船舶文件的交接事宜，协调船舶交接过程中的矛盾和纠纷，船东或买家的索赔、解决争端等。

9. 收取佣金

船舶买卖合同规定的佣金通常明确载入合同中，但有时也可能未在合同中注明而是由经纪人与委托人另行订立佣金协议来确定。除非另有约定，船舶买卖经纪人所赚取的佣金通常由卖方支付，而且经纪人的佣金请求权并非以买卖合同有效成立为依据，而是以合同的履行完成为依据，因此，在一般情况下，经纪人只有在船舶交付买方，船价付至卖方后才能得到佣金。

10. 代为办理购入船的登记和入级等后续事宜

作为船舶买方委托的经纪人有时会继续提供船舶购入后的代理服务。比如，注册一间单船公司、船舶登记和船舶入级等。在此种情况下，船舶买卖经纪人通常会额外收取代理费，至于数额多少，完全由双方协商而定。当然，对于兼做船舶登记机关或船级社代理的船舶买卖经纪人而言，他可能会放弃再向船东收取代理费。

知识链接 2 −2

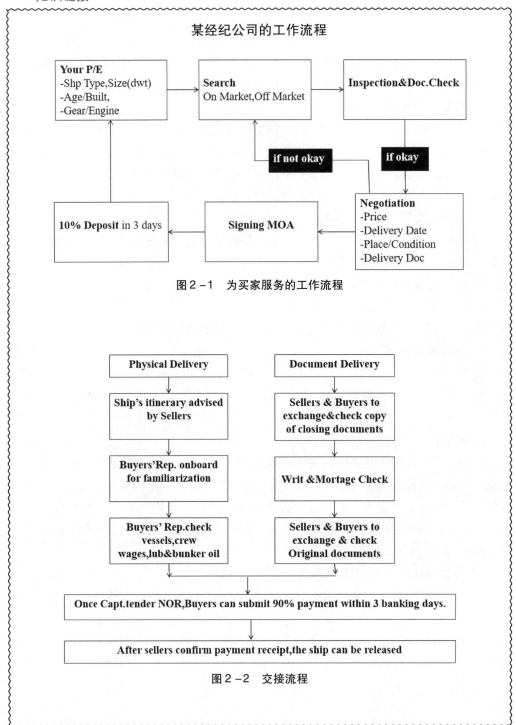

某经纪公司的工作流程

图 2 −1　为买家服务的工作流程

图 2 −2　交接流程

二、主要作用

按照国际船舶市场的习惯做法，一般船舶买卖都通过船舶经纪作为中间人来进行。实际上船舶买卖经纪已成为沟通买卖双方的桥梁和促成交易的催化剂。船舶买卖经纪人在交易中的地位几乎达到不可或缺的程度，其作用主要归纳为以下四点：

（1）船舶买卖经纪人使船舶买卖的成交概率大大提高，因为船舶买卖经纪人手中有大量的市场信息，并罗织了船舶买卖的关系网。

（2）买卖双方之间有缓冲带，不会因为探听对方消息而引起误会甚至产生成见，特别是在两个船东之间。船舶买卖贸易额大、技术含量高、商务要求高，在买卖双方谈判时难免有合法但不合情理之处，极易引起争议。有了船舶买卖经纪人就可以营造比较宽松、和谐的谈判气氛，不至于买卖双方发生争吵甚至闹得不可开交。

（3）买卖双方中有一方不熟悉这方面业务时，更需要委托船舶买卖经纪人在专业上和商务谈判上给予帮助。

（4）船舶买卖经纪人大多为当事国人，熟悉当事国家的情况和当地市场行情，可以向买方或卖方提供从出入境手续直到船舶离港为止的全过程、全方位服务。

三、风险防范

二手船买卖过程中，买方和卖方通常都会聘请经纪人作为代理促成交易。经纪人的佣金虽然很丰厚，但在收到佣金之前，其面临很多风险，稍有不慎，经纪人不仅收不到佣金，甚至可能面临高额索赔。

1. 签订内容完备的书面合同

经纪人在为二手船的卖方或者买方提供服务前应与委托人签订书面合同，合同内容尽量完备。合同应详细约定以下内容：

（1）委托买卖的标的及权属情况应尽量明确。

（2）佣金的计算方式和支付时间。

（3）委托人在与对方签订合同后，不履行合同时佣金的支付以及违约责任的承担等问题。

（4）委托人违反委托合同各项义务的违约责任。

2. 要求委托人出具书面授权委托书

经纪人应要求委托人为其出具书面授权委托书，说明授权的权限。应当得到其委托人清晰明确的，最好是书面地对该授权的存在和精确范围的确认，若无法直接联络委托人，则从其关系链中紧邻的经纪人处得到。

当经纪人通过其他经纪人达成协议时，在这一关系链中可能存在多重复杂关系。从委托人和委托人直接联络的经纪人作为关系链顶端开始，直到关系链最底端的经纪人，每一个经纪人都依赖着关系链中在他前面的上级经纪人的指示和授权。在关系链的不同节点处，经纪人之间授权保证的争议就可能会导致严重的问题，因而，最顶端

的经纪人缺少授权可能导致连锁反应，上一级的经纪人依次承担其低一级经纪人的损害赔偿的责任。由于其他经纪人违反授权保证，在经纪关系链最底端的经纪人有权向上一级的经纪人要求损害赔偿。

经纪人在与可能的买家或者卖家联络时应出示授权委托书，以免对方误以为经纪人的代理行为是自己的行为，在出现争议时，对方要求经纪人承担责任。

经纪人在进行代理行为，尤其是对外进行代理行为时，应明确代理身份。此时，经纪人除如上所述出具授权委托书外，在授权范围内在一些文件上签字时也应表明代理身份。这样可以使自己免于被对方追究任何缔约或者违约责任。当买卖合同达成后，一方违约且资信不好时，对方就会不可避免地想方设法将责任转嫁到经纪人的身上，出具一些经纪人未表明代理身份，而是以自己名义签订的书面文件作为经纪人不是为代理行为的证据，进而达到将合同责任转嫁给资信良好的经纪人公司的目的。为规避这些风险，经纪人作为代理时，应表明代理身份。

若经纪人一直以"代理人"（agent）的身份在被授权范围内行事，对方就难以挑出毛病来索赔，而这也不是经纪人提供了疏忽建议或处理谈判不专业、犯错等的同类问题。

那么，经纪人如何一直保持自己的代理人身份呢？假若首先由买方经纪人正式与卖方接触，代买方做出一个"发盘"（offer），习惯写法是一开始就说明代谁人（for account of）做出"发盘"。这就给卖方一个强而有力的信息，即说明发盘的一方只是代理人。另一处容易出问题的地方是当船舶买卖经纪人代买卖双方签署一份正式的经整理并批准的"买卖合约"（memorandum of agreement）时，经纪人在签字一栏要特别小心，因为容易负上个人责任。

3. 慎重透露对方的信息给委托人

有时，船东为了节约佣金成本，可能会跳过经纪人，直接与对方船东联系。因此，经纪人在二手船舶买卖过程中，只有在双方达成交易的可能性很大并且不得不将对方信息透露给委托人时，经纪人才会将对方的详细信息透露给委托人。若经纪人签订了完备的委托合同，并有证据证明其为促成双方订立合同履行了大部分义务，经纪人可以依据合同向委托人主张权利。

第三节　船舶买卖经纪人的佣金

一、佣金的计收

佣金是经纪人提供船舶买卖经纪服务的报酬，按照国际上的通常做法，船舶买卖双方经纪人的佣金在实践中一般都由卖方支付，除非委托人和经纪人另有约定。卖方一般支付一个总佣金数额，然后由参与的各方经纪人分摊。表面上看买方不用支付佣金，而只是支付合同中约定的船价，买方经纪人的佣金也是由卖方船东支付。但羊毛出在羊身上，卖方常通过增加船价的方式来转嫁佣金。可见，虽然总佣金数额不一定会写入买卖合约内，但事实上佣金数额的多少对于买方而言是非常重要的，应是谈判的重要内容之一。

　　船舶买卖合同规定经纪人佣金的方法主要有两种，一种是明确写明经纪人应得的佣金数额或百分比；另一种是在合同中虽然写明有佣金，但不注明佣金的具体金额。但通常经纪人和委托人会另行订立佣金协议，规定佣金的数额、分配、支付方式及其他有关内容。

　　船舶买卖的佣金支付与船舶租赁佣金支付不一样，后者通常写在租约中作为条文之一。但是如果遇到船东不愿支付佣金，租约中的经纪人会由于没有合约关系而只能依靠承租人，以信托人的身份起诉船东并代为执行。有了 1999 年的 *Contracts（Rights of Third Parties）Act* 后，英国法律已容许租约经纪人直接起诉船东以追讨佣金了。但这个问题事实上与船舶买卖经纪人关系不大，因为他们通常有佣金协议。

　　但在船舶买卖中，无论是在船舶买卖主合同中，还是在佣金协议中，都建议尽可能清晰明确地写明经纪人享有佣金的权力。若双方没有明确的佣金协议，且在船舶买卖合同中规定排除《1999 年法案》，在缺少法律救济和合同相互关系原则使用的情况下，经纪人可以根据船东需要在经纪人群体范围内维持其良好声誉的心理，向其请求佣金。

　　船舶买卖合同中规定经纪人佣金的计算方法一般是在船价上减去一定的百分比，例如"船价 17000000 美元减 1% 全部佣金"（purchase price US $ 17000000 less one percent total commission）。一旦交易成功，经纪人可以得到的佣金是 170000 美元，其余的 16830000 美元则为卖方卖船所得。

　　有时参与买卖交易的经纪人可能有两三个，甚至更多，他们的佣金就会在船价上逐一扣减。例如，买方同意出价 17000000 美元购买船舶，买方的经纪人在发出要约时就会写明"船价 17000000 美元减 1% 全部佣金"，中间经纪人（intermediate broker）会再加他的 1% 佣金，要约就变成"船价 17000000 美元减 2% 全部佣金"，而卖方的经纪人又会再加上他的 1% 佣金，因此买方的要约到卖方手上时就是"船价 17000000 美元减 3% 全部佣金"。如果交易最终成功，每个经纪人都可以得到 170000 美元的佣金，而卖方的卖船所得则为 16490000 美元。

　　有时卖方会要求一个净价（net price），具体佣金数则需由经纪人自己计算，例如卖方要价 17000000 美元，不含佣金（net of commission），而经纪人的报价则必须包括自己的佣金，如果佣金为 1%，计算方法是 17000000 ÷ 0.99 = 17171717.17，卖方经纪人的对外报价就应该是船价 17171717.17 美元减 1% 全部佣金，如果交易成功，卖方扣除 1% 佣金后正是 17000000 美元。如果有两个经纪人参与交易，佣金均为 1%，计算方法为 17000000 ÷ 0.98 = 17346938.77。扣除 2% 佣金后，卖方仍实得 17000000 美元。

二、佣金获取的时间

　　船舶买卖经纪人什么时候能够获取佣金？买卖合约一旦签订，是否表明船舶买卖经纪人工作已经完成，从而可以获取佣金？或者是佣金应在买卖合约签订后的多长时间内获取？事实上，买卖合约的成功签订并不表示船舶一定能成功交接。因为从买卖合约签订到船舶交接通常相差几个月的时间，在这段时间里会有很多变数，比如因船舶延误而错过了销约期、船舶不幸发生全损、市场急变而导致买方或卖方毁约等，都可能使船舶无法顺利交接。

船舶买卖经纪人的工作是促成一笔船舶买卖的成交，若交易最终未成交，则船舶买卖经纪人就不能获取佣金，除非委托人私下同意额外支付报酬。经纪人的佣金请求权并非以买卖合同有效成立为依据，而是以合同的履行完成为依据。经纪人只有在船舶交至买方，船价付至卖方后才能得到佣金。有时即便经纪人为了一宗交易花费了大量的精力，但最终可能由于某一方船东的退出而导致交易无法成交，经纪人就无法获取佣金。

实务中为了防止因海上风险而致船舶无法交接，进而无法收取佣金，比较谨慎的船舶买卖经纪人会在买卖合约签订后为佣金投保。比如英国几家大型的跨国船舶买卖经纪人公司会通过互保协会安排一整年的"集团保险"（group insurance），之后每次签订买卖合约，经纪人就立即向保险人"宣告"（declare），保险就会自动受保并计算保费。

三、卖方或买方故意越过船舶买卖经纪人的情况

卖方或买方为了节省佣金成本，可能会在过程中越过或甩开（cut off）船舶买卖经纪人。例如，在二手船买卖中，卖方船东通过船舶买卖经纪人了解到一位有兴趣的买方，发现以前认识，于是卖方就可能越过船舶买卖经纪人直接与该买方联系。若船舶买卖经纪人向卖方船东质询，卖方船东甚至会否认通过经纪人了解该买方。这种情况容易发生并且很难举证证明该经纪人的作用。为了预防这种情况的发生，船舶买卖经纪人应尽量先不披露意向买方的名称和细节情况，等到通信渠道建立起来或开始谈判再披露。再或者是船舶买卖经纪人先取得卖方船东的承诺，确认与该意向买方的谈判交易只通过本经纪人，即"唯一渠道"（exclusive channel），然后才全部披露买方的名字与信息，如果这样卖方船东就很难越过该船舶买卖经纪人。

在履约过程中越过船舶买卖经纪人的情况也会有，比较多出现的是在租约或新造船中。出现这种情况，如果船舶买卖经纪人能取得证据证明双方当事人在合谋剥夺其佣金，就可以侵权的阴谋（conspiracy）为由来起诉索赔，特别是针对没有佣金合约关系的一方时。要构成侵权的阴谋，法律要求的条件有：①真正目的不是为了被告自己的善意与合法目的；②真正目的是给原告造成损失；③两位或以上被告参与该阴谋。如此来看，买卖双方合谋越过某经纪人很可能会构成侵权。但对经纪人而言，困难在于如何举证，只要"阴谋者"（conspirers）有水平，不留下书面证据，经纪人就很难去调查取证。

还有一种情况，买卖双方一经船舶买卖经纪人介绍，就马上越过该经纪人去直接谈判成交。在这种情况下，经纪人是否有权索赔佣金，关键在于弄清哪些因素是买卖成交的关键与有效原因。如果买卖谈判非常复杂、艰苦，而经纪人并未参与，此时经

纪人就无权索赔佣金；但反之，若谈判交易非常简单，买卖成交的关键与有效原因在于通过该经纪人为买卖双方搭建了沟通渠道，此时经纪人就有权索赔佣金。再进一步说，即使成功谈判买卖合约是成交的关键与有效原因，只要不是经纪人不愿意或无能协助谈判，而是被买方或卖方剥夺了协助谈判的机会，此时买方或卖方就难逃责任。

四、秘密利益/佣金

秘密利益/佣金（secret profit/commission）或暗钱是指代理人/经纪人在没有得到委托人的许可或知情的情况下，赚取应允佣金以外的利益。

如果发生这种情况，后果可能会很严重，因为这会构成贪污受贿（bribed corruption）的刑事罪。如果在香港，委托人在知悉其代理人或经纪人收取他人的秘密利益/佣金后，可向香港廉政公署（Independent Commission Against Corruption，ICAC）举报以追究其刑事责任。除此之外，委托人还可以采取民事行动，起诉其代理人或经纪人，要求他交出这笔秘密利益/佣金。实务中，委托人若是知道这种事实，通常不会直接向 ICAC 通告，而是先威吓代理人或经纪人使其退回这笔秘密利益/佣金，或者是直接要求对方归还这笔钱，因为经常会由于对方贿赂而致使委托人间接地多支付。

那么，怎样的金钱算是非法的秘密利益/佣金呢？既然是秘密（secret），就是不让委托人知情，相当于欺骗委托人。否则，只要在委托人知情的情况下，法律不会约束经纪人收取佣金的数额。另外，如何算是"非法"呢？这要看付给对方经纪人或代理人的这笔钱是否会引起其利益冲突（give rise to a conflict of interest）。如果交易一方付给对方经纪人一笔钱，使得该经纪人的立场有所变动，不再全身心地为委托人服务，做出一些违背其在经纪人协议中职责的事情，那么这笔金钱就被认为是非法获得的。

第四节　船舶买卖经纪人的挑战和前景

一、航运服务

国际航运中心是以优质的港口设施、发达的物流体系、关键的地缘区位为基础条件，以高度完善的航运服务为核心驱动，在全球范围内配置航运资源的重要港口城市。航运服务是测评国际航运中心竞争力水平的核心驱动因素。航运服务主要包括航运经纪服务、航运工程服务、航运经营服务、海事法律服务、航运金融服务。根据《新华·波罗的海国际航运中心发展指数报告》中的测评显示，2017—2021 年全球航运服务排名前 10 的城市如表 2-1 所示。

表 2 - 1　全球航运服务 TOP 10

排名	2021 年	2020 年	2019 年	2018 年	2017 年
1	伦敦	伦敦	伦敦	伦敦	伦敦
2	新加坡	新加坡	新加坡	新加坡	新加坡
3	上海	上海	上海	中国香港	中国香港
4	中国香港	中国香港	中国香港	上海	上海
5	雅典 - 比雷埃夫斯	迪拜	雅典 - 比雷埃夫斯	迪拜	雅典 - 比雷埃夫斯
6	迪拜	雅典 - 比雷埃夫斯	迪拜	雅典 - 比雷埃夫斯	迪拜
7	汉堡	汉堡	孟买	汉堡	汉堡
8	休斯敦	孟买	汉堡	纽约 - 新泽西	纽约 - 新泽西
9	孟买	休斯敦	休斯敦	东京	孟买
10	纽约 - 新泽西	纽约 - 新泽西	纽约 - 新泽西	休斯敦	东京

数据来源：《新华·波罗的海国际航运中心发展指数报告》。

1. 伦敦

伦敦是 18 世纪工业革命的发源地，工业革命促进了资本主义经济贸易的发展，促使伦敦在 19 世纪就成为世界著名的国际航运中心。20 世纪 60 年代以来，随着全球经济重心的转移以及船舶的大型化和集装箱化趋势，伦敦的港口优势逐渐衰落，但在国际航运中心形成的过程中，依托原有的船舶市场，不断衍生出的航运交易、航运融资、海事保险、海事仲裁、船舶经纪、航运咨询、信息通信、教育培训、媒体出版等与航运相关的服务产业日渐发展，形成了航运服务的完整产业链并不断壮大，通过集聚、沉淀、延伸逐渐形成一套市场规则和惯例，作为国际航运中心"软实力"，对全球航运形成了强有力的影响和控制。在伦敦汇聚了几乎所有全球知名的高端航运服务商，这些高端航运服务商产业链完整，规模庞大，发展成熟，成为伦敦在航运市场的核心竞争力，无论是服务效率还是服务质量，都是世界顶流。伦敦的高端航运服务业把控着全球船舶融资、船舶经纪、航运保险、海事仲裁、航运咨询等航运服务链的上游高附加值市场，堪比金融界的华尔街。它不但对世界航运有着举足轻重的影响力，影响全球航运资源配置，还拥有强大的国际话语权，是航运服务业诸多规则、政策的制定者、领导者。其高端航运服务带来巨大的利润，带动的就业和对城市经济发展的贡献不亚于欧洲第一大港鹿特丹港，成为英国最大海外收入来源之一。

尽管伦敦在高端航运服务方面一直处于世界领先地位，但其地理位置限制了港口生产规模的进一步扩大，没有其他航运枢纽所拥有的大批船东公司驻留。然而，伦敦具有完备的海事法律体系、经验丰富的航运服务人才，时区及语言也具有较强优势，同时伦敦又是国际金融中心，这意味着伦敦仍然有能力继续向全世界提供优质的航运服务。

伦敦拥有许多航运业的国际机构，包括国际航运协会（International Chamber of Shipping，ICS）、国际船级社协会（International Association of Classification Societies，

IACS)、国际船东保赔协会集团和波罗的海交易所，伦敦也是国际海事组织（International Maritime Organization，IMO）的所在地。

伦敦航运服务业主要具备四大优势：①专业能力，航运是一个高技术行业，需要足够的专业能力支撑，英国的海员，航运金融、航运经纪与海事保险专家均具有极其过硬的专业能力；②服务质量，位于伦敦的波罗的海交易所、劳埃德船级社、海事和商业法院以及金融行为监管局等主要机构保证了伦敦航运服务具备过硬的质量；③多样性，伦敦航运服务产业兼具广度与深度，不同专业之间也形成了良好的互动联系，能够快速专业地解决航运相关的各种复杂问题；④历史经验，伦敦提供航运相关服务已有300多年的历史，并继续处于新发展的前沿。伦敦依然拥有最多的经纪公司，经纪服务资源的聚集程度较高。

2. 新加坡

新加坡地处东南亚海上要道，所处的马六甲海峡连接太平洋和印度洋，被称为海运的"生命线"，是连接东亚、大洋洲、南亚、西亚、非洲和欧洲各国的航运通道。

自2000年以来，亚太地区的新兴经济体发展迅速，中国、日本、韩国和东盟的先进制造业支撑着全球贸易的繁荣，这反过来又刺激了亚太地区强劲的航运需求，这使得新加坡的地理优势更加突出。在其独特的区位优势的基础上，依托传统货运业的发展，新加坡吸引了各类海运企业入驻，逐步构建了综合性的航运产业生态系统；新加坡不仅成功地聚集了世界上数量最多的国际航运集团，而且还吸引了国际大宗商品贸易商，丰富了其航运和贸易业务网络；航运保险、海事法律和仲裁、航运金融和航运经纪等行业资源的集聚，加强了新加坡的航运服务业。

现在新加坡不仅港口吞吐量位列全球第二，航运服务业和营商环境也极具国际竞争力。新加坡拥有世界领先的港口条件、出色的航运服务和优良的航运商业环境，综合实力稳居全球第一。海运及相关产业是新加坡的支柱产业，各种优惠刺激政策创造优越的营商环境，优惠的关税政策、灵活方便的船舶和船员登记管理制度以及各种与航运相关的激励政策，都为新加坡吸引大量航运资源创造了有利条件。

3. 上海

2020年上海已基本建成航运资源高度集聚、航运服务功能健全、航运市场环境优良、现代物流服务高效，具有全球航运资源配置能力的国际航运中心。经过二十余年的发展，上海从区域的枢纽港口城市发展为具有全球资源配置能力的国际航运中心，并在保障国际贸易畅通、促进国际航运产业发展中发挥越来越重要的作用。当前，上海港的集装箱港口规模已连续11年位居全球第一，港口作业效率、服务水平、技术创新水平在全球领先。

同时，随着货流、船流规模的扩大，为上海带来了物流、商流、资金流、信息流的聚集，催生了对航运服务业的需求，上海积极推动航运经纪、海事法律、航运金融、航运保险、航运信息咨询、航运文化、航运教育培训等现代服务产业的发展，经过十余年的发展，上海航运保险市场份额位居世界前列，打造的航运运价指数形成国际影响，航运经纪、海事法律均实现突破式发展。

另外，航运领域在自由贸易试验区的总体制度框架下进行了一系列的制度突破和

创新，例如负面清单中航运相关产业的进一步扩大开放，国际船舶登记制度、国际中转集拼业务的创新发展，对上海国际航运中心进一步集聚国际航运服务要素发挥了十分重要的作用。2021年，上海国际航运中心建设从基本建成迈入全面建成的新阶段。

4. 中国香港

虽然2019年以来，香港港口吞吐量一直在下滑，但是香港仍然是世界上最繁忙的港口之一，2022年集装箱港口吞吐量全球排名第十。香港是全球第四大船舶登记地。2020年，香港修订了相关法规，为船舶租赁和海上保险业务提供税收优惠，并研究税制改革方案，吸引船东公司、管理公司、代理公司和经纪公司。毋庸置疑，香港拥有强大的航运产业生态系统、优异的地理位置，以及良好的营商环境。

二、全球主要船舶买卖经纪人

目前，航运经纪公司数量最多的航运中心仍然是伦敦。全球知名的老牌经纪公司也大都来自伦敦，这些老牌经纪公司都有着100多年的历史，在全球主要港航城市都设有分支机构。

1. Clarksons

Clarksons于1852年成立于英国伦敦，拥有超过1800名员工，分布在24个国家的56个代表处，是全球最大的一体化综合航运业务提供商。Clarksons的经纪范围除船舶经纪业务外，金融、研究和绿色转型部门也提供和支持投资银行和脱碳咨询服务，同时也在加大为其海事客户增强软件、数字产品和服务的力度。在船舶买卖方面，Clarksons的业务范围覆盖了新船、二手船买卖等，其竞争优势一方面在于Clarksons较早进入船舶买卖市场，拥有丰富的船舶买卖经验、深厚的知识与资源积累、广泛的市场覆盖范围；另一方面，船舶买卖与Clarksons其他服务形成了良好的配合，能够提供全面专业的增值服务。如Clarksons的市场研究服务使经纪人能够从内部获得丰富的市场情报，为船舶买卖决策提供支持与参考；Clarksons的金融服务可以帮助买家筹集资金或协助售后回租交易。

2. Braemar

Braemar于1842年成立于英国伦敦，是航运投资、租船和风险管理方面的专家顾问公司。2014年，Braemar与ACM航运集团曾合并为Braemar ACM船舶经纪公司，但目前已恢复其原名Braemar。Braemar在全球拥有18家办公室、400多名员工，覆盖所有主要航运枢纽，能够实现全球全天候运营。Braemar是全球船舶估值领域的前两大领先企业之一。并且，Braemar可以提供再融资、重组资产负债表、筹集资本、确保信贷额度等金融服务，为新船、二手船买卖提供支持。

3. Simpson Spence & Young

Simpson Spence & Young于1880年成立于英国伦敦，由Ernest Simpson、Lewis Spence和William Young船长共同创建，在全球23个办事处开展业务，雇用了400多名专家。Simpson Spence & Young长期致力于船舶买卖、干散货船和油轮租赁等领域，尤其是新造船买卖方面，其与全球各大造船厂建立了多年的密切工作关系，能够为船东和造船厂提供丰富的经验、市场情报和谈判技能以及咨询服务，以支持新造船合同达成。

4. Barry Rogliano Salles

Barry Rogliano Salles（简称 BRS）于 1856 年成立于法国纳伊市，是一家历史长达 150 年的国际领先的航运经纪公司，在全球设 20 个办事处运营，拥有超过 230 名船舶买卖经纪人。虽然 BRS 的大部分经纪业务收入来自其干散货业务。但它几乎在所有主要航运领域都保持活跃。譬如在新造船和二手船舶买卖、干散货、油轮、班轮、特种油轮、液化石油气油轮、液化天然气油轮、海上和可再生能源、船舶融资、FFA、碳和研究等领域都有其业务。在研究领域，BRS 除有向第三方公司提供数据和分析的市场情报部门外，还持有 AXSMarine 的股份，后者为干散货、集装箱和油轮行业提供船舶经纪数据平台、分析和研究报告。20 世纪 90 年代末海事信息数字革命拉开序幕，而 BRS 正是先行者之一。

5. Howe Robinson Partners

Howe Robinson Partners 是世界上最大的私营船舶经纪公司之一，总部位于新加坡，拥有 330 多名员工，在全球 15 个国家/地区开展业务。公司历史可以追溯到 1883 年在伦敦成立的 Howe Robinson 有限责任公司，Howe Robinson 2015 年 4 月与毅联汇业（Information Services Limited，ICAP）合并，成立了 Howe Robinson Partners。Howe Robinson Partners 在上海、伦敦、汉堡、首尔和新加坡均组建了专业经纪人团队，团队成员经验丰富、对航运市场有深入的了解，能够提供集装箱、干散货船、油轮、LNG、LPG 等船型的新船、二手船、废钢船的买卖经纪服务。

6. Gibson

Gibson 于 1983 年成立于伦敦，在伦敦、休斯敦、中国香港、新加坡和孟买设有办事处，拥有 150 多名员工。Gibson 起源于 19 世纪的英国煤炭运输，之后长期从事油轮经纪业务，长期的经验积累形成了 Gibson 在油轮、LPG、专用化学品船经纪业务的独特优势。在船舶买卖方面，Gibson 能够为油轮、干散货船等各类船型的建造、购买、销售提供支持与服务。

7. Arrow

Arrow 于 1990 年成立，是全球最大的船舶经纪公司之一，总部位于伦敦。Arrow 在 14 个国家设有办事处，覆盖了每个时区主要的航运市场。Arrow 为主要商业航运部门提供买卖船、租船、衍生品、研究和船舶评估服务，为客户提供谨慎、全面和公正的建议。Arrow 的船舶买卖部门在伦敦、摩纳哥、哥本哈根、东京、首尔、中国香港和上海设有办事处，能够提供准确的市场信息，在业界领先的船东和投资者之间进行谈判，以确保船舶买卖业务的顺利进行。

8. Ifchor Galbraiths

Galbraiths 于 1845 年成立于伦敦，Ifchor 由 Riccardo Ravano 于 1977 年在瑞士洛桑成立，两家公司于 2022 年合并成立了 Ifchor Galbraiths，致力于合并打造一家新的干散货与油轮经纪公司。在船舶买卖方面，基于经验丰富的经纪人组成的全球网络，Ifchor Galbraiths 能够不断监控贸易需求、船队更新、监管要求、费率预测和资产价值的变化，从而为新船、二手船、废钢船估价与买卖决策提供支持。

9. Maersk Broker

Maersk Broker 成立于 1914 年，总部位于哥本哈根的公司，拥有全球办事处网络以及超过 250 名船舶买卖经纪人。Maersk Broker 是集装箱运输业的领头羊，2019 年，他们将业务扩展到了干散货船舶租赁领域。同时，Maersk Broker 还是船舶资产经纪的重要参与者，买卖和新造船舶为其提供了主要的收入来源。除此之外，该公司还为船东提供咨询业务，包括研究分析、估值、替代性融资，以及最近为去碳化进程提供支持和建议。

10. Poten & Partners

Poten & Partners 总部位于纽约，是北美领先的能源航运经纪公司，业务范围包括油轮运输、液化石油气、液化天然气和石脑油领域。除了上述业务之外，Poten & Partners 还积极从事买卖和市场分析，并在全球大部分主要航运中心设有 7 个办事处。Poten & Partners 的液化天然气咨询和商业情报部门对该行业有敏锐的洞察力，并长期与美国石油巨头保持密切联系。

三、我国船舶买卖经纪人的发展现状

就国内船舶买卖而言，部分交易双方直接对接完成，部分通过政府设立或备案的船舶交易服务机构进行拍卖或交易，买卖经纪人的参与度不高。而国际船舶买卖市场，涉及跨国交易，面对全球市场，买卖经纪人通过国际化的信息网络，知识密集的复合专业能力在市场中提供高附加值的个性化经纪服务，在国际交易中的参与度很高。

据了解，全球船舶交易市场上每年新船、二手船和废船交易数量大，船舶经纪交易规模每年可达数百亿美元，全世界有近 50 个国家的 650 多家公司参与交易。世界航运发达地区都十分重视国际船舶经纪市场。

早期，我国内地公司注册登记类别中尚无航运经纪人这个类别，相关企业无法进行公司登记注册。没有真正合法意义上的船舶买卖经纪人，我国航运经纪组织就无法在内地开展此项业务。从事国际航运经纪业务的大多为国外企业驻国内的办事处，双方谈妥业务后再转到境外进行交易，相关的船舶经纪业务都由外国船舶经纪行包揽。如此重要的服务产业和资源，均听从外国船舶经纪行的安排和调配，造成航运产业链断裂以及经济损失，也削弱了我国航运服务业的国际竞争力。2010 年，上海成为航运经纪市场准入试点，9 家国际航运经纪公司在上海正式挂牌，成为中国内地首批获得航运经纪营业执照的企业。如今，上海聚集了我国内地最多的船舶经纪公司。船舶经纪服务的专业化水平、国际竞争力均在全国领先。

近年来，我国船东船队规模不断壮大，船舶航运迅猛发展，船舶拥有量、造船规模均世界领先。有关数据统计显示，截至 2022 年底，我国海运船队运力规模达 3.7 亿载重吨，较 10 年前增长 1 倍，船队规模跃居世界第二。我国造船业的国际市场份额已经连续 13 年保持世界第一。2023 年上半年，我国造船完工量、新接订单量和手持订单量三大指标分别为 2113 万载重吨、3767 万载重吨、12377 万载重吨，分别占世界总量的 49.6%、72.6% 和 53.2%，以修正总吨计分别占 47.3%、67.2% 和 46.8%，均位居世界第一，中国也成为唯一一个三大指标实现全面增长的国家。由此衍生的船舶买卖交易服务需求也在迅速增长。估算我国船东的船舶买卖和我国船舶建造的船舶买卖，如果有一半经由国内的船舶买卖经纪人进行交易，带来的效益将非常可观。

近年来，越来越多的企业关注到船舶买卖经纪业务，注册有船舶销售、船舶经纪、航运经纪业务的企业在逐年增加，发展态势良好。企业通过不断地积累业务经验和资源，逐步提高船舶经纪服务能力，逐渐孵化、成长出更多的专业船舶经纪公司。目前经营中、大型国际船舶买卖业务的主要是一些大型国有骨干海运集团公司的下属子公司、交通部下属的船舶贸易公司及外资船舶经纪公司在我国的分支机构。而经营内贸或中、小型船舶国际买卖业务的主要是一些民营公司及个体。

随着互联网的发展，如今有关船舶工业、航运业、物流、航贸资讯的网站平台迅速壮大，许多网站平台都提供了船舶买卖的信息服务，网络平台船舶买卖经纪人十分活跃。近年来，我国的航运交易机构和其运营的在线竞拍平台逐渐发展成为传统航运经纪的竞争对手。航运交易机构迅速将其业务范围从出售老旧内贸船，拓展至吨位更大、船龄更新、价值更高的国际航行船舶。这一发展过程引起境外船东的广泛关注，并逐步提升了交易平台的品牌知名度。广州航运交易有限公司作为上述规模最大的船舶交易机构之一，2022 年前三个季度售出的二手船价值超过 2.35 亿美元，同比增长 35.6%。已达到亚洲地区一流船舶交易机构业绩水准。浙江船舶交易市场有限公司 2022 年上半年累计完成船舶进出口代理总额 1.5 亿美元，较 2021 年同期增长 156.52%；完成船舶进出口项目 23 个，涉及印度尼西亚、巴拿马、新加坡、利比里亚、泰国、越南、英属维尔京群岛等多个国家和地区。

我国香港地区的船舶经纪业相较内地起步更早，发展更成熟，船舶经纪业也更发达，具有很强的国际竞争力。依托于香港的外汇、税收等优惠政策，行业内的众多知名经纪公司等都在香港设有分支机构。据统计，2021 年香港航运经纪机构数有 54 家，就业人数 228 人，业务收益达到 8.11 亿港元，人均约 356 万港元，如表 2-1 所示。

表 2-1 香港航运经纪统计

年份（年）	2015	2016	2017	2018	2019	2020	2021
经纪机构数	43	47	39	42	54	61	54
就业人数	191	204	141	238	230	232	228
业务收益（百万港元）	491	375	631	634	632	625	811

数据来源：《香港海运业统计摘要》。

船舶买卖经纪更广阔的市场是国际船舶买卖，要提供高度国际化的船舶经纪服务，面临的是全球市场的同步竞争。目前在国际船舶买卖经纪市场，国外知名航运经纪几乎把控绝大部分的大金额交易。除香港外，本土的船舶经纪公司的发展起步较晚，发展时间短，仍处在初期阶段，在国际市场的服务能力和影响力还较弱。尤其是

民营公司与国外老牌航运经纪公司相比，无论在业务数量还是单笔业务价值上，仍然存在不小的差距，船舶买卖经纪的发展任重道远。

四、我国船舶买卖经纪人面临的挑战与发展前景

船舶买卖经纪人是无本求财的热门行业。早年在航运需求旺盛时期，市场不规范，从事国内外船舶经纪的人只要认真执业，通过信息差，都能狠赚一把，佣金高达船价的5%以上，撮合成功一艘船舶的买卖，可以获得少则几万元，多则几十万元，甚至上百万元的佣金。

随着通信网络科技的发展，信息的传递更加方便、及时、广泛。网络成为船舶交易的重要平台，大量船舶买卖信息在网上发布，信息的获取渠道更为广泛，交易双方的沟通更为直接和便利，这就要求船舶买卖经纪人不仅能提供双方的信息，建立交流平台，还要通晓相关专业知识以及相关国际公约、国家政策、法律等，切实为买卖双方的合作提供帮助。

面对大数据、人工智能等突飞猛进的技术革命，船舶买卖经纪人在新交易模式、新竞争对手的挑战下，必须从单纯的信息经纪人转变为符合新时代环境下带来更多附加值的中间人，整合资源，创造价值，提供完整的解决方案是未来船舶经纪人的核心竞争力。

不得不承认，互联网、大数据、人工智能等新技术的结合，能够替代相当一部分人力工作，我们已经看到了这种趋势。比如，做合同就比以前方便多了，相信将来合同拟订可以做到自动或半自动，而无须人工逐条核对。但是新造船、二手船和废船的买卖都是非标准交易。交易谈判过程中的每一个开价或还价都是在当下某个特定的市场时点做出的，市场瞬息万变，谈判的条款、价格、谈判地位、当事人的心理都可能跟随市场的变化而随时变化，且并没有确定的规律可循。至少目前的人工智能是无法模拟和及时反应的。而中间如果没有船舶买卖经纪人，交易双方彻底裸露在市场面前，将会失去谈判筹码，成交价格和效率也将大打折扣，相互陌生的交易双方要进行安全的大金额交易，他们需要一个有信誉、懂业务的中间人来促成交易。

新技术不会消灭经纪人，经纪人的生存空间依然广阔，市场需求新型经纪人。墨守成规的经纪人将被淘汰，与时俱进的经纪人将进入新的生命周期。

五、船舶买卖经纪人的必备素质

专业技能：船舶买卖经纪人必须对航运、船舶市场充分及时地了解，有丰富的船贸、航运、金融、海事法律等专业知识和实践经验，有广泛的客户关系，有良好的英语听说读写能力，有较好的业务沟通能力，能帮助交易双方及时成交。

诚信品德：敬业认真，如实为委托方服务。先做人，后做生意。能够为不同层面的客户服务。

资格证书：目前国内尚无专门的船舶买卖经纪人法规，船舶买卖经纪人可以依照

《经纪人管理办法》从工商管理部门取得合法的执业资格证书，这样有利于开展业务。

营业执照：以经纪人事务所或经纪公司的名誉注册法人商号，可以通过良好的经营服务树立品牌和形象，建立更广的业务网络。

第三章　船　级　社

学习目标：
● 了解船级社的起源及世界主要的船级社
● 掌握船级社的业务职能
● 理解船级社的商业重要性
● 掌握船级记录的使用
● 理解船级社的权利与义务

第一节　船级社简介

船级社（classification society）是一个建立和维护船舶和离岸设施的建造和操作的相关技术标准的机构，通常是非营利性的民间社团组织。船级制度的一个主要目标是通过确保船舶及相关设施高技术标准的设计、建造与运营保养标准以提高海上生命和财产的安全。

世界上最早成立的船级社是英国的劳埃德船级社，成立于 1760 年。18 世纪中期，英国伦敦泰晤士河畔设有若干咖啡馆，从事船舶生意的人常在此聚谈，其中营业最盛者是爱德华·劳埃德，当时大部分船舶和货物保险均在他的咖啡馆办理，于是形成了海上保险中心。由于保险需要了解船舶的技术状况，遂于 1760 年成立了劳埃德船级社，并开始实施船舶检验和登记入级。初期的验船师大多是经验丰富的退休船长和船上的木匠，能一验便知船舶优劣（那时都是木帆船）。他们最初把船体技术状况划分为五类：A（最好）、E（较好）、1（中等）、O（较坏）、U（最坏）；又将所备帆、锚等分为三类：G（好）、M（中）、B（坏）。后来逐步根据需要，变革到现在的入级符号。"classification"一词原是分级的意思，现在为入级之意，不再对船舶划分等级。只要船舶建造符合船级社的建造规范，并经检验合格，该船即在该船级社入级。

船级社成立之初，其为保险商提供的入级服务完全是自愿的。现在的入级服务已不仅是为保险商服务，而且政府希望通过入级服务，代替政府执行有关国际公约的要求，以保障船舶的质量和航行安全。因此，各国政府均赋予船级社更大的权利，并从法律法规上给予保障。

船舶从设计、建造、营运和维修的各个阶段都要受到船级社的监督。不通过船级社的检验并获取证书，船舶不能营运。在近几年的国际公约中，出现了船舶必须达到某些入级规范标准的要求。正是这种具体技术要求的一致性，使得入级检验也具有了一定的法定特征。

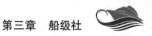

除入级服务外，船级社也为船舶和其他海上装置提供检验服务。船级社的检验报告在实践中经常被船舶保险人、政府机构、港口机关、租船人、银行用作证明船东是否已恪尽职责使船舶在结构上和机器上适合航行的证据。

全世界各地大约有50个船级社在经营，各个船级社的规则、规范、技术标准及应用程序各不相同，为了研究解决共同关心的海上安全问题，促进海上安全标准的提高，加强船级社间的联系与合作，协调个船级社之间的差异，1968年成立了国际船级社协会组织（International Association of Classification Societies，IACS）。国际船级社协会是世界上海运发达国家的船级社之间进行协商的非政府性国际组织，成员船级社掌握着世界船队（按船舶吨位计）90%以上的入级船舶。目前IACS有12个成员，如表3-1所示。在船舶市场，大多数船舶融资人都要求其借款船东的船舶都在IACS入级。

表3-1　全球主要船级社

中文名称	英文全称	英文简称
挪威船级社	Det Norske Veritas	DNV GL
英国劳氏船级社	Lloyd's Register	LR
中国船级社	China Classification Society	CCS
美国船级社	American Bureau of Shipping	ABS
日本船级社	Nippon Kaiji Kyokai	NK
法国船级社	Bureau Veritas	BV
韩国船级社	KoreanRegister	KR
意大利船级社	Registro Italiano Navale	RINA
俄罗斯船级社	Russian Maritime Register of Shipping	RS
印度船级社	Indian Register of Shipping	IRS
克罗地亚船级社	Croation Register of Shipping	CRS
波兰船级社	Polish Register of Shipping	PRS

第二节　船级社的业务职能

船舶检验是国家和政府主管机关保证海上人命安全和船舶航行安全的重要手段。与船舶证书的种类相对应，船舶检验依其性质可大致分为法定检验（statutory survey）和船级检验（class survey）。法定检验通过后，船旗国主管机关就会签发船舶的航行证书和国际公约证书；船级检验通过后，船级社就会签发船舶的船级证书。船级社除了可以提供船舶法定检验和船级检验服务，还可以提供审核服务、咨询服务等其他服务。船级社的业务从具有的法律意义来分类可以分为法定服务、船级检验服务和其他检验服务。

一、法定服务

法定服务是按照船旗国政府有关法令及船旗国政府缔结的国际公约的规定，由政府主管部门或政府授权的有资格的组织所指派的验船师进行的强制性的检验或审核。目前船级社进行的法定服务包括法定检验和 ISM 规则认证。

1. 法定检验

法定检验是在最近六十年来航运国际公约不断增多、政府对船舶状况进行监督越来越必要的情况下产生的。

法定检验是船旗国主管机关为了保证船舶的良好技术状况，保障海上人命安全和船舶航行安全而对船舶进行的检验，此类检验是按法律规定强制进行的，它是船旗国对船舶实施管理和监督的体现。法定检验的依据是船旗国的法律、船旗国所加入的国际公约的有关规定。国际公约规定的要求，所有缔约国都必须遵守。对船舶检验言，国际公约规定的要求是船舶必须符合的最低要求，只有满足这些要求，船舶才能获得有关证书。

最常见的法定检验项目包括船舶结构安全检验、船舶设备安全检验、无线电设备安全检验、载重线检验、防污染检验等。负责检验的一般为船旗国航运主管机关，由其检验并发证。但是，在实践中政府以法令的形式明确规定哪些船级社可以代表政府进行法定检验。船旗国往往授权本国的船级社进行检验并发证，如船旗国无自己的船级社，则会委托国际上的主要船级社进行检验并发证。

法定检验不应和"法定船舶证书"相混淆，法定检验是一国航运管理机关要求的检验，不同国家有不同的法定检验。法定检验不属于船级范围，因此检验结果也不应对船舶的船级证书有影响。法定检验是一项独立的检验，有关机关会对检验合格的船舶签发证书，即通常所说的船舶营运证书。应该注意的是，航运主管机关做出的批注并不会使有关证书失效。然而，船舶如需转船旗，所有法定证书均会自动失效。

2. 国际安全管理规则审核

国际安全管理规则审核是指按照国际安全管理规则（ISM 规则）的要求对船舶和船公司的质量体系状况进行审核，为船舶和船公司分别颁发《船舶安全管理证书》（Safe Management Certificate，SMC）和《符合证明》（Document of Compliance，DOC）证书。

20 世纪 80 年代以来，全球船队船龄呈增长势头，船舶海难事故不断发生，而其中 80% 是人为因素造成的。由于认识到了人为因素在保障海上安全和防止海洋环境污染方面所起到的重要作用，国际海事组织（IMO）采取了一系列行动来控制人为因素。在 1994 年召开的国际海上人命安全公约（International Convention for Safety of Life at Sea，SOLAS）缔约国第二次外交大会上，通过了 SOLAS 公约的三个新章节，将国际安全管理规则（International Safety Management Code）完全纳入，使其成为公约强制性的规定。此后，国际各主要船级社均经船旗国政府授权对船东提供 ISM 体系的咨询和审核工作。

二、船级检验服务

1. 船级检验

船舶的船级检验和法定检验不同，这是船东自愿要求船级社进行的检验。尽管在当今国际远洋船队中的船舶几乎无一例外地都接受船级检验，但它仍不是一种法律规定的强制性检验。船级检验是船东从事航运的商业需要，例如不入级的船舶，保险公司就会拒绝为其承保。在营运中的船舶如果丧失船级，船舶保险就会自动失效。

船级检验都由船级社进行，船舶检验的依据是各船级社自己制定的船舶入级规则，国际船级社成员还必须遵循该协会规定的检验统一要求（unified requirements）。船级检验又可分为建造入级检验（class survey under construction）、入级检验（class entry survey）和保持船级检验（class maintenance survey）。

建造入级检验是指船级社对船舶整个建造过程实施的检验。申请建造入级检验的船舶的建造规范必须符合船级社的有关要求，船舶设计图纸必须经船级社审核和认可。船级社还会指派专门的检验人员驻厂，对船舶建造工艺和焊接工艺等进行跟踪检验。建造船舶如通过各阶段检验和最后的试航检验，船级社就会签发有关的船舶证书，授予船级符号及附加标志，证明船舶可以投入营运，同时船级社还会将该船列入船级社的船舶名录。

船级符号的作用在于说明此船或海上设施是在该船级社的监督下建成或建成后由该船级社进行全面的初次入级检验，证明符合或等效于此船级社的规范或规定。附加标志系根据船舶及设备的具体条件，在船级符号后面附加一个或数个标志。如船舶类型、货物装载、特种任务、航区限制、冰区加强等。没有入级证书，船舶将无法正常营运，因为入级是船舶登记和投保的前提。

案例链接 3−1

中国船级社《钢制海船入级规范2021》（节选1）

2.3.1.1 入级符号是船舶主要特性的表述，具有强制性。

2.3.1.2 船舶的船体（包括设备）和轮机（包括电气设备）符合 CCS 规范、指南或等效规定，CCS 将授予相应的入级符号与附加标志。

2.3.1.3 凡船舶的船体（包括设备）与轮机（包括电气设备）经 CCS 批准入级，将根据不同情况授予下列入级符号：

★ CSA　★ CSM　或★CSA　★ CSM　或 ★ CSA　★ CSM

入级符号含义如下：

★ CSA——表示船舶的结构与设备由 CCS 审图和建造中检验，并符合 CCS 规范的规定。特殊情况下，船舶在临近交船前，其结构和设备经 CCS 入级检验，认为其等效符合 CCS 规范的规定，则★用 ★ 替代。

★ CSA——表示船舶的结构与设备不由 CCS 审图和建造中检验，其后经 CCS 进行入级检验，认为其符合 CCS 规范的规定。

★ CSM——表示船舶推进机械和重要用途的辅助机械由 CCS 进行产品检验，而且船舶轮机和电气设备由 CCS 审图和建造中检验，并符合 CCS 规范的规定。特殊情况下，船舶在临近交船前，其机电设备经 CCS 入级检验，认为其等效符合 CCS 规范的规定，则★用★替代。

★ CSM——表示船舶推进机械和重要用途的辅助机械不由 CCS 进行产品检验，但船舶轮机和电气设备由 CCS 审图和建造中检验，并符合 CCS 规范的规定。

★ CSM——表示船舶轮机和电气设备不是由 CCS 审图和建造中检验，其后经 CCS 进行入级检验，认为其符合 CCS 规范的规定。

案例链接 3-2

中国船级社（CCS）《钢制海船入级规范 2021》（节选 2）

附加标志的一般标识原则如下：

1. 附加标志加注在入级符号之后，其中涉及船体及其航区或航线限制、船型、性能、设备、货物与装载特性、检验等附加标志一般加注在★CSA 符号之后，涉及轮机自动控制、轮机特殊设备、环境保护、轮机检验等附加标志一般加注在★CSM 之后。

2. 船舶类型、航区或航线限制和特殊任务附加标志属于必需附加标志，应随入级符号授予。

3. 在授予特定船舶的入级符号时，如果该船舶应满足附加标志（除上述 2 所述的类别以外）对应的规范要求，则对该船舶而言，该附加标志是必需的，否则视为可选的。

4. 在授予多种船型附加标志时，各独立船型附加标志之间以"/"分隔，如 Tug/Offshore Supply Ship。

5. 附加标志之后的后缀标志加括号，括号内的多个后缀标志之间以"，"分隔。

6. 一组附加标志之间采用"；"分隔。

例如，一艘散货船由 CCS 按照其 CSR 规范进行建造检验，无限航区航行，按 COMPASS-Structure 软件系统进行船舶设计校核，小块漂流浮冰况区域航行，总强度、完整稳性和散装谷物计算装载仪，水下检验，机器处所周期性无人值班，螺旋桨轴状况监控。授予下列入级符号及附加标志：

★CSA Bulk Carrier；CSR；BC-A（Holds Nos. 2，4&6 may be Empty）；COM-PASS（R，D，F）；GRAB [20]；Ice Class B；Loading Computer（S，I，G）；ESP；In-Water Survey

★CSM AUT-0；SCM

入级检验是指船级社对曾入其他船级的船舶按本船级社的规范和要求进行坞内检验。入级检验的范围和要求与船舶特检的范围、要求基本相同。如果检验合格，船级社便会发给船级证书，并将该船舶列入"船舶录"。如果原船级社和新船级社同为国际船级社协会的成员，则可根据该协会规定的船舶转级程序转级，新船级社只需改变原来的检验期限予以衔接。

保持船级检验是指为使在营运中的船舶保持良好的技术状况而进行的检验。保持船级检验包括船舶的各种年检、特检、坞内检验、螺旋桨检验、锅炉检验等。按照国际船级社协会的新规定，保持船级检验项目还应包括期间检验，在第二次或第三次年检时进行。

2. 检验周期

船级社检验的周期因船级社不同而各有变化，根据《钢制海船入级规范 2021》，中国船级社对建造后检验的种类与周期规定如下。

（1）年度检验：年度检验应在初次入级检验日期或上次特别检验日期的每周年日的前后 3 个月内进行。

（2）中间检验：中间检验应在第二次或第三次年度检验之时或两次检验之间进行。

（3）特别检验：船体和轮机（包括电气设备）通常应在 5 年间隔期内进行特别检验，以便更新入级证书。

（4）船底外部及有关项目的检验：在每 5 年进行的特别检验周期内，至少应进行两次船底外部及有关项目的检验。其中一次应结合特别检验进行。

（5）螺旋桨轴与尾管轴检验：5 年。

（6）锅炉检验：所有炉龄 10 年及以下的主锅炉，应在每 5 年船舶特别检验期内至少进行 2 次内部检查。

（7）循环检验：①船体循环检验系统。船体循环检验系统是特别检验的替代检验系统，适用于除普通干货船、油船、散货船和兼用船及化学品船以外的船舶。采用循环检验时，船体特别检验的所有要求，应在 5 年特别检验期满之前完成。在循环检验周期内，所有特别检验项目，应尽实际可能在特别检验周期（5 年）内均匀分配在每年度进行检验（必需时应做试验）。②轮机循环检验系统。采用循环检验时，应将机械装置（包括电气设备）特别检验的所有项目，应尽实际可能在特别检验的周期（5 年）内均匀分配在每年度进行检查。

根据《劳氏船级社的规则和制度》，英国劳氏船级社的检验周期如下：

（1）船体和机械特检周期（hull and machinery special survey）：5 年一次。

（2）干坞内检验周期（dry-dock survey）：3 年一次（每 5 年期间进行两次）。

（3）船体和机械的年度检验（hull and machinery annual survey）：1 年一次。

（4）尾轴检验（tail shaft inspection）：5 年一次。

（5）锅炉内部检验（boiler survey）：3 年一次（每 5 年期间进行两次）。

三、其他检验服务

由于船级社之间的激烈竞争，为了寻求发展，各船级社已经开始把自己的市场从传统的不以营利为目的的船级检验有关的业务，转向以营利为目的的其他领域。船级

社提供的其他服务包括质量体系认证、工程检验、货物检验、船舶和海上设施的公证检验、技术咨询、计算和评估及其他服务。

质量体系认证是一项新兴的业务，具有广阔的市场前景。现在主要的船级社对船公司、船厂和船机服务公司提供 ISO 9000 系列和其他质量保证体系的咨询和认证服务。

公证检验是受委托站在公证的立场上对某种情况进行鉴定、出具证明的一种检验。如船舶发生海损或机器事故后，受船东或保险公司等的委托进行原因分析，确定损坏部位、范围和程度，以及损坏修理工程项目内容等。船级社担任公证检验所出具的检验报告可作为交接、计费、理算、索赔及海事仲裁行为的有效凭证。另外，船舶的起租检验、退租检验、保修项目检验、起货设备检验、船舶买卖核价及核定废钢船钢铁重量等均属公证检验。

起货设备检验是一项比较特殊的检验，起货设备的状况不会影响船舶的安全航行，而且国际公约也未对此有检验要求，因此它既不属于法定检验，又不属于船级检验。实际上，这项检验是国际劳工组织根据港口机关的要求和做法才做出的规定。

第三节　船级社的商业重要性

一、船旗

绝大多数船旗国都是 IMO 的各种海事公约的成员国，这些公约包括《国际海上人命安全公约》、《国际防止船舶造成污染公约》和《国际载重线公约》。每一个船旗国都有其认可的船级社名单，船舶在船旗国登记注册的前提条件是：船舶要在该船旗国认可的船级社名单中的某个船级社入级。

各船旗国通常将对悬挂其船旗的船舶进行检查和检验的"法定"义务委托给其认可的船级社履行，如果认定船舶符合船旗国国内和国际的相关法律和法规，船级社将代表船旗国签发给船舶相关的"法定证书"，以及船舶的船级证书。应该指出的是，这种委托授权是职能性质上的授权，每一个船旗国仍将继续负责制定和调整船舶相关规则及制度，并行使对代表其开展法定检验的相关机构的活动进行监督的权利。

如果因船舶未符合规定而导致船级社撤销或取消其船级，那么将可能导致船舶的国际公约证书将失效，并且船舶也将不再满足船旗国"法定"的要求。

二、保险

对于保险商而言，逐一检验每一艘船是否符合船舶所要投保的险种的要求是不切实际的。当保险商考虑是否接受船舶投保和收取多少保费时，将考虑的因素包括：船舶年龄、船东和船舶管理公司的信誉和经营记录、船舶的物理特性、营运的地理区域，以及下列"船级"因素：

（1）船舶的事实船级情况。

（2）该船舶所在船级社的声誉。

（3）船级社评定的船舶等级。

三、租船合同

大多数正常交易的航次租船合同、定期租船合同和光船租赁合同在船舶的描述中都包括船级状况的陈述声明，通常会给出船舶所在船级社的名称，以及船级社确认的船舶特征符号或船舶等级。大多数正常交易的航次租船合同和定期租船合同都明确要求船东在整个租船期间保持船舶在级，光船租赁则通常由承租人履行该义务。

四、船舶融资

出于安全考虑，船舶融资银行通常会要求船舶：

（1）已经加入经银行批准的船级社。

（2）保持在级，以及没有任何逾期船级（遗留的）条件或批注。

（3）定期检验船体和船舶机械。

这些要求将会作为长期保证被列入贷款和担保文书之中，违反这些保证中的一项或多项将很有可能构成违约，银行将有权要求偿还船舶贷款。通常，融资银行也会要求获得船东的书面授权，以使银行能够向船级申请检查船级记录并取得船级证书的复印件。

第四节　船级记录

一、船级记录呈现的内容

船级记录将呈现船级社的验船师检验船舶时发现的缺陷、主要故障和维修进行情况。这些记录还以船级（遗留的）条件（conditions），［也称为船级批注（recommendations）］的形式记载在"特殊事由清单"中，其描述了船东在一定期限内为了满足船级社的规定需要完成的修理项目或采取的其他行动，以及船级"注释（notations）"，也称为船级"评注"或"备注"（class notes or memoranda），其中涉及一些不太重要的事项，留待船东在方便时予以纠正。

船级记录给出了大量有关船舶状况的信息。如果潜在买家查阅了船级记录，他就能够判断该船舶是否值得购买，从而避免了表面检查的费用。另外，如果船级记录显示船舶最近已经完成了检验，并且验船师没有发现任何必须提出需要进行修理的建议，那么它可能值得继续进行下一步的验船。

二、船级记录没有披露的内容

船级记录包括不包含以下情况的破损、损坏或缺陷：

（1）船东已知但船级社不知道的破损、损坏或缺陷，这种情况可能是因为船东没有向船级社报告，或向船级社隐瞒，或船级社在现场检验时未能发现。

（2）船东已经将缺陷告知船级社或现场检验时发现，但修理完毕后船级社未能及时在船级记录内录入。

（3）潜在缺陷，是指在某种意义上船东、船级社或任何检验、检查船舶人员还没有发现的情况。

（4）在船级社检验规则范围之外的情况。

三、如何最大限度地挖掘船级记录信息

最大限度地利用船级记录对买方至关重要，买方可以从以下四点充分利用船级记录：

（1）按照船舶所在船级社的检验规则，验船师将每5年对船体和船舶机械进行"特别检验"。潜在买家可以追溯到船舶上次特检记录，以便查看在"特殊事由清单"上的船级（遗留的）条件，以及是否有还没被修补的缺陷。

（2）为确认缺陷对船舶的影响程度，买方可以追溯到船舶最早期的记录，包括交船之前、船舶建造厂所做的海试记录，以及交船后保修期内的相关记录。

（3）对于老龄船舶，钢材厚度的测量结果可能具有相当大的价值，特别是作为船舶将来维修时进行更换钢板时计算重量的依据。

（4）如果船级记录披露了严重的潜在问题，例如，船舶机械存在问题，潜在买家可能会与船东谈判要求打开主机检查。然而，除非是市场绝对有利于潜在买方，在船舶漂浮状态下，作为表面检查的一部分，即使潜在买方承担检查费用，船东也通常不会允许打开主机或进行其他任何详细的检查。

二手船舶潜在买方还需注意的是，对买方而言比较大的困难是如何才能准确评估船舶及其机械的实际情况，挪威格式合同、日本格式合同和新加坡船舶销售格式合同的标准条款都没有为潜在买方在解决这一问题上提供太多的帮助。

第五节　船级社的权利及义务

一、船级社的权利

1. 对船舶和海上设施的检查权

船级社对船舶、海上设施的检查权来源于它和检验申请人之间的约定或国家的法律。入级服务中船级社的检查权来源于合同双方的约定。检查的标准是船级社的入级规范。

法定服务中船级社的检查权来源于国家的主权——对悬挂该国国旗的船舶和海上设施的监督检查权。船舶法定检验的项目包括：船舶结构安全检验、船舶设备安全检验、无线电设备安全检验、载重线检验、防污检验等。

2. 对被检查船舶和海上设施状况的知情权

检验申请人的主要合同义务和法定义务是及时通知船级社有关船级变更、维护工作，以及足以影响船级的船舶损坏和故障的情况。如果申请人没有履行告知义务，导致验船师没有正确实施检验，船级社将免除由此造成的被检验船舶及海上设施事故的责任。船东应告知的内容是指足以导致船级失效或影响船级的事项。包括：

（1）任何关于船旗、船舶所有权、船舶管理人或船名的改变。

（2）船舶和海上设施所有的碰撞和搁浅。

（3）可能导致船级失效或影响船级的所有损坏、缺陷、故障、航行事故。

（4）可能导致船级失效或影响船级的所有期望用途或实际用途的改变。

另外，检验申请人的告知义务的开始时间，也往往是船舶买卖案件当事人争论的焦点。从英国法院对 Niobe 一案的判决，可以看出检验申请人的告知义务应贯穿船舶接受入级服务的始终，而不仅是买卖合同订立之后。这是船东应该注意的。

1987 年，Niobe 被从 Tradax Ocean Transportation SA 卖给 Niobe Maritime Corporation。在船舶出售的前一年，船级社曾对船舶进行过检验，当时并没有发现可能导致机舱内的自动化系统瘫痪的严重缺陷。买卖合同订立后的第四天，船级社又对船舶轮机状况进行了检验，之后卖方正式将船舶交付买方。交船后，买方发现了船舶自动化系统的缺陷，立即提交仲裁，要求解除买卖合同。在双方订立的买卖合同中有这样的条款："卖方应在交船前将其所知的可能导致船舶船级失效或撤销的任何事项告知船级社。"双方争论的焦点是卖方的告知义务应自何时开始？这里涉及三个时间：①合同订立之日。②船级社进行上一次相关检验之日。③船级社受买方委托进行检验之日。仲裁员认为卖方的告知义务，应在合同订立之日开始。买方不服，上诉到法院（当时英国的仲裁并不能排除法院的管辖权）。法官认为，卖方的告知义务，应在船级社上一次检验之日开始履行。除非卖方告知船级社，否则船级社无法得知上一次检验之后发生了什么问题。因此，在上一次检验到合同订立期间内，船东就应将其所知的船舶自动化系统的缺陷告知船级社，而不是合同订立之后才这样做。

3. 获得报酬权

船级社有向检验申请人按规定收取有关检验费用的权利。船级社的收费对象是接受船级社服务的人。

在收费上，国际船级社已经注意到现在船级社的收费体系可能出现的问题。比如，在入级服务中，船舶所有人是船级社服务的对象。而船舶所有人将船舶入级视为商业上的目的：船舶能够以优惠费率得到保险。这正是船级社入级服务业务的基础。船舶所有人为了商业利益，可能会选择收费较低的船级社的服务。因此，船级社之间就有可能展开收费标准上的竞争。另外，船级社的客户是接受其检验的船舶的所有人或其他人。而接受服务的人的选择船级社的权利可能导致船级社检验背离公证性原则，即从而降低检验标准。国际船级社协会对此制定了船级社行为守则，防止船级社

竞相压价和降低检验标准的行为发生。

二、船级社的义务

1. 为社会公共利益提供法定或约定服务

船级社存在的价值在于向社会提供服务。无论入级服务还是法定服务，船级社都一致致力于保障海上人命、财产安全，防止海域污染这样的社会公共利益。船级社对客户提供服务，应依据规范或公约，不得自行降低标准，这正是船级社协会的道德准则的要求。

船级社服务的社会公益性决定了船级社不应承担过大的责任。近年来，国外发生了许多关于船级社责任的诉讼纠纷。从各国法院的判决结果来看，船级社很少败诉。试想如果船级社面临责任风险过大，那么船级社就将花费更多的费用来转嫁风险，其所从事的社会公益性服务的费用就会变得非常昂贵，甚至会没有人再愿意从事这个行业，从而把入级服务和法定服务交给享有主权豁免的政府去做。

应当指出的是，船级社并没有保证船舶适航的义务。依据航运界公认的海牙规则体系，确保船舶适航始终是船东不可推卸的责任。船级社作为一个监督机构，只是证明船舶在检验之时符合船级社自身的规则、规范或国际公约和政府的法定标准。船级社对船舶管理的参与程度较少，只有船东才能控制船舶运营和维护的全部环节。因此，在任何情况下，船级社都不可能替代船东承担确保船舶适航的义务。

案例链接 3 –3

Sundancer 案

1984 年，Sundancer 号货船触礁后沉没。船舶所有人和经营人在纽约法院诉美国船级社 ABS 在该船改装时进行的检验行为中有过错。事故前不久，ABS 刚刚为该船签发了船级证书和代表船旗国政府签发了法定证书。船舶所有人指控说，船级社没有能够发现影响船舱水密性的缺陷，导致了事故的发生。

法官认为，船舶所有人并不能认为船级证书是船舶适航的标志。船级社的检验收费和事故损失的数额悬殊，如果让船级社承担这样的风险，船级社将因不能承受本应由保险公司承担的风险而无法生存；海商法规定，船舶所有人，而非船级社，应以适当的谨慎使船舶适航，这是船舶所有人不可推卸的义务。法官最终判船级社不需承担责任。

2. 对被检验船舶出具检验报告和证书

船级社的行动准则中规定，船级社应出具检验报告，并且在适当的地方按照规则和规范的要求签发证书，或按照海事机关的要求签发法定证书；并且在船舶入级期间及之后的 5 年内保存相关的文件记录；在有义务提供证书副本之时，对外提供证书副本；定期出版记载船舶状况的入级船舶名录。

3. 保密

每个船级社都应对入级服务和法定服务的有关文件和材料对外保密，船级社没有义务向客户以外的其他人提供有关信息。但以下情况除外：

（1）应船东或和船级社有平等合同关系的其他人的要求。

（2）对船东或和船级社有平等合同关系的其他人书面委托的人提供，或当法律或当行政程序上要求这样做。

（3）对船旗国政府或有合法授权的其他政府主管机关。

船级社是伴随着航运产生和发展而出现的，今后也将为保障海上人命、财产的安全，防止海域污染不断做出贡献。在海事界包括船舶所有人、船旗国政府、港口国机关、船舶保险人、船舶融资人、船舶建造人、船舶管理人、船舶承租人在内的对船舶航行安全负有责任的各主体中，船级社扮演了非常关键的角色。但船级社主要是为社会公共利益服务，法律地位是特殊的，不应承担其他主体应尽的义务。

第四章 新造船买卖

学习目标：
● 了解现代造船模式
● 掌握造船的主要流程
● 理解影响新造船价格的因素

第一节 现代造船模式

一、我国船舶工业的发展

新中国成立初期，我国船舶工业主要侧重发展军品，建造出了常规潜艇、大型水面舰艇等各类舰船。改革开放以后，中国船舶工业成为我国最早走向国际市场、最早参与国际竞争的产业。今天，中国已经成为具有世界影响力的造船大国，年造船产量占世界市场份额达到40%，产品逐步覆盖市场上的全部船型，研发设计、工艺技术和管理水平日益提升，船舶行业与金融业的融合发展进一步深化，我国正在努力向世界造船强国迈进。经过70多年艰苦卓绝的拼搏，中国船舶工业为国防建设和国民经济发展做出了重要贡献，产业发展取得了令世人瞩目的辉煌业绩。

回顾新中国船舶工业的发展历程，基本上经历了五个阶段，而这五个阶段也是相互衔接、逐步推进、发展壮大的过程。

第一阶段：以军为主，军民结合，奠定现代船舶工业发展的基础。

1949—1960年，是新中国船舶工业发展的第一阶段。这一时期，主要是依靠自己的力量迅速恢复和发展旧中国留下的船舶工业，并借助苏联的技术援助，重点为海军生产舰艇，初步建立新中国船舶工业发展基础。

到1959年，经过新中国成立初期10年的努力，船工业为中国海军从无到有、由小到大，逐步更新发展成为一支初具现代化规模的海上作战力量做出了重要贡献。除军用舰船外，我国民用船舶的建造技术也有了大幅提高，十年间共建造了100多种民用船舶，包括5000吨客船、客货船、拖轮、渔轮、挖泥船等，船舶工业总产值比1949年增长了30多倍。

第二阶段：自力更生，艰苦创业，基本形成完备的造修船体系。

1961—1977年，是新中国船舶工业发展的第二阶段。这一时期，在苏联政府中断技术援助和西方国家继续对中国实行技术、经济封锁的情况下，克服国民经济暂时困难等影响，自力更生，奋发图强，基本建成较为完备的船舶工业造修船发展体系。

在民用船舶方面，首先，船舶工业进行了大规模的基础建设。在大连造船厂、沪东造船厂、江南造船厂、新港船厂、广州造船厂等新建、扩建了 9 座万吨级以上船台，在大连造船厂还新建了一座 10 万吨级船台。在山海关船厂、北海船厂、新港船厂、文冲船厂、江南造船厂等新建了 8 座万吨级船坞，最大的是山海关船厂的 5 万吨级船坞。随着这些船台、船坞的建成，我国形成了以大连、天津、上海、广州为中心的大型船舶修造基地，造船能力得到极大提升。到 1978 年，我国最大可建造 5 万吨级的油轮。

其次，船舶工业科研水平也达到了一个新的高度。1964 年成立的上海船舶研究设计院，是我国最重要的民用船舶研究设计单位之一，承接了大量民用船舶的研究设计任务。

至改革开放前，我国船舶工业已经取得了突破性进展。但是，在这一过程中，船舶工业的发展也经历了不少挫折，走了不少弯路。由于工业基础薄弱和长期国际封锁，我国船舶工业水平与西方国家差距越来越大。到改革开放前夕，中国船舶工业已经面临严峻的生存危机，船舶企业订单大幅减少，生产任务不足、亏损严重，为船舶工业发展探出一条新路迫在眉睫。

第三阶段：改革开放，走向国际，以市场突破推动产业崛起。

1978—1999 年是新中国船舶工业发展的第三阶段。这一时期，进入改革开放初期，主要改革任务是创新体制，夯实基础，与国际造船规范接轨，以市场突破推动产业崛起。通过这一时期的大胆探索，造船基础设施得到极大改善，造船技术水平显著提升，船舶产品出口实现零的突破，我国逐渐成为世界造船业一支举足轻重的力量。

1977 年，邓小平同志指出："中国的船舶要出口，要打进国际市场。"船舶工业开启了保军转民、开拓国际市场的序幕。

一是通过管理体制改革加快企业走向市场。1982 年国务院将主管船舶行业的第六机械工业部改组为中国船舶工业总公司，中国船舶工业总公司是我国第一家全国性的大型工业公司，是我国经济管理体制改革的一个重大尝试。船舶总公司成立后，开始对船舶企业进行全面整顿，通过不断扩大经营自主权，转换经营机制，开始向建立现代企业制度的方向迈进。为解决造船效率低下的问题，船舶总公司从 20 世纪 80 年代初开始推动学习生产设计技术，从 1995 年开始大规模地开展转换造船模式工作，造船生产能力有了大幅提升。1999 年，中国船舶工业总公司改组为中国船舶工业集团公司和中国船舶重工集团公司，建立起政企分开、产研结合、促进竞争的新体制，进一步推动了中国船舶工业的快速发展。

二是进行了新一轮的造船基础设施建设。改革开放初期，我国造船基础设施相对日韩十分落后，以造中小船为主。如 1981 年完工船舶中，万吨以下的中小船占当年完工吨位的 58.22%，当时日本、韩国已经具备 30 万吨级油轮生产能力。在这种形势下，中国船舶工业提出了"建大坞，造大船"的口号，在骨干船厂开展了轰轰烈烈的技术改造和基础设施建设。到 1995 年，我国结束了不能建造和修理 10 万吨级以上船舶的历史，进入建造、坞修 30 万吨级超大型船舶国家的行列。

三是开展大规模技术引进。为了提高造船技术水平，从 1978 年开始，中国船舶工业开始了新中国成立以来最大规模的技术引进工作。在船用配套设备领域，我国以生产许可证的方式，购买了近50项世界知名船用设备制造技术，包括船用低、中速柴油机、发电机组、起重机械等。在设计技术方面，我国以委托设计和联合设计的方式，引进国外先进船型设计技术，我国先后引进了11.8万吨穿梭油轮、6.9万吨化学品成品油船、2700箱集装箱船等十多种不同船型的船舶设计技术，设计能力和水平有了大幅提高，还涌现出了"中国江南型"6.5万吨散货船和"中国大连型"9.5万吨成品油轮等世界品牌船型。在规范标准方面，我国进行了大范围的翻译、出版工作，先后引进国外七大著名船级社48种，近百册、2000多万字的造船规范文件和5000多项国际标准。修订了大量国家、行业标准，使之向国际标准靠拢。

四是通过产品出口走向国际市场。1980年5月，在党中央的关心和支持下，大连造船厂与香港船王包玉刚之弟、香港联成轮船有限公司董事长包玉星签订了2.7万吨"长城"号散货船建造合同，这是中国造船厂按照国际规范自主研发设计为出口建造的第一条远洋船。1981年9月，"长城"号建成下水，交船后经反复检验，历经太平洋、大西洋恶劣海况的考验，首航成功，完全达到了合同要求。1982年1月4日，"长城"号建成交付，标志着中国船舶工业正式走出中国内地，成为我国最早进入国际市场的产业。今天，中国船舶工业在国际市场中的份额由小到大，机电产品出口逐步成为支柱产业，是我国出口创汇的主要力量。中国年造船产量的90%为出口船舶，船舶产品出口到世界150多个国家和地区，为中国对外开放、经济发展做出了卓越贡献。

通过在改革开放中的大胆探索，我国逐渐成为世界造船业一支举足轻重的力量。改革开放前，我国造船产量在最高年份也不到40万载重吨，在世界市场上的份额微不足道。到1992年，我国造船年产量首次突破100万载重吨。到1995年，我国造船年产量达到175万载重吨，首次超过德国，占世界造船市场份额的5%左右，成为仅次于日本、韩国的世界第三造船国家。到2000年，全国造船产量达到了250万载重吨，彻底巩固了世界第三造船国家的地位。

第四阶段：把握规律，抓住机遇，以产量跃升成就第一造船大国。

从2000—2010年是新中国船舶工业发展的第四阶段。这一时期，改革发展主要任务是提升能力、扩大规模，以产量跃升实现跨越式发展，成为世界第一造船大国。

进入21世纪，国际造船市场持续兴旺，为造船业发展提供了良好的机遇。观察世界船舶工业的发展历史，一条基本规律就是造船中心从先行工业化国家逐步向后起工业化国家转移，从劳动力高成本国家逐步向低成本国家转移。同时，世界造船产业向劳动力、资本丰富和工业基础雄厚区域转移的步伐在加快。正处于产业快速成长阶段的中国船舶工业，凭借着日益增强的综合竞争优势牢牢抓住这一机遇，加快承接国外产业转移的步伐，造船产量实现跨越式增长，综合实力显著增强，使我国在造船领域国际地位大幅提升，成为具有世界影响力的造船大国。2008年我国造船完工量突破3000万载重吨，造船完工量、新接订单量和手持订单量三大指标全面超过日本，位居世界第二。2010年造船完工量达到6757万载重吨，三大指标全面超过韩国跃居世界第一。十年时间中国的造船产量翻了近25倍，创造了世界造船史上的奇迹。

一是着力提升造船生产能力。随着世界造船产业向中国转移，我国造船生产能力也出现了翻天覆地的变化。一批现代化大型造船设施开始建设。2003年，上海外高桥造船公司一期工程全面竣工，标志着我国第一个具有世界先进水平的现代化总装船厂建成投产；2005年6月，中船江南长兴造船基地开工建设；2005年11月，中船重工海西湾造修船基地开工建设；2006年9月，中船龙穴造船基地开工建设。以这三大基地的建设为标志，中国船舶工业的生产能力跃居世界前列，基本具备了成为世界第一造船大国、强国的物质基础。

二是全面增强科技综合实力。21世纪之后，通过引进、消化、吸收和再创新，我国已经能够建造几乎所有类型民用船舶。主流船型实现了大型化、系列化、批量化，30万吨级超大型油船（VLCC）、17万吨级好望角型散货船、40万吨级矿砂船、10000箱级及以上超大型集装箱船实现了自主设计建造。在高技术船舶和海洋工程装备领域，超大型液化天然气（LNG）船、30万吨级海上浮式生产储油轮（FPSO）、第六代深水半潜式钻井平台、超大型液化石油气（LPG）运输船、超大型汽车滚装船、10万吨级半潜船、极地船舶等的建造技术不断取得重要突破，极大丰富了我国船舶产品种类。

三是进一步优化产业结构。长期以来，自主配套率低一直是困扰我国船舶工业健康发展的薄弱环节。伴随着世界船舶产业向我国转移，我国的船舶配套体系也在逐渐完善。低速柴油机、曲轴、甲板机械、舱室机械和大型铸锻件等优势产品的研制能力大幅提升。高速大功率柴油机、综合电力推进系统、超大型螺旋桨、船用压载水处理系统等配套设备成功推向市场，并取得了良好的效益。目前，我国船舶配套国产化率平均达到50%，已经能够满足散货船、油船、集装箱船三大主力船型80%以上的配套设备装船需求。

受益于造船市场高速发展，船舶行业民营经济发展也十分迅速。在江苏、浙江、山东、广东、广西等沿海开放地区涌现出大批各种规模的民营造修船厂，扬子江船业集团公司、江苏新世纪造船股份有限公司等优秀民营造船企业脱颖而出。21世纪以来，我国牢牢抓住世界船舶产业转移和新船需求井喷的大好机会，在能力、技术、产品等产业各方面都呈现出根本的改变，也彻底改变了世界船舶工业格局。我国造船产量跃居世界第一，成为世界第一造船大国。

第五阶段：优化结构，转型升级，以高质量发展引领造船强国新征程。

2011—2019年是新中国船舶工业发展的第五阶段。这一时期，改革发展的主要任务是结构调整、转型升级，以高质量发展实现造船强国目标。新中国船舶工业也由此开始向世界造船强国迈进。

2008年9月，由美国次贷危机引发的国际金融危机全面爆发，正处于迅猛发展中的中国船舶工业也遭遇了前所未有的冲击。为应对我国船舶工业发展面临的严峻形势，国家出台了一系列政策支持船舶工业发展。对船舶工业持续健康发展提供了明确的指引，为船舶工业加快高质量发展，实现由大到强转变提供了正确的方向。

一是将科技创新能力放在产业发展的核心位置。随着新一轮科技革命和产业变革的蓬勃兴起，船舶制造也正朝着设计制造过程的智能化、产品智能化、管理精细化等方向发展，一场抢占技术链和产业链制高点的争夺战正在展开。船舶工业作为典型的外向型产业，以扩大要素投入为主的发展方式已经难以为继，必须着力增强科技创新的实效性，加强重大基础共性、核心关键技术、前瞻性先导性技术研发，努力走出一条符合我国船舶工业自身实际的创新发展之路，有力支撑和引领船舶工业转型升级。

二是坚定不移地化解过剩产能。在当前国际船舶市场持续低迷、世界造船产能严重过剩的形势下，我国船舶工业必须要顺应形势的变化，主动调整和削减产能。重点是发挥市场在资源配置中的决定性作用，促进跨行业、跨区域、跨所有制的兼并重组，引导骨干企业主动适应需求变化，主动压减和转移过剩产能。

三是进一步提高船舶工业的产业集中度。当前，我国船舶行业组织结构不尽合理，企业小而分散，产业集中度不高，社会化、专业化水平较低，重复建设、恶性竞争等问题突出。优强企业是船舶工业发展的中坚和主导力量，以优强企业为核心提高产业集中度是提高资源配置效率，增强国际竞争力，推动行业健康有序发展，加快经济结构调整和发展方式转变的重要保证。通过充分利用国内外市场倒逼机制，在大型主力船舶、高技术船舶、海洋工程装备、核心配套领域培育一批创新能力强、专业化水平高的世界级先进企业是船舶工业实现转型升级的必由之路。

四是推进船舶工业全面对外开放。坚持对外开放，深度参与国际竞争与合作，是船舶工业持续快速发展中积累的宝贵经验之一。中国船舶工业正是在对外开放中培育出一批有代表性、有品牌效应、国际化、系列化的先进装备产品，为世界航运业发展和海洋资源开发做出了重大贡献。新时代，经过造船人的不懈努力，诞生了大量高科技、高附加值船舶。世界首艘智能化船舶"大智"号航行全球；我国第一艘自主建造的极地科学考察破冰船"雪龙2号"完工交付，奔赴极地；国内首艘大型邮轮顺利下水；首艘国产航母交付，助推人民海军走向深蓝。

回顾新中国成立70多年来，中国船舶工业几乎是从零起步，经历了从封闭到开放、从传统到现代、从弱小到壮大等一系列深刻变革，实现了从以军为主向军民结合的转变，形成了以军转民、以民促军的良性互动；实现了从计划经济向市场经济的转变，率先打破了计划经济的管理模式，形成了中央企业、地方国有企业、民营企业和中外合资企业共同发展的多元格局；实现了从立足国内向走向国际的转变，将一个完全依赖国内市场的重工业部门，打造成为完全外向型的产业，也使船舶工业成为我国重加工工业中少数能走在世界前列、与世界先进水平较量的行业。[①]

二、现代造船模式的内涵

现代造船模式是以统筹优化理论为指导，应用成组技术原理，以中间产品为导向，按区域组织生产，壳、舾、涂作业在空间上分道、时间上有序，实现设计、生产、管理一体化，均衡、连续地总装造船。

现代造船模式建立在中间产品专业化生产的基础上。建造任何类型船舶，首先按船体首尾、中部和上层建筑划分大的区域，然后按作业类型和建造阶段划分各级中间

---

① 资料来源：根据中国船舶工业行业协会材料整理，转自人民网。

产品——总段、分段、组件、部件、零件等。将具有相同工艺过程的中间产品，组织定场地、定设备、定人员、定流量、定流程的专业化生产。从而使单件和小批量生产能采用大批量生产的方法，建立既有柔性，又是流水生产的现代化生产方式，达到近乎大批量生产的高效率。因此，以中间产品为导向组织生产的现代造船模式实质上是柔性化的流水生产线。

三、现代造船模式的基本特征

1. 区域造船

区域造船法就是用成组技术和系统工程技术的原理，将整艘船按空间划分区域（图4-1），按不同的工艺阶段和不同的施工区域去组织、优化，以达到高效生产的目的。在一个施工区域内完成的过渡性产品，亦即中间产品，经过不断组合，形成高一级的中间产品，如部件、分段、总段，最终形成船舶。以中间产品专业化生产为导向的生产单元，通过定场地、定设备、定人员、定任务、定指标、定规模，形成一个封闭的、能够实行自主管理的生产单元。这种生产单元可以是厂内的，也可以是厂外的。这就为造船铺开作业面后扩大场地问题提供了一个解决途径。同时，大量的物流和人员的密集生产得以分道、有序地进行，从而大大减少在制品过程中等待调度和运输的时间。

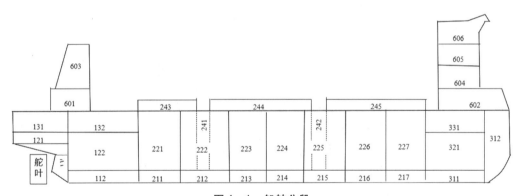

图4-1 船舶分段

2. 生产设计

生产设计是为满足区域造船的需要，从生产角度出发，对造船全过程进行事先研究、统筹安排的设计。生产设计通过建造方针书，对造船全过程进行统筹研究：用系统工程的观点对设计、工艺、成本、质量、施工进度、安全生产、工程管理等方面进行综合平衡，同时对船厂现有设备、场地、劳动力、物资以及技术，管理力量等做出综合安排。

生产设计通过舾装综合布置图，按已划好的区域，把该区域内的舾装设备全部绘在图纸上，进行统筹安排调度，使在这个区域内各专业、各设备之间的矛盾得到合理解决。

生产设计通过托盘管理表来组织生产，安排计划，进行物资配套。由于每个托盘均在同一安装区域，处于同一安装阶段，工人施工十分方便，管理人员也便于落实调整。同时，通过托盘按区域、按阶段将高空立体作业划为平台平面作业，将密闭舱室作业划为开敞作业，将码头船台作业尽可能通过标准化、编码化和电算化的生产设计来解决它增加的惊人巨大工作量，并快捷传递、交流它所涉及的信息，以达到提高设计质量、缩短设计周期之目的。因此，生产设计是现代造船模式的主要基础之一。

3. 计划管理

区域造船的工程细化后，工程更复杂了，涉及的内容也随之增加，若有一个环节管理不善、脱节，就会影响整个造船生产的进程。为使船舶建造能够有节奏地顺利进行，必然要采用计划管理型的科学管理，将现代企业的运作贯穿到企业的方方面面。计划管理是分层次的，一般造船厂有三年甚至更长时间的船舶产品主要节点滚动计划，以指导各部门的工作。各部门再根据主要节点的实际情况编制部门的主要节点。如设计部门的出图计划，工程部门的大、中日程计划，各生产区域的小日程计划及双周滚动计划。日程计划通过由上而下的层层分解和由下而上的层层落实，使得企业总体计划目标的实现得以保证。

4. 托盘管理

大量的舾装工作量从码头、船台前移后，平台和车间的物流量也随之大大增加，物流管理的任务也更加繁重，管理不善就会使设备和材料不能在施工现场及时得到妥善处理，施工环境难以获得改善。现代造船模式的物流管理在细致的生产设计和精确的计划编制的前提下，找到了新的管理办法——托盘管理。

托盘与中间产品的划分原则一样，也是按区域、阶段来划分，并与船体分段划分相适应，在考虑确保生产的封闭性和自主性的同时，必须考虑托盘在舾装工程实施过程中不断组合的连续性。托盘所需要的设备和材料信息由生产设计部门提供，由物供部门组织集配，并严格按生产管理部门编制的计划准时送到指定的施工现场。

托盘是由钢制材料制成的，它承载着托盘表所列的舾装件、连接件，按照一个作业小组3～5天的工作物量，被送到指定的作业地点，所以也称为任务包。托盘表来源于托盘设计图纸文件的分解，设计人员必须按执行做托盘表，不能跨阶段、跨区域、跨类型编制。设计人员必须对生产进度、施工区域划分，对现场施工条件及施工劳动量有清楚的了解，否则编制出的托盘表将会给现场施工造成混乱。

因此，托盘管理将造船设计、物资和生产三大主体有机地结合在一起。托盘管理的优点是显而易见的。但也有很多制约的因素，托盘管理难度也大。它不仅依赖于生产设计部门和生产管理部门所提供信息的及时和准确，而且还要求设备材料、外购件、外协件一定要按期到货。否则，托盘的配齐率很低，它就不能流畅运转，势必会影响整个造船生产的进度。

5. 复合工种

大多数中间产品都包含了壳、舾、涂三个方面的内容，生产设计也包含了多专业、多系统的工作，区域造船同样也包含了壳、舾、涂三种不同类型的作业。因此，在以区域划分的设计组织和生产组织中，仅凭单一的专业和单一的工种是无法完成这些工作的，必须推行混合专业的设计组织和复合工种的生产组织，以达到按区域设计和按区域生产的目的。

知识链接 4 –1

●船体与上层建筑建造工艺

将船用钢材制成壳体和上层建筑的生产过程，即将钢材制成船体构件，再将它们组装焊接成部件、分段、总段等中间产品，然后吊运到船台或者船坞总装成船体和上层建筑的生产工艺总过程。具体流程包括：

放料号料 → 构件加工 → 部件拼装 → 分段/总段建造 → 船台/船坞总装 → 船舶下水 → 码头实施 → 海上实施 → 交船

●舾装工艺

船舶舾装是指船体结构之外的船舶所有设备、装置和设施的安装工作，是将各种船用设施设备、仪器、装置等安装到船上的全过程。具体流程包括：

舾装件采办 → 单元舾装 → 大单元连接 → 分/总段（预）舾装 → 船内舾装 → 操作与测试

舾装按作业内容可以细分为机械舾装、电气舾装、管系舾装、船体与上层建筑舾装、木舾装以及船上救生系统等许多舾装。在使用材料上包括钢材、铝、铜等许多有色金属及合金；非金属方面包括木材、工程塑料、水泥、陶瓷、橡胶和玻璃及装饰材料等繁多的种类。涉及的工种有装配工、电工、木工、管工、钳工等数十个工种。

●涂装工艺

涂装作业就是在船体及其上层建筑的钢板内外表面和舾装件上按照技术要求进行除锈和涂敷各种涂料，使金属表面与腐蚀介质隔开，达到防腐目的。具体流程包括：

钢材预处理 → 分段/总段涂装 → 船台涂装 → 码头涂装

四、现代造船模式与传统造船模式比较

系统导向型的传统造船模式，实质上就是按功能/系统对产品作业任务进行分解和组合，并按船、机、电专业划分工艺阶段，再细分为各个工艺项目作为船舶建造过程中的一个工艺环节，以工艺过程形式组织生产的一种造船模式。产品导向型的现代

造船模式，实质上就是从船体、舾装、涂装一体化角度，按区域对产品作业任务进行分解和组合，并按区域划分各类作业任务，形成船体以分段、舾装以托盘（或单元）作为组织生产的基本作业单元，进行船舶建造的一种造船模式。

现代造船模式与传统造船模式是两种截然不同的造船模式（表4-1），其根本区别在于组织造船生产的原则和方式不同，从而导致设计方式、生产方式、管理方式的不同，进而改变了船厂的性质。

表4-1 两类不同造船模式的比较

对比项目	传统造船模式	现代造船模式
建模特征	系统导向型型（按功能/系统/专业）	产品导向型（按区域/阶段/类型）
设计方式	按施工设计分别由工艺、计划、生产等部门分专业，按系统进行工艺性设计；设计、工艺、管理三者分离	按详细设计由生产设计部门集进行区域性设计；设计、工艺、管理融为一体
生产方式	按工艺路线以工艺项目分专业工种组织生产，先船体，后舾装	按设计编码，以区域划分的中间产品由混合工种、复合工种组织生产，壳、舾、涂一体化
管理方式	按专业分系统管理，管理方式属调度型	按区域综合管理、自主管理和托盘管理，管理方式属计划型
船厂性质	全能型	总装型

第二节 船舶新造流程

一、船东新造船舶流程

船舶的新造和交付有利于船公司调整和优化运力结构，更新船队，提高公司经济效益。船舶建造是一项工作量大、涉及面广、技术复杂的系统工程。新造船涉及的合同金额通常较大，建设周期较长，船公司对新造船一般都非常重视。特别是一些大型航运公司，甚至会设置造船职能部门，负责和船厂的造船合同谈判、图纸审核、船舶现场建造和保修工作等。从船东公司角度，新造船舶从前期船型选择到船舶登记投入运营，通常包含13个工作步骤。

1. 船型选择与规格书初稿的确定

首先要确定的是造什么样的船。船公司根据经营发展模式和业务需要，经过充分调研和综合分析，确定所需船型的基本参数，包括船舶类型、船舶主尺度、吨位、船级、船旗、船舶航区、主要设备配置要求、建造新船的数量等。内部初选船型确定后，外请专家对其进行多方专业论证，同时请设计院进行方案设计。

也可找专业的船舶设计院进行方案设计，设计院根据企业需求提供设计方案，包含船舶总布置图、机舱布置图、主要横剖面图、技术规格书初稿、主要材料预估单、主要设备的厂商表、电力负荷计算书等资料。收到设计院提供的资料后，公司通过内外部审核讨论后提出书面调整意见，并将调整意见反馈给船舶设计院，再由船舶设计院对方案进行调整。

　　船公司初选的船型如果是普通的成熟船型，可直接向有建造经验的船厂询价。如果船东对船舶性能有特殊要求，没有现成船型，需要重新设计时，有些船厂有自己的设计团队，具备相应设计能力。

　　知识链接 4-2

　　船舶设计是一个相当复杂的过程，为了便于设计工作的顺利进行，按设计工作的规律性、目的性及设计任务来划分确定设计阶段。

　　现行的船舶设计阶段分为初步设计、详细设计和生产设计三个阶段。初步设计、详细设计和生产设计组成船舶设计的整体，它们既独立存在，又相互关联依存。

　　●初步设计

　　初步设计是解决"造什么船"的第一个阶段，根据需方提出的技术任务书或研制任务书进行船舶总体的研究和简明设计。对船舶总体性能、主要技术指标、动力装置和各系统主要项目等进行理论估算、实验、验证，确定船舶主要参数、结构形式和主要设备选型等重大技术问题，并绘制或编制必要的图样和技术文件，使之满足基本技术任务书要求。

　　初步设计进行的是船舶总体方案的设计，初步设计完成后，船舶的基本性能指标就确定了，船舶建造报价就可以进行，它是签订建造合同必需的技术文件。初步设计的具体成果有：为建造合同的谈判和签订提供技术文件；提供主要设备选型清单；主要设备厂商表；为详细设计提供必要的技术文件和图纸。初步设计的技术文件和图纸应送船级社和船东审阅，经认可才能开展下一阶段的设计工作。

　　●详细设计

　　详细设计是解决"造什么船"的第二个阶段，确定各专业各系统如何配置与运行生产设计。在初步设计的基础上，通过对各个具体技术专业项目进行系统原理设计计算，绘制关键图纸，解决设计中的基本和关键技术问题，最终确定船舶全部技术性能、船体结构、重要材料、设备选型和订货要求等，提供船级社规定送审的图纸和技术文件（不含完工文件）及各项技术要求和标准。

　　详细设计是根据造船合同确认的初步设计及修改意见书进行的，是对初步设计的进一步细化，将初步设计的重要图纸进一步具体化。如：船体方面，依据线型图、横剖面图、总布置图，来完成基本结构图、外板展开图；依据基本结构图和分段划分图等来设绘各分段的结构图、零件表等；舾装方面，依据机舱布置图、总布置图、舱室设备图、设备厂商表及设备厂商提供的设备认可资料来完成各部分的设备布置图、系统原理图和系统布置图。电气方面主要是一次、二次系统图。

　　详细设计的基本任务是提供船级社规定的送审图纸和技术文件（不含完工文件）；提供造船合同中规定送船东认可的图纸和技术文件（不含生产设计内容）；提供船厂订货所需的材料、设备清单；为生产设计提供所需的图纸、技术文件和数据。

详细设计的主要图纸和技术文件需要船东、船级社审查认可能开展后续的生产设计工作。

●生产设计

生产设计解决"怎么样造船"的问题，是在详细设计完成以后，开展的施工设计。主要包括建造方案的确定、建造方针书的编制和施工要领的编制。也包括在详细设计送审图完成的基础上，按工艺阶段、施工区域和组装单元，绘制记录各种工艺技术指标和各种管理数据的工作图、管理表以及提供生产信息文件。将详细设计按系统、功能设绘的图纸通过转换设计变成按区域设计的图纸，如：舾装部分的安装图、托盘表，管子、电缆切割图，管件、铁舾件制作图、安装图、各种材料表。船体的平面、曲面分段装配工作图，构件装配图，部件制造图，零件套料切割图等。

生产设计必须以详细设计的退审图为基本依据进行施工设计。在实际工作中，经常出现详细设计未退审就开始生产设计，这样容易导致设计图纸修改，订货修改，容易出现设计错误。

生产设计的主要设计任务提供是船厂建造、安装、调试过程中使用的施工图纸和文件；提供船厂组织建造、安装过程使用的工程管理图纸和文件；提供船厂进行生产准备的图纸和文件，确定造船过程用料、设备清单。

生产设计要将设计、工艺和管理有机地融为一体；将船、机、电等工作有效地结合起来，使它们的施工项目实现良好的协调。生产设计基本上由船厂完成。

2. 成本估算及船舶融资

建造确定船舶选型后，公司根据船舶设计院提供的资料和所选船型的市场行情对船舶建造成本进行预估，并将估算成本作为投资预算的依据。常规船型一般在市场上有一个基本价位，可作为参考，再结合自选船型的个性化特点加以调整。船价一般受到下列成本的影响较大：

（1）船舶建造的主要原材料及辅助材料成本。包括钢材、管材、电缆、油漆、绝缘及隔热材料、辅助材料、铸锻件等其他材料。

（2）配套设备成本。主要是轮机、电气、舾装设备费用，包括主机及变速齿轮箱、发电机组、推进装置及轴系、泵、阀件/连接件/贯通件、冷藏设施、空调及通风、甲板机械、导航、通信设施及电器、仪器仪表、救生和消防等设施设备。

（3）人工劳务成本。

（4）船厂的专项生产成本。包括设计费用等。

（5）利润、税金、利息、汇率等。

（6）未预估的备用金。

船舶新造的价格动辄数千万甚至上亿美元，随着船舶大型化发展，新造船舶对资金的需求量也更大。新造船舶投资金额大，对一般公司而言，很难全部靠自有资金来完成船舶的新造，往往需要对外募集资金，寻找融资渠道筹措船舶建造资金。船舶建造的主要融资方式有银行贷款、出口信贷、融资租赁、债券市场融资、股票市场融资等。

银行贷款：银行贷款是最传统及最通用的融资方式。由于船舶价值巨大，海上航运风险相对较高，且早期无法履约的船舶贷款相对较多，以至于商业银行对船舶融资有着较多的限制。融资比率通常是船舶成本的40%～80%，取决于借款人的经济实力和经营能力。

出口信贷：如果船东和船厂属于两个不同的国家，出口信贷可以作为一种不错的融资方法。与直接船舶贷款不同，出口信贷机构（export credit agency，ECA）是出口信贷结构的一部分，提供对贷款额度的保险，这极大地增强了贷款的安全性。

融资租赁：不同于传统的租赁，其多为三边关系乃至于多边关系，实质上，融资租赁在性质、效果上已与传统租赁差别很大。融资租赁所能获得的融资额度较一般贷款高，而且融资租赁能提供较长的融资期限，形式更灵活，但融资利率往往更高。采用租赁的主要目的是使船舶资产和负债不进入平衡表，以使船东的负债率降低，而使负债率降低的主要目的是提高公司在银行和股东面前的资信。船舶融资租赁往往与税务优惠结合起来组成税务租赁。

债券市场融资：船东能通过债券市场筹集资金，但是鉴于目前市场上的次贷问题，这种方式在实际中很少采用。

股票市场融资：股票市场融资是一种非常具有吸引力的募集资金方式，因为它不需要担保，也不需要负担利息。

各融资方式的优劣如表4-2所示，公司可根据自身的经济实力与市场情况，确定融资方式。

表4-2　融资方式比较

融资方式	优势	劣势
银行贷款	结构简单、直接且成熟，容易操作；文件制作和其他流程简单且标准化，节省了贷款人的时间和成本；许多银行和金融机构能提供标准的船舶贷款，使船东借贷和选择最佳贷款服务更为简单	融资成本可能相对较其他结构化融资解决方案要高；几乎没有100%的融资，船东必须动用自己的权益进行投资
出口信贷	出口信贷的利息率较低	要求有进出口的背景；二手船买卖很难拿到出口信贷，多数案例都是新造船
融资租赁	融资租赁所能获得的融资额度较一般贷款高，提供较长的融资期限，有节税作用。融资租赁要求的抵押品较少，相对不受营运资金及信用额度的束缚	结构复杂，经营灵活性也受到一定的约束，船东也不得不承担税收风险，在某些不利环境下可能抵消获益
债券市场融资	通过债券市场筹集到大量期限非常长的资金；如果公司有良好的信誉，并且投资人认可度很高，那么融资成本可以很低	流程复杂，耗时较多；法律费用高昂，可能使整体融资成本大幅上升

续上表

融资方式	优势	劣势
股票市场融资	股票市场上筹集所得资金没有期限或利率；为了符合交易所的规定，管理更透明、更完善，因此对投资人和资金出借方更有吸引力；上市公司享受更多在债券市场和股票市场上的融资灵活性	上市程序复杂，通常要花很长时间，公司将承担被竞争对手收购的风险

3. 船厂选择

选择造船厂是船舶新造过程中最重要的决定之一。这个至关重要的选择可能会对船舶质量以及船舶生命周期内的运营费用有长期影响。因此，必须谨慎选择合适的造船厂来建船。评估船厂通常根据以下八个方面：

（1）船厂设施和生产能力。船厂的主要设施、运输及吊装能力、主要生产设备；船体加工能力；船舶的建造能力，包括船台、船坞的大小、码头岸线的长短；船厂的资质（国家和行业）；船级社的认可（含国外船级社）；技术改造的投入和技术创新能力；新工艺的实施与应用。

（2）船厂人力资历。高级技术人员的配备；一线技术工人在各个工种的配备以及技术工人所持有证书的技术等级。

（3）船价。

（4）船舶建造周期。船厂的生产状况，如船台的安排等；船厂制造的进度控制，如建造计划的安排、落实与计划的执行情况等。

（5）信誉。船厂的经营以及财务状况；有无不良的投诉和经济纠纷案例。

（6）以往船舶建造的业绩。同一船厂的已建造船舶的数据性能，国内外船东的反馈意见，船厂是否建造过船东所需的同类型船舶的建造经历等。

（7）建造过程的管理与质量控制。质量管理体系的建立，技术管理，质量保证机构、质量方针和质量目标，采购的质量控制、质量信息管理，仓库及原材料管理，外包管理、设施设备管理，检测设备，文明生产、安全生产、环境保护及卫生等。

（8）交船后质保期内的服务。

通过对有意向的船厂进行综合评估以及必要的回访后，一般可选择 2～3 家进行重点审查复核，确认生产条件具备，可提供资料让几家船厂分别进行报价；再对照公司内部的报价预估以及其他因素综合考虑；初步确定要选择的船厂。

4. 规格书的内部审核

根据船东公司的要求由设计院设计完成并经船东确认的规格书是船舶建造的主要技术依据之一，是纲领性技术文件，是后续工作的基础，各方建造运作过程中都会慎重对待。船东公司需组织相关专业的行家对规格书进行逐一审核，尽量避免让人误解的描述。规格书的审核依据是：满足船东的使用需求，符合船级社及行业规范、规则和相关国际公约、经济性等。

一般船东公司对设备选用在满足规格书、规范要求的前提下，主要考虑以下因素：①价格。②以往的使用经验。③同行对其使用性能的信息反馈。④提供设备的周期。⑤售后服务的及时性和方便性，是否全球联保。⑥尽量是成熟产品；新产品要多方论证性能确实可靠。⑦是否提供船级社的证书。

在船厂与主要设备厂商进行谈判时，船东应参与谈判，并对技术协议进行确认，这是船东的权利。

5. 图纸设计与初始阶段审查

新船建造初始阶段，一般先是由船东与有意向的设计院进行船型及设计等相关事项的沟通，设计院开始进行设计；在确定建造船厂后，船东可将详细设计和生产设计打包给承建船厂，设计与建造均由建造厂完成，这样船东可避免承担设计存在缺陷的风险和周期延误等不利因素。主要需注意考虑以下因素：

（1）图纸审核依据：规格书、规范及相关法规、船级社审核意见是否得到落实，建造合同、合理的使用性、经济性等内容。

（2）审核的人员：前期船东公司组织内部审核的同时可以外请相关专业的专家进行外审把关；在后期监理公司介入或者监造组成立后，由他们组织审核，并将结果反馈给船东公司以及其他各方。

（3）审核方式：按照专业进行审核，对非本专业的图纸参与的审核人员根据自己的实际经验提出自己的建议，以供综合评审时参考。

（4）审核内容：前期设计院提供的确认图、船级社的退审图、后期船厂的施工图及相关建造工艺等。

（5）审图的时效性：一般审图都是分批次进行，每批次有时间的规定，因此作为船东公司要精心组织、认真对待。

6. 与建造厂签订合同

在确定新船规格书和配置的主要设备后，紧接着要与建造厂进行建造合同的谈判。一般建造厂会提供现成的合同文本做参考，双方根据所建造的新船特点和双方认同的条款加以调整。作为船东公司在建造合同的谈判上一般侧重以下七点。

（1）船价。

（2）建造周期。

（3）付款的大节点条件，常规的节点有签订合同、开工、上船台、下水、交船五期付款，各支付总价的20%，在这其中开工节点和上船台的节点要着重考虑。

（4）建造过程中的变更；所有在建造过程中的变更必须事先征得船东公司的同意，以船东公司对变更的书面确认信函为准，否则一律不予增加船价；同时变更的费用尽量要核算并经双方确认后再进行变更。

（5）违约金与违约条款的确定。

（6）售后服务：船舶出厂营运过程中质保期内，只要不是船东人为操作不当造成船舶或设备损坏，船厂应及时派员给予维护，由船厂承担因此引发的一切费用。

（7）确定在船舶出厂后的质保期及质保金数量。

完成建造合同的商务谈判后进行合同签约，标志着新船建造工作进入正式日程。

7. 新船建造

新船建造主要流程为合同签约、原材料及设备采购、开工（下料加工）、分段建造、上船台（进船坞）大合拢、机电设备安装、下水、机电设备调试、发动机动车、主机动车、系泊试验、试航试验、航改项目完善、交船等。

生产大节点：开工—上船台（铺龙骨）—下水—航行试验—完工交船。生产大节点在工艺流程中是指某工艺阶段的开工期，工艺阶段一般是两个节点之间的施工期。生产大节点的期限是编制和执行生产计划的基点，框定了船舶建造各工艺阶段的节拍和生产日期；从经营工作看，开工、上船台、下水、交船等重要节点的完成日也是船东向船厂分期付款的交割日。

8. 现场监造

1）监造方式。

船东对建造过程监造工作的实施及管理常见的有两种方式：外请监理公司与船东代表联合组成监造组驻厂进行监造；船东公司直接派员驻厂进行监造。在船东公司专业技术人员缺乏或者专业不济以及缺乏监造经验的情况下可以外请监理公司与船东代表联合组成监造组代表船东驻厂进行监造。

船东对监理公司的选择所考虑的因素主要有资质、监理费用、以往业绩、监理师的业务素质和人品、以往船东的评价等方面。

船东公司利用自身的各专业技术人员组成监造组或者船东公司自己向行业内招聘专业技术人员与自身的人员联合组成监造组驻厂进行现场监造；现场监造组代表船东直接对船东公司负责，并受到公司的相关部门的直接管辖。

这种做法的优势就是船东公司对现场的把握比较准确及时，对建造动态把握比较全面真实；同时费用较请监理公司明显降低。

2）图纸与工艺文件审查。

进入现场后，图纸及工艺文件审核以监理公司为主体，由监理公司组织经验丰富的相关专业资深技术人员进行对口专业的审核，将发现的问题进行汇总并及时反馈给船东公司，船东公司与船厂及设计院等部门进行交流、修改、重新送审；生产设计必须与退审图具有一致性。

（1）审核的依据。规格书、规范和公约及相关法规、船级社审核意见、建造合同等内容。

（2）审核的要求。审核是否满足规范要求，审核船级社审图中心的审图意见是否得到落实，是否满足船东合理的使用性、经济性要求等。建造收到船东公司的建造图纸与工艺文件后，需在规定时间内完成审核。

（3）审核方式。按照专业进行审核，对非本专业的图纸参与的审核人员根据自己的实际经验提出自己的建议，供综合评审时参考。

（4）审核的内容。船厂提供用于建造船的全部图纸与技术文件，包括船级社的退审图和船厂提供的生产设计图。

3）新船建造过程中的项目检验。项目检验以监造师为主体，以项目检验与巡检相结合的方式开展现场检验工作。由船东公司代表接收船厂质检部门的项目报检申请单并及时转发给监理公司总监，由船东公司代表接收项目报检申请单的方式便于船东公司对监理公司的管理，总监安排相关专业监造师参加相对应的项目检验；船东公司代表的驻厂人员参加同类型项目的首次检验和现场全过程的巡检以及对重大节点的检验和参与相关试验等。

航行试验航改项目落实整改的完整性需要特别注意，必须逐项落实到位；航行试验是船舶正常使用的演练，所发现的问题必须彻底解决，否则将损害船东利益甚至影响船舶的运行安全。

对项目检验和巡回检查过程中发现的问题，各专业监造师在提出建议和整改措施的基础上及时向船东公司代表和监理公司的总监反映，总监将结果书面汇报船东公司代表。

所有项目检验的过程资料、影像资料等必须保管完善存档，为交船资料的收集提供保障。

4）重要监控点。

（1）安全监控。安全是船舶建造及监造的首要标准，对进入现场的代表和监理公司的监造师集中进行船舶建造安全知识学习；船东公司将与监理公司及船东公司代表签订安全责任协议，必须为所有现场人员进行意外险投保；现场监造组全体成员必须做好自身安全防护，同时基于自身经验判断检验现场的危险程度，所有成员之间要相互提醒，以防万一。

（2）建造质量监控。现场建造质量检验以监理公司的监造师为检验主体。主要事项有：建造过程以巡查与专项检验相结合的方式开展建造监理工作；检验项目表的确认；报验程序的监控；严格船厂每项的报检程序，三级检验制度；原材料、焊材监控、设备验收等；建造船厂内及外协施工项目的检验；重大节点或者关键点监控进行重点跟踪监控，对同类型项目的首次检验项目船东代表必须参加；完成质量监造报告以及专题报告。

（3）进度监控。对船厂建造计划的合理性进行评估，并提出合理化建议，严格督促船厂按期完成节点计划内的施工项目；为船东判断造船进度是否满足按合同进度付款条件提供必要的依据。

（4）费用监控。主要是对变更费用的控制要逐项审核校对；严把质保金支付关，对质保期限内出现的问题和由此引起的船东公司的损失逐一记录在案，及时书面反馈给船厂并要求其解决。

9. 交船前的准备

在交船前期各方要做好充分的准备工作：

（1）在交船前各方要加强沟通与联系，明确各自要准备的内容和时间要求等。

（2）在船舶建造过程中，作为船东公司应确定好新船营运的管理方式，是自己管理船舶营运还是选择船舶管理公司进行管理；根据建造现场反馈的信息选择适当时机派遣主要船员上船查看，参与机电设备的调试以及后续的系泊试验与航行试验，这样可以对船舶机电设备的性能有详细的了解以及对全船的使用性能进行检查与调整。

（3）对施工报检项目进行复核，是否有遗漏，特别是航行试验后各方提出的航改意见的落实完成和检验结果的复核；再次校对合同条款，确认建造的实际状态是否完全满足合同条款；由船东按照清单数量提供的备品备件应及时清点上船；确认油品的采购等。

（4）需要船东申请办理的注册登记与各类航行、营运证书要有计划并由专人落实，在交船时全部办齐；随船文件资料（图纸、证书等）要清点完毕后上船。

（5）与船厂就全船变更项目确认与结算。

（6）承建船厂在交船时应一并交予船舶的完工图纸及资料、设备的船检证书等，需要船厂办理的建造证书与船厂申请船级社颁发的各类证书要在交船时全部办齐交付船东。

10. 交船及交船后质保期内的服务

完成各项建造工作后，在合同约定的交船期进行船舶交接，若延期，要确定是否索赔。

合同约定的质保期内，监理公司在所建船舶受到非人为因素造成的损害，应及时派员会同船东、船厂人员、船检人员到现场勘查；并向船东公司汇报原因及解决措施，督促船厂整改等；船厂应积极配合圆满解决问题。

11. 资料归档

对监造过程中的所有检验、试验要有记录，记录要真实、全面；联络信函以及其他与建造有关的资料文档、影像资料等都要收集齐全并保存好归档。收集的资料包括建造过程的检验资料、完工资料、影像资料、船级社颁发的设备证书、对外联络信息管理资料及其他资料。

12. 船舶登记

船东要在交船前向船舶登记部门咨询船舶正常营运需要申请的所有证书名称、船名、注册登记、入籍等手续的办理，由专人办理落实，需要船东办理的应在交船时全部办齐。

二、船厂新造船舶流程

1. 造船报价

造船报价（shipbuilding quotation）是指造船厂根据船东订购新船的各项技术经济指标，通过详细的工程项目计算，同时考虑市场因素，得出该船的建造价格。造船报价是新船成交的核心问题，它对买卖双方来说都是至关重要的。

要想取得船舶订单，第一步就必须报价，它关系着船舶工程的成败与否、国外造船企业都将报价工作放在第一重要位置上，一般都由企业主要负责人亲自过问和直接领导。从某种意义上说，报价的竞争力主要是指所报价格水平的高低。船东发包造船工程正是利用报价竞争力这个特点，使许多造船厂相互之间以价格为主要内容的许多方面，如工期、质量、施工工艺、技术能力等展开竞争，来实现工期短、质量好、费用省的目标。有的造船厂的技术水平高、能力强、建造质量和速度都是一流的，但如果报价太高，船东也不一定愿意让该船厂取得订单。

合适的造船报价应符合如下几个条件：造船工程项目的各项费用的计算比较准确、高低适中；造船报价的价格与船东的工程合同价格相接近；报价与船厂本身拥有的工艺技术设施和水平相适应；与国际和国内的船市行情一致；遵循我国的价格政策，符合报价企业的经营方针。

造船报价不仅是报出所询船舶的建造价格，还应包含下列条件和内容：

（1）船价及其依据。实盘报价应附有简要规格书及布置总图，必要时应附有主要设备的厂商表。若询价方在询价时附有报价设计，则在报价书的报价依据中应标明"按提供的规格书及总布置图"（As for Your Specification and General Arrangement Plane）的字样。

（2）报价项目。船价中已包括及未包括的项目，写法如"本报价不包括……"，应包括的内容有：船东提供的材料和设备，船舶检验及入级费用，法定检验费用，船东对本船超出建造规范要求的项目等。

（3）交船时间、地点及条件。如合同生效之日起若干个月；或合同生效后收到船东首期付款之日起；或合同生效并收到船东首期付款，并收到按船东提供的设计图纸目录，全部经船级社审批同意的规格书及图纸之日起若干个月在船厂交船；或本船在船厂建造完工经试验合格并签署完工证书后，由船东或船厂指派船员驶至指定地点进行交接船，并写明此项费用由何方支付等。

（4）付款。说明付款期数及每期付款占船价的比例（payment terms and installments）。一般来说，付款期数可分为：签订合同（contract signed）、铺龙骨（keel laying）、下水（launching）、交船（delivery）。在现代造船程序中，"铺龙骨"一词的概念已不清晰，因此可将"铺龙骨"分为：下料（steel cutting）和上船台（the first block on berth）。所以，付款期数由原 4 个阶段分为 5 个阶段，每阶段付款所占合同总价的比例一般为：15%、15%、20%、20%、30%，或 10%、15%、25%、25%、25%，或 10%、10%、20%、30%、30%，或 5%、15%、25%、25%、30% 等。

分期付款数无固定格式可循，也无统一规定，由买卖双方根据财务安排及利息支出相互磋商达成一致。但在报价时，成本估算应根据船厂的资金周转率、建造贷款及利息支出额，提出对船厂较为有利并可能被对方接受的付款方案。诚然，偏高的船价辅之以优惠的付款方案，属竞争策略的一个方面，但优惠的付款方案，必然导致船厂的利息增加，若非金融机构支持船厂取得优惠的贷款利率，则两者之间难以求得折中效果。

（5）财务安排。报价书中的财务安排通常是指延迟付款，即信贷（credit），若船东要求信贷而船厂具有取得优惠信贷利率的可能，这不失为一项重要的竞争优势。

（6）船东提供的项目和内容。若某些设备项目一时不能得到设备厂商或供应商肯定的报价，或因价格昂贵不能得到优惠而影响船价的竞争力，该部分设备项目可要求船东提供而暂不包括在所报价格之内。

（7）报价有效期。报价书经签署后，不论以何种方式发出，包括信函、电传、图文传真，即形成法律文件。若报价方任意否定或改变其中内容，则询价方有权据此向报价方提出起诉。因此，在市场波动、捉摸不定的情况下，报价有效期不可过长。造船报价的有效期一般不少于15天，若询价方要求延长至1个月，则船厂应慎重对待。

上述各点为造船报价中不可忽略的内容。若为虚盘报价，可不必如此严密，除必要的几点之外，其他可予减免，实盘报价则应在此基础上增加必要的内容。报价者应视具体的情况和需要而定。

2. 合同签订

船厂接受船东询价后，会进行初步报价，编制报价表，其中包含特殊设备询价。船东根据船厂的初步报价表进行还盘磋商，多次谈判后双方若达成一致，则签订船舶产品合同。

3. 船舶建造的前期策划

船舶设计建造是一项复杂的系统工程，在开工前船厂必须组织前期策划，扫清技术障碍，解决施工难点。

（1）理透技术规格书。技术规格书是船东提出并经双方技术谈判，以相应国际规范以及公约为运输的船舶设计建造所提出的技术要求。船厂在新船型，特别是高附加值船舶的承接中必须慎重对待。必须清楚重要设备运行的采用标准情况、关键技术的工艺条件要求，特别排查技术规格书中暗藏的技术障碍。

（2）组织设计工作。详细设计各个具体技术专业项目，进行系统原理设计计算，并绘制关键图纸，解决设计中的技术问题，最终确定船舶全部技术性能、船体结构、重要材料设备选型和订货要求等。

船舶的施工建造主要根据生产设计的图纸和文件来实施。有能力的船厂可以自己根据详细设计来开展生产设计，也有部分船厂找专业的设计公司完成生产设计。生产设计必须密切结合工厂的工艺流程、设施设备能力、工艺水平甚至工艺习惯。

知识链接4-3

我国现行船舶设计体制主要有以下三种类型：
● 初步设计和详细设计在专业设计院进行，生产设计在船厂进行。能力较弱的中小型船厂一般采用这种类型。
● 初步设计、详细设计和生产设计都在船厂进行。能力较强的大型船厂一般采用这种类型。
● 近年出现初步设计和详细设计在专业设计院进行，生产设计委托专业设计公司进行。

（3）材料准备。船舶建造需要的材料种类十分复杂，且数量庞大。包括钢材、焊接材料、油漆、管系材料、电缆、大型铸锻件、全船机电设备、救生消防设备、系泊甲板设备等。

（4）制订建造方案。根据现代造船设计、生产、管理一体化的要求，从合同签约开始，生产管理部门参与设计工作，以合理和方便施工为宗旨，将管理要求和设计意图融合起来。因此，在合同生效 3 个月内，生产管理部门要编制出建造方案或方针，该方针是指导船舶建造的纲领性文件，主要内容有：①合同概要。②建造船舶的主要技术参数。③建造方法。包括分段划分原则，重要分段的结构特征和尺寸，分段重量的控制范围、钢板规格控制、总段装配范围、上层建筑整体吊装的重量计算、分段舾装范围和要求、场地分配和面积计算、船台建造方法和定位分段的确定等。④新工艺新技术的应用和实施范围及要求。⑤船舶建造的主要建造计划线表。⑥质量、成本、资金等管理。

4. 船舶建造与交付

（1）船体放样与号料。将设计部门设计的型线图、结构图按比例进行放样展开，以得到船体构件的真实形状和实际尺寸。再将已经展开的零件，通过样板、图纸、数控等不同的号料方法，实尺画/割在钢板或如球扁钢、角钢等型材上。

（2）钢材料预处理。供船体结构使用的板材和型材，由于轧制和运输堆放过程中受到的各种影响，钢材会产生变形和锈蚀。为保证质量，在切割钢材前要进行除锈、喷涂车间底漆、矫正等步骤。

（3）船体构件加工。可分为船体构件的边缘加工、冷热加工和成型加工。边缘加工主要指剪切、切割，经过套料的船体钢材的切割分离以及焊接坡口的加工。冷热加工主要是为了消除应力、变形等。

（4）部件拼装。船体部件拼装指的是两个或者两个以上的零件拼装组成组件，两个或者两个以上的组件拼装成部件的生产过程。常见的部件拼装包括甲板和舱壁板组件的拼接、肋骨框架的拼装等。

（5）分段制造。船体分段指的是由零部件组装而成的船体局部结构。船体分段按几何特征可以分为：①平面分段，平面板列上装有骨材的单面平面板架。如舱壁分段、舱口围壁分段、平台甲板分段、平行中体处的舷侧分段等。②曲面分段，平面板列带有骨架的单层曲面板架。如单层底分段、有曲面梁拱的甲板分段、舷侧分段等。③半立体分段，两层或两层以上板架所组成的不封闭分段。如带舱壁的甲板分段，甲板室分段。④立体分段，两层或两层以上板架所组成的封闭分段。如双层底分段、双层舷侧分段、边水舱分段、首立体分段、尾立体分段等。⑤总段，主船体沿船厂划分，其深度和宽度等于该处船深和船宽的环形分段。例如，上层建筑总段等。特别需要指出的是，立体分段和总段是由若干平面分段和曲面分段所组成的，由于平面分段和曲面分段是分段建造中的基本单位，它们作为船舶建造主流程，必须组织流水线生产。

分段按其结构所属部分可分为底部分段、舷侧分段、甲板分段、首尾分段、上层建筑等。

按照"壳、舾、涂"一体化的要求，在分段制作阶段，应将该部位的铁舾件、管舾件、电气焊接件尽可能地全部安装上去，并完成分段涂装工事。

船体建造与舾装作业是并行分道组织，涂装作业安排在分道生产线的两个小阶段之间，船体与舾装分道生产线在各阶段接续地汇入壳、舾、涂一体化生产流程。

知识链接 4-4

舾装按施工阶段和区域分为单元舾装、分段舾装和船上舾装。

单元舾装：将若干设备如泵、电动机、控制器等安装在一个共同地基座上装配成一个单元，然后再将此单元作为整体在适当的舾装阶段安装就位。

分段舾装：当分段倒置时在甲板顶面安装，分段翻身后在甲板表面安装。

船上舾装：当船体总装时和总装后，在船上一个舱室内或跨几个舱室进行安装。

（6）船台合拢。船台合拢是在部件装焊、分段或总段装焊及舾装、涂装的基础上，在船台或船坞完成船舶整体装焊和舾装、涂装的工艺阶段。将在各条装焊生产线上制造的中间产品吊运到船台上或船坞内，按规定的吊装顺序将中间产品组合成整个船体，并完成船内舾装和船台涂装作业。

船台合拢涉及大量的起重和焊接作业，因为对设备要求较高，该过程是船舶生产中的瓶颈。船台或船坞是船厂最重要的生产设施，船台合拢工程的组织和周期的控制，决定着船厂产品的质量。在该阶段的中心任务就是如何缩短船台或船坞建造周期。特别是对拥有大型船坞的船厂来说，由于坞容较大，如何同时合理摆放几条船位并对各船只工程进度做到同步控制尤为重要。

船台合拢是在船舶建造工程中组织难度大、投入劳动多的阶段，包括分段吊装、船上舾装、设备定位、主机吊装等交叉作业。船舶下水后的一些关键项目，全部或部分在船台建造阶段完成，如应着力组织发电机系统的管系合拢安装、密性实验、设备定位及调试，使船舶下水后尽快争取发电机动车，为展开其他关联工事创造条件。

为改变船厂在计划节点强行下水的传统做法，生产管理部门制定各船只下水完整性项目清单，确定船舶下水前必完项目，以及部分跨期到下水后项目完工百分比。船舶下水前生产管理部门组织专项检查，审定后才能下达船舶下水指令。

（7）船舶下水。该阶段主要控制项目为船舶下水、发电机动车、主机动车。

船舶虽然是水上建筑物，但却是在陆地上的车间、船台或船坞建造的。当船舶的大部分工程完成后，必须借助专门设备，采用专门的操作方法，将船舶从陆上移到水中去，这就是船舶下水。通常的方法有重力式下水、漂浮式下水、机械化下水。

重力式下水是在倾斜船台上利用船舶本身重量的分力克服斜面上的摩擦阻力，使船舶自行下滑到水中去。漂浮式下水是将水引入船坞内，让船舶自己漂浮起来，然后打开坞门，将船舶拖曳出去。机械化下水是利用引曳滑道加小车或浮船坞、升船机等机械设备将船舶移到水中去。船舶下水过程是船舶建造中最危险的过程，一旦发生事故，整条船舶都有可能报废。

发电机动车是一个标志性节点。它意味着舾装作业已经基本结束，各系统、设备进入交验阶段。

主机动车象征着该船已经趋于完整，安装和交验也基本结束，施工重点转入到试航前的准备和完善工作。

（8）码头舾装。舾装的具体范围非常广泛，从舾装位置上区分，又可以分为机舱舾装、住舱舾装、甲板舾装三大类。机舱舾装包括主机、轴系装置、锅炉、发电机等大型机械设备的安装；还有机舱各类管系以及基座、箱柜等装配工作。住舱舾装主要是船员生活类舱室内的舾装，主要包括家具与卫生设施、舱室分隔、防火绝缘处理等。甲板舾装遍布全船，涵盖了除机舱区域、住舱区域以外区域的舾装作业，涉及操舵设备、系泊设备、起货设备、通风设备的安装。涉及结构、机械、电力、通信、水声等300多个专业。船舶舾装一般占到船舶建造总工程量的60%以上。船舶舾装项目繁多，工时较长，再加上船坞或者船台生产紧张，有时间限制，码头舾装的时间往往长于同一艘船舶在船台或船坞生产阶段所占据的时间。

虽然现代舾装作业大部分在分段阶段、船台或船坞建造阶段就已经完成，但依然可能存在有些舾装需要在船舶下水后进行。如机舱涂装、内装、家具等安装。

（9）船舶试验。在船舶整个建造过程中，经常性地对各工程项目进行严格地检验与验收。在船体主体工程和动力装置等安装完工后，需要由船厂、船东和验船机构三方代表参加，共同负责船舶的试验与验收工作。船舶试验可以分为系泊试验、倾斜试验、航行试验三种，共分为两个阶段进行试验。

第一阶段是系泊试验和倾斜试验。系泊试验是泊于码头的船舶基本竣工，船厂取得用船单位和验船部门同意后，根据设计图纸和试验规程的要求对船舶的主机、辅机、各种设备系统进行试验，以检查船舶的完整性和可靠性。这是航行试验前的一个准备阶段。倾斜试验是将船舶置于静水区域进行倾斜试验，以测得完工船舶的重心位置。

第二阶段是海上航行阶段。建造好的船舶将以试航作为一次综合性的全面考核，有轻载试航和满载试航两种。试航应该按照船舶类型、试航规定在海上或江河中进行。试航前，应备足燃料、滑油、水、生活给养以及救生器具，各种试验仪器、仪表和专用测试工具。试航中应测定主机、辅机、各种设备系统、通信导航仪器的各项技术指标并进行各种航行性能的极限状况试验，以判断其是否满足设计要求。

（10）交船与验收。船舶试验结束后，船厂应立即组织实施排除试验中发现的各种缺陷的返修和拆验工作，同时对船舶及船上一切装备按照图纸、说明书和技术文件逐项向船东交接。

生产管理部门负责按清单组织完成扫尾工作、向船东移交各品备件；技术部门按照合同要求提供完工图纸和文件；质量部门按照合同要求提供产品质量证书；经营和财务部门在加减账目与金额得到确认的情况下与船东进行价格结算。

当上述工作结束后，即可签署交船验收文件并由验船机构发放合格证书，船厂完成了交船任务，船东便可安排该船投入运营。

5. 完工总结资料归档

船厂对船舶的生产过程、生产质量、安全、成本等方面进行系统的总结，并收集、整理、归档船舶建造资料。

6. 售后服务

船舶的售后服务必须按照签署的造船合同、说明书或设备订货合同等文件的要求操作执行。一般新船交付后的一年内为船舶保修期，保修期内，由于船厂或其承包商的设计错误、施工质量及材料、设备缺陷、安装工艺问题引起的故障和损坏，船厂有责任免费维修和更换部件。有些造船合同规定，若船东提出要求，船厂可以派遣保证工程师随船，但船东需支付保证工程师的工资及随船费用。

第三节　影响船价的因素

造船市场是受航运市场的状况所左右的。因此，航运市场的市场状况是影响造船市场状况的关键因素。不过，就具体的船舶来说，其船价高低，除受航运市场这一大环境影响外，还有许多其他因素。由于造船成本的估算是一项非常复杂的工作，它不仅牵涉船舶设计、建造中的一些技术参数，而且还与经营、财政、政治等因素有关。目前全世界主要造船国家中，没有一个估算造船成本的标准方法。影响船价的因素虽多且甚为复杂，但可概括为主观和客观两个方面。主观因素包括船舶类型、用途、航区、入级挂旗、技术和性能、结构和建筑、供应品和备件、船厂的能力、设施和管理水平；客观因素则为市场环境、金融状况、信贷和利率、汇率和保险等。

一、船厂因素

20 世纪 70 年代及之前，世界造船产量与市场份额主要集中在西欧和日本，80 年代转向韩国。进入 21 世纪以来，中国船舶工业进入了一个快速发展时期，特别是从 2004 年开始，中国迎来了航运和造船业的景气周期，造船产量持续增长，世界市场份额不断扩大。2009 年我国造船完工量同比增长超过 40%，占世界船舶市场份额进一步提升，承接新船订单量首次超过韩国，位居世界第一。2022 年，我国造船国际市场份额已连续 13 年居世界第一，造船大国地位进一步稳固。（表 4 - 3）2023 年上半年，据工业和信息化部发布的数据显示，我国造船完工量、新接订单量和手持订单量三大指标分别为 2113 万载重吨、3767 万载重吨、12377 万载重吨，分别占世界总量的 49.6%、72.6% 和 53.2%，以修正总吨计分别占 47.3%、67.2% 和 46.8%，均位居世界第一，中国也成为唯一一个三大指标实现全面增长的国家。中国造船企业通过技术创新、高质量优价格的产品，赢得了国内外客户的青睐，体现了中国造船企业的实力和竞争优势，也展现了中国制造业的崛起和全球影响力的提升。

表 4 - 3　2022 年全球手持订单量排名前 30 船厂列表（按修正总吨）

排名	船厂	修正总吨（吨）	载重吨（吨）	艘数（艘）
1	三星重工	1019127	17073602	149
2	现代重工	8596625	15744495	140
3	大宇造船	8475582	16150655	120
4	现代三湖重工	5840791	10269832	99

续上表

排名	船厂	修正总吨（吨）	载重吨（吨）	艘数（艘）
5	沪东中华造船	5114553	7797428	66
6	扬子江船业	4937177	12675468	151
7	新时代造船	2943964	10426599	85
8	江南造船	2618296	5217329	57
9	现代尾浦造船	2425910	3629058	119
10	外高桥造船	2323551	6237000	56
11	广船国际南沙船厂	2090857	3681186	64
12	大连船舶重工	1785044	4230000	40
13	南通中远海运川崎	1678141	5013400	37
14	北海造船	1633155	8560000	49
15	大连中远海运川崎	1443423	4608400	28
16	Zvezda shipbuilding	1391338	2828800	35
17	中船黄埔文冲	1318709	2448596	82
18	Chantiers Atlantique	1255856	/	9
19	扬州中远海运重工	1250816	4618754	43
20	大岛造船	1170061	4424350	68
21	Fincantieri Monfalco	1066104	/	9
22	Hyundai Vietnam SB	995873	2882132	41
23	今治造船 Marugame	988191	2683757	21
24	中船澄西	960527	3238400	47
25	Tsuneishi Cebu	958070	3759100	52
26	常石集团（舟山）造船	924119	3192770	50
27	招商局金陵船舶（南京）	915711	1234080	28
28	新大洋造船	837333	2748030	47
29	马尾造船	835956	1182268	47
30	招商局重工（江苏）	819793	1212650	19

数据来源：Clarkson。

知识链接 4-5

世界大国的崛起，无一不起不步于造船、经略于海洋。作为一个国家工业水平的象征，船舶工业具有高度的产业扩展性，有着"综合工业之冠"的美誉。

2008 年，我国造船业三大指标超越日本，跻身全球第二位。2009 年，我国承接新船订单量首次超过韩国位居世界第一。到 2022 年，我国造船业国际市场份额已连续 13 年位居全球第一，在接单量、完工量和手持订单量三大指标上全面超越欧美日韩等世界其他国家。我国不仅在造船规模上领跑世界，在常规船舶建造领域击败了韩国和日本，在高附加值船舶建造领域也不断取得技术突破。

大型邮轮、航母与大型液化天然气运输船（LNG）并称为船舶工业皇冠上的"三颗明珠"，它们代表客运、军用和货运船舶的最高水平。2008 年，中国建造的第一艘液化天然气船在上海成功交付，填补了中国 LNG 船设计、建造的空白。2019 年，我国第一艘国产航母"山东舰"正式入列。这艘航母从设计到建造，全部由我国自主完成。2023 年 6 月，我国首艘国产大型邮轮"爱达·魔都"号正式出坞，全面开启码头系泊试验、出海试航和命名交付的决战周期，计划于 2023 年底交付，2024 年正式运营。"爱达·魔都"号的成功制造，实现了国产大型邮轮领域"零的突破"，也让我国成为全球第五个有能力建造大型邮轮的国家。作为目前全球最复杂的单体机电产品，大型邮轮的零部件数量多达 2500 万个，相当于大飞机 C919 的 5 倍、"复兴号"高铁的 13 倍，全船总电缆布置长度达到 4200 千米，约等于上海到拉萨的距离，整船总工时相当于好望角型散货船总工时的 20 倍。

船厂设施、人员素质与经营技术管理水平组成了船厂的综合条件。船厂设施包括设备、场地与工艺装备。设备、场地、工艺装备均属船厂固定资产，其利用率的高低决定摊入造船成本的数额。船厂的经营技术管理水平，直接影响其设施的利用率。人员的素质虽然是决定其劳动生产率高低的一个因素，但在不同管理水平下，如工种分工、工序衔接、劳动力调配与安排、图纸、工艺规程、生产管理、技术管理、计划管理、物料供应与储运、质量保证和控制等，均直接或间接影响人员劳动技能的充分发挥。若船厂经营管理不当，即便具有优良的设施及较高的人员素质，也会导致成本升高，削弱船价竞争力。造船成本主要由钢材、设备和劳动力成本构成。各项成本的控制，对于船舶建造的利润起到了决定性作用。在不断加剧的市场竞争中、不断变化的市场环境中，控制好成本，创造较好的经济效益，船厂才能持续性发展。

1. 造船成本的组成

船厂建造船舶成本是影响船舶对外报价的主要因素之一。由于各国或地区的工业水平、建造配套能力、管理水平、人员素质不同，船厂对成本的控制也不同。一般而言，造船成本大致可分为原材料、配套设备、劳务成本，管理费等，如图 4-2 所示。

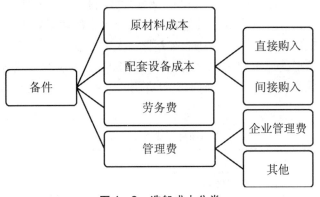

图4-2　造船成本分类

在我国造船工业成本管理中存在"专用费"，其内容包括专用胎架、工具、船台、下水、试验、试航与交船、各项动遣费用及检验入级费用等。按国外分类习惯，专用胎架及工具部分的材料计入原材料费，而劳务则计入总劳务费中，其他则计入管理费或单列。无论是国内还是国外造船成本的组成均应包含成本发生的全部项目，遗漏或重复将导致报价的失误。

以原中国船舶工业总公司编制的《产品估价成本组成情况表》为例来说明造船成本的构成，以下6项内容构成了船厂造船的总成本。

（1）原材料费用。包括船体钢材、油漆、管材、阀件、焊条、电缆、木材和其他材料。

（2）外购配套设备费用。包括主机——型号、数量、规格，发电机组——型号、数量、规格，货船起货机，油船货油泵，甲板机械，电机与电器及其他设备。

（3）艇装件和自制件费用。

（4）备品和属具费用。

（5）人工费。包括工时总量和工时费用。

（6）专用费。包括放样、胎架及生产准备费、设计费；船台及下水费用、检验费、保险费、试航和交船费用、佣金、接待费及不可预见的费用等。

2. 各组成成本的占比

不同类型、技术要求和标准的船舶，其成本组成的比例也各不相同。若将原材料、配套设备、劳务这3项成本的总和视为100%，则这3项成本的分项比例大致如表4-4所示。

表4-4　原材料、配套设备、劳务成本比例

项目	所占比例
原材料费	26%～33%
配套设备费	45%～52%
劳务费	24%～26%

船用原材料主要有钢材（包括板材、型材、管材等）、铜材、铝材、木材、焊料、涂料、电缆、铸件、辅料等，其他材料品种繁多，但数量较少。不同类型和用途的船舶，原材料在造船成本中的占比会有差异。大部分船舶原材料占整体造船成本的26%～33%，但驳船的原材料占比可高达60%～80%。原材料中占比最大的是钢材，若将所有原材料成本视为100%，则一般干货船的各种原材料的成本组成比例大致如表4-5所示。

表4-5　原材料成本中各项目比例

项目	所占比例
主船体钢材（包括钢板和型材）	65%～70%
管材	2%～3%
电缆	7%～8%
绝缘及隔热材料	7%～8%
油漆	5%～6%
油料	3%
辅助材料	4%
其他材料（包括铸锻件）	3%

每提高1%的钢材利用率，根据计算将可降低船价的0.2%～0.3%。钢材预处理费平均占钢材价的4.1%～4.5%。虽然钢材价格时有浮动，但其浮动幅度与物价及生产指数成正比，预处理费也是如此，可以认为钢材预处理费所占钢材费的比例为一相对稳定的百分率。

涂料包括底漆、防污漆、面漆、水舱漆、油舱漆、甲板漆等。由于不同船舶对涂料要求的度数、品种均不相同，按常规度数，货船的每吨钢料所需涂料为17.5～19 kg。

配套设备费占造船成本的45%～52%，若将全部外购配套设备成本视为100%，则各类设备占外购配套设备总成本的比例如表4-6所示。

表4-6　配套设备费的组成比例

项目	所占比例
主机及其变速齿轮箱	22%～29%
电站	5%～6%
推进装置及轴系	2.8%～3.2%
冷藏、空调及通风	2.5%～3%
甲板机械	28%～35%
导航、通信及电器	9%～9.5%
仪器及仪表	5%～12%

续上表

项目	所占比例
救生和消防	3%～4%
其他	7%～10%

通过对相关资料的统计分析可知，在船舶总成本组成中，轮机工程约占40%，且项目繁复，因此，轮机工程费用的准确估算对于整体船价的合理估算非常重要。轮机工程包括主机、机舱辅机、管系、轴系与螺旋桨、调试与试航、其他机舱设施及人工费用，其各项费用占轮机工程总费用的大致比例如表4-7所示。

表4-7　轮机工程成本中各项目比例

项目	散货船	集装箱船	油 船
主机	40%	42%	40%
机舱辅机	20%	18%～20%	20%～22%
管系	18%	18%	18%～20%
轴系与螺旋桨	7%	8%	8%
调试与试航	3%	2%	5%
各种设施与人工费	12%	10%～12%	8%

由于配套设备费用占船舶建造成本的45%左右，甚至更高，因此，在一定技术条件下，设备厂商的选定，对建造成本与船价至关重要。若询价策略与厂商选定得当，在采购时，配套设备的费用较初期询价时压低5%～7%是完全可能的。

在船舶产品建造成本中，工时劳务费用占24%～26%的比例，该数值的大小直接反映各厂管理和技术水平的高低。劳务费包含生产工厂的直接工资、福利费、车间经费、企业管理费及生产制造专用费。其中，直接生产工人的工资仅占劳务费的8%～10%，生产制造专用费占劳务费的40%～50%。由于船舶产品的特点是批量小、手工作业大、工作的相互交叉和干扰多，再加上外场作业量大，受气候环境的影响大，因此生产效率以及工时有效利用率低，且波动因素大，要准确根据报价设计估算船的建造工时及人工费用就比较困难。

根据统计资料，在船舶建造总工时中，船体、轮机、舾装及电气四类所占的比例，约占建造总工时的比例大致如下：船体工程：46%～54%；舾装工程：21%～22%；轮机工程：19%～24%；电气工程：6%～9%。

各主要造船地的劳务费占造船成本的百分比大致如下：西欧：30%～32%；日本、韩国：20%～25%；美国：32%～36%。

一般国外的人工费是不包含管理费用的，如按照我国的定义来衡量，则国外的人工费用占生产成本的百分比将是我国的2～3倍。

船舶报价设计是造船成本估算的主要依据，在报价设计尚未完成阶段，造船成本可按照船舶主要尺度及各项初步技术性能要求进行估算。根据船舶成本估算程序，一般先列出船舶建造的工程项目内容，分别估算各项的数量及费用，然后汇总得出总费用。

在造船成本中，原材料及设备采购费用占有极大的比例。为有利于价格竞争，特别是在微利保本接获订单的情况下，必须切实掌握设备材料的现行价格和市场调整趋势，并通过必要的询价予以核实，尽可能减少估算偏差。

船舶原材料的实际耗用量和总工时的估算结果，还应与母型船的实耗数据相比较，加以核实修正，在得出比较准确的材料用量和总工时的前提下，再乘以市场和本企业的单价，从而求得材料和工时费用。在估算船舶成本时不可忽略物价上调因素，对于建造周期长、批量建造的船舶来说特别要加以注意。

3. 生产专用费、利润和税金

国内外对造船成本的分类习惯不同，在我国造船工业成本管理中存在"专用费"。生产专用费是指为生产某一船舶产品而在生产准备和生产过程中所发生的专项费用，该费用可分为生产准备费、专用设施使用费和专项用途费3项。生产准备费包括设计和图纸费、船体放样及制定样板费、钢材预处理费以及胎架和支撑费等。专用设施使用费包括船台费、下水费、船坞费、码头费、专用工夹具模具和机舱模型费等。专项用途费包括船舶备品属具费、船检费、保险费、佣金或回扣、贷款利息五部分。

生产专用费的估算通常有两种方法：一是按船舶合同价格的百分率进行估算，根据大多数船厂的经验，该项费用占船价的8%～10%。二是按照中国船舶工业总公司《船舶产品价格计算标准》进行估算，该标准确定了生产专用费的项目和费率，主要按船舶主尺度、钢材重量、建造周期等参数，运用标准中的费率，分别求出各项目的费用，再将各分项求和即得生产专用费。

1）船检费。专项费中的船检费是指按照船舶入级的要求，从设计图纸送审起，直到交船止，船检部门按各船级社的规定，进行有关检验工作和发放各种合格证书。船检费指为这些检验工作和证书发放所需支付的费用。

各船级社对船舶检验费用均有各自计费标准及计算方法，实际上对每艘具体船舶的检验费用将进行具体的谈判，并视当时船级社之间的竞争情况及各种具体检验细节而定，最后核定总的船检费用。

中国船检部门有关人员对国外著名船检机构所收验船费用的方法、标准进行分析、研究后得出如下结论：英国劳氏船级社所收船验费用约为被检船船价的10%，挪威船级社所收船验费用约为被检船船价的7%，法国船级社所收船验费用为被检船船价的6%～7%，德国劳氏船级社所收船验费用为被检船船价的6%～7%，日本海事协会所收船验费用为被检船船价的5%～6%，美国船级社的验船费用介于英国劳氏和挪威船级社之间。

2）保险费。在船舶报价时，保险费的支付也是船价的组成部分。一般归为专项费用。船舶建造险是指承保各种类型的船舶、钻井平台或其他海上装置在船厂、试航和交船过程中，由于遭遇各种自然灾害或意外事故，或工人、技术人员、船长、船员及引水人员的疏忽过失和缺乏经验，或船体的潜在缺陷和设计错误等原因引起的损失、费用或造成第三方损失，依法应由船厂承担赔偿责任。造船险的保险金额为船舶的建成价格或最后合同价格，如投保时以暂时定价作为保险金额投保，应在确定价格后再进行调整。

为船舶投保的保险时间，承保范围不同，保险费也会有所差异。

（1）保险的起讫日期。保险日期可始于铺龙骨，也可始于上船台。由于在造船前期出现事故的可能性较小，因此一般可争取上船台时开始保险。终止期一般订在交船日，即在产品的产权转移之日终止。

（2）保险的范围。包括船舶及所有的已装船或已到厂的供应品、全部机械、材料设备、仪器和舾装配件等。

（3）保险价值。保险价值应为最终的合同价，如投保船舶配有船东的供应品，则保险价值应包括船东供应品的价值，即以该船建成价格进行投保。

（4）保险赔偿金。若被保险的船舶，不论出于何种原因而受损失，发生部分损失，则建造厂应将赔偿金额用于修理，以达到船级社的要求。若被保险的船舶被裁定为实际或推定的全损，则赔偿金额的应用可由船东与造船厂磋商决定，造船厂可选择下列方法处理：

（1）工程需继续进行，则赔偿金用于该船的重建，交船日期、造价及合同条款需做调整。

（2）终止建造合同，则赔偿金用于船东已支付的分期款总额的退还，在此情况下合同双方的权利、责任、义务和债务即告终止。

船舶建造保险费根据建造船舶的种类、大小、建造周期、船厂的技术及管理水平的不同而异，一般由基本保险费和工期保险费两部分组成。前者根据船舶的不同种类按费率0.3%～0.4%计收，后者根据期限每个月按费率3%～4%计收。

关于保险费的币种，船厂可以用人民币或外币投保，赔偿金也相应以投保币种赔偿。如保险费金额巨大，可事先和保险公司协商，分期付款。

由于保险费率本身有一个变动幅度，船厂可以设法争取一个优惠的费率，以减少费用开支。

3）目标利润。造船厂制定利润的大小直接影响船价的高低，因提高利润相应就提高了船价，从而导致市场竞争能力的降低。由于目标利润涉及产、供、销等多方面的因素，所以企业对目标利润的制定是关系到企业经济效益包括报价策略的一个重要因素。

造船企业的利润高低与企业内部和外部条件有密切的关系，所谓内部条件是指企业的经营策略、技术和管理水平、生产计划的安排和调度、劳动生产率、物资供应等，外部条件是指国内外船舶市场的需求情况、经济环境、货币和汇率变化等。造船利润一般以船舶合同价格的百分比来计算。成本一定的情况下，目标利润率会是影响船舶报价的重要因素。通常造船利润率如表4-8所示。

表 4 -8　造船利润率

利润分段	百分比	利润分段	百分比
盈利丰厚	10%～20% 或以上	略有盈利	1%～3%
盈利较多	8%～10%	微利保本	1% 以下
盈利中等	6%～8%	亏损赔本	0 以下
盈利一般	3%～6%		

根据国内外对船舶市场的需求情况，造船利润也有差别，一般可分为以下 3 类：市场萧条——可取略有盈利、微利保本、亏损赔本；市场回升——盈利中等、盈利一般；市场需求加大——盈利丰厚、盈利较多。

4. 报价有效期

船舶报价应注明有效期，该有效期不宜过长，一般不超过 30 日。若在报价期间存在汇率波动、通货膨胀、金融市场变化、生活指数上涨等情况，则应缩短有效期，尽可能避免潜在风险。若船东要求延长报价的有效期，则船厂报出的价格应按当时的具体情况，适当地计入变动数额报价。

二、船舶因素

1. 船舶种类和性能

由于船舶种类和性能的不同，其原材料用量、设备配套、技术复杂程度、施工安装、调试和试验难度的差异，不同类型的船舶的成本与船价均有较大差距。现将不同吨级各种船型的船价百分率列于表 4 -9。

表 4 -9　不同等级各种船型的船价百分率

DWT（吨）	3500～5000	5000～10000	10000～15000	15000～20000	20000～25000	25000～30000
干货船	100	100	100	100	100	100
散货船	112	112	112	110	110	107
多用途船	128	128	128	125	125	125
集装箱船	130	130	125	125	123	123
滚装船	258	251	250	250	249	249
油船	122	122	120	120	120	120
成品油船	133	133	133	131	131	131
化学品船	287	287	287	279	276	274
LPG/LNG 船	338	338	335	332	332	332

2. 船舶的自动化程度

船舶的自动化程度要求不同，其设备配套成本、安装、调试以及备件费用均不同。如普通机舱、集控机舱与无人机舱；可调螺距螺旋桨及其他自动化装置，均将导致船舶成本与价格的升高。现将普通机舱、集控机舱与无人机舱船舶的配套设备成本百分率列于表4-10。

表4-10 不同机舱的船舶成本百分率（％）

普通机舱	集控机舱	无人机舱
100	107	109～112

3. 备件和供应品

备件属于主机、发电机组、锅炉、各种辅助机械与设备的维修所必需的零部件，而备品则是在船舶交货时所需的各类物料。备品必需的数量通常有规范规定，但船东或订货方亦有超过规范规定的必备数量要求。备品除消防、救生规范对其用品有所规定外，其他则为国际有关标准或船东与订货方的要求。不论备件或备品，在签订合同时均应与船东进行详细协商，并列出清单以作为合同规定中的附件，也作为船价与交货条件的依据。

通常，规范要求的各类设备的备件类别如图4-3所示。

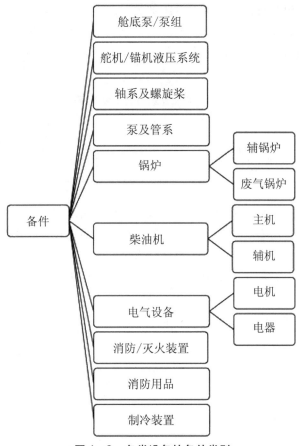

图4-3 各类设备的备件类别

按规范要求的备件与备品数量，其价值为配套设备订货的百分率如表 4 – 11 所列。

表 4 –11　备件与备品占配套设备费用的百分率（%）

船舶种类	沿海货船	无限航区货船	客船
费用	3～5	4～6	8～10

该百分率不包括订货时的随机备件。

4. 航区、入级和挂旗

船舶的航区、入级和挂旗的不同，其规范、规则的要求也各有差异。不仅我国与外国船级社的规范与要求不一，外国船级社如劳氏船级社（Lioyd's Register of Shipping，LR），挪威船级社（Det Norske Veritas，DNV）也各有不同之处。挂旗与航区则涉及船舶所需满足的标准与规则，如通过苏伊士运河、巴拿马运河、基尔运河的船舶其航行灯具、系缆设备、导缆孔等均需满足英国交通部（Department of Transport，DOT）的规定标准。同样，挪威、德国、瑞士等国相应有标准规定，美国则有海岸警备队的规则。有些船舶虽然挂方便旗，如挂巴拿马、苏黎世、利比亚、希腊国国旗，但其航区主要是欧洲或美国，则也须满足当地交通部或海岸警备队的规定要求，因此船价在不同船级挂旗与航区的条件下差距甚大。

船舶的不同挂旗决定了船舶不同的法定检验内容，因此，为取得法定检验的各种证书所发生的费用将造成船价的差异。根据一般概算，若以挂方便旗的船价为基数，则其船价差距百分率如表 4 – 12 所示。

表 4 –12　船舶挂旗与船价差距百分率

挂旗	方便旗	方便旗	英国	美国
航区	无限航区	英国	欧洲	美洲
船价百分率（%）	100	115	130	120

由于船舶入不同船级以及使用不同规范，船价将有差异，但由于船级社的基本规范具有国际性，因此由不同规范所导致的船价差距甚微，仅在德国劳氏与挪威船级社入级的船舶，将比在英国劳氏与美国船级社入级的船价高 3%～5%。

法定检验一般由船东向挂旗国政府申请，其图纸审批、注册登记、各项法定检验并发证书以及法定检验师到厂检验等各项费用由船东支付。若船东委托造船厂代办，则必须在合同中明确。因而，在询价和报价时，对法定检验与挂旗的相关内容和责任也应当确认。

三、贸易谈判因素

1. 交船期限和交船地点

由于交船日期的延迟将会导致船东和造船厂双方在经济上蒙受损失，因此在谈判造船合同时，应将可能出现推迟交船的原因及相应的责任和处理办法明确加以规定，以防止引起争议和纠纷。

一般来说船厂是不能要求船东提前接船的，因此，一般在造船合同中都明确规定某一个特定日为交船日期。造船厂在交船时应出具保证书，说明该船在移交船东时没有任何留置权、费用、抵押或其他负担加在船东的名义上，以及不会因为造船厂当地政府税收或其他原因等扣押该船。

交船期限决定了产权和风险的划分。许多造船合同约定，船舶在交付船东前，该船的设备以及该船的产权灭失的风险属于建造方，战争、地震和海啸等意外情况除外。对于船东提供的设备，在交船前的产权和风险也应加以明确，以免出现纠纷时无依据可循。随着造船厂船舶交付手续的完成，该船的保管、使用风险和责任则由船东承担。

造船合同应约定在船舶移交生效日后多少天内船舶应驶离船厂码头，若船东在规定的期限内未将船舶驶离船厂，船东应向造船厂支付商定的系泊及停靠码头等项费用。由于造船厂的原因导致推迟交船，责任应由其自身承担，造船厂应为此支付违约金。但违约赔偿金的总额和推迟交船的天数有一定的限制，一旦超过这些限制，合同中往往规定给予船东要求终止合同的权利。

在建造过程中一旦出现人力不可抗拒的原因造成交船日期的推迟，造船厂应严格执行有关规定，按程序办理手续，否则船东有权拒绝交船日期的推迟，轻则由造船厂支付违约赔偿，重则导致合同终止。

由于船东的原因延期接船，船东应负责补偿造船厂的经济损失，如需增加的船舶设备和材料利息、保养维修费用、码头费用、保险费及设备保修期的失效造成的费用增加等，这些都应在船价中计及。

如因船东要求提前交船，船东应给予造船厂速遣费。关于速遣费及违约赔偿金的数额一般没有一个固定的标准，完全靠合同谈判争取各自有利的条件。

船舶完工交船地点，一般都在造船厂码头。如船东坚持不在造船厂码头交船，造船厂应在报价和合同谈判时考虑下列因素：

（1）船舶的质量和完整性必须在船厂码头由船东签字验收，以减少不可预见的风险因素及费用。

（2）交船日期仍以船舶驶离造船厂码头为准，并以报关书的证明日期为依据。

（3）船到目的港之后，不再进行码头试验及航行试验，即使船东增加费用也不宜接受。

（4）船到目的港之后，如船东未及时派出船员办理移交手续，所发生的一切费用由船东承担。

（5）船舶如需远航所增加的船舶临时加强、封舱、增加设备、器材费用及一次性远航需申请办理临时性证书的费用亦应计及。

（6）船舶进出港的港务费用应加以考虑。

（7）因船舶的动迁而致保险费的增加需考虑。

（8）船舶抵达目的港之后，除了建造质量的原因而导致的费用，其他如船东要

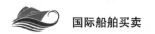

求进坞、油漆、机械设备拆检所需增加的费用，造船厂原则上不接受。

（9）造船厂出国人员的费用增加应考虑在报价之中。

2. 付款方式和付款条件

船舶建造的贷款，一般按照合同金额的一定比例确定并在商定的时间节点支付。由于资金受时间价值的影响，不同的比例和时间支付贷款将导致实际成本的不同。利息的支出或收入就是资金受时间影响的衡量指标。

船舶建造合同签订后，船东将按合同约定的付款时间节点、付款比例、付款方式向船厂支付订金和进度款。船厂需根据建造进度表及订货采购合同，向供应商支付材料、设备的订金和货款。因此，船厂在对船舶报价时，需根据船款的收入金额和时间节点以及材料设备采购支出的预算，估算收支差额，并进行必要的财务安排，即贷款的利息支出，并将其计入成本。

对船东而言，初期的船款支付比例小，将减少其利息支出，但船厂会有更大的资金压力。材料设备供应商期望增加船厂支付定金或首期货款的支付比例。假设船厂收到的船款金额越少，需要支付给材料、设备供应商的越多，两者差距越大，则船厂需要支出的贷款利息也就越高。资金成本也会体现在船舶报价中，出船厂的成本越高，为了覆盖成本，报出的价格也会越高，相同条件下，将削弱船舶价格的竞争力。因此，船舶建造的付款条件，船厂需做收支和利息的综合平衡计算。我国几种常见的船价支付比例和支付时间如表4-13所示。

表4-13　付款安排

船价分期方式	分期阶段						
	签合同	铺龙骨	上船台	下水	系泊试验	交船	延期付款
20/20/20/20/20		20	20	20	20	20	
20/20/20/20/20	20	20	20	20		20	
25/25/25/25		25	25	25		25	
25/25/25/25	25	25		25		25	
30/20/20/15/15	30	20	20	15		15	
10/15/25/50	10	15		25		50	
5/20/25/50	5	20		25		50	
5/5/5/5/80	5	5		5		5	80

近年来，延期支付和前期少付，后期多付的形式越来越多。某些小型船舶及驳船，仅在签约时支付20%～30%的船价，其余部分则在交船时支付。以5%、5%、5%、5%以及80%船价百分比的延期付款形式为例，一般延付期为8～10年，80%的船款在延付期内以等额每半年连同利息支付一次，第一期还款时间一般在交船后6个月。如果延付条款中规定有宽缓期，则宽缓期内每隔半年仅付利息不还本金。在宽缓期结束后，再以等额连同利息每半年还本息一次。

3. 汇率

建造出口船舶，和外商签订的合同通常以美元作为结算货币。汇率的浮动将导致船价在签订合同时的预算与合同履约完毕后的结算形成差额。该差额若为正值，则船厂的盈利增加；若为负值，则盈利减少或亏损。因此，在报出船价时，应充分考虑汇率变动可能带来的差额。

四、市场因素

新造船的价格因素与航运市场的运费、租金关系密切。但船价的变动往往滞后于运费、租金的变动。在信息交换日趋方便和经营水平日益提高的情况下，滞后时间可能缩短。

新造船投资额较大，贷款比例高，有的甚至可达100%，还款周期长。船东往往要按长期的现金流动来测算还款能力和盈亏情况，一般是按期租租金来做计算的基础，估算船舶价格。也可从船价出发，计算为偿还贷款所需要的租金水平，两者实质相同。实践中船东对船价的还盘，与按其透露的租金和有关条件或者按市场上的租金水平所计算得出的船价水平常常吻合。在投机性造船日趋消失的情况下更是如此。

由于船价的变动通常滞后于运费或租金的变动，因此，需要重点关注，把握航运市场的动态，跟随运费或租金的变化及时调整经营策略和船舶设计技术经济指标，让船价更好地"随行就市"。与其只从船价的变化预测船价，不如从航运市场的变化直接预测船价。在市场动态分析的情况下，如果能做到船价与运费或租金相适应，获取订单就有了基础。航运市场运费、租金低，通常船舶造价也处于低水平；若航运市场繁荣，运费、租金一路高涨，船舶报价也会水涨船高。有的船东，就是奉行"低进低出，高进高出"的策略的，即在低租金情况下，只要船价低，也可能盈利，反之船价高，市场运费、租金高也可以覆盖成本。市场千变万化，风险难以预测，虽然奉行这种原则的船东未必成功，但这种做法并不违背船价与运费或租金相关联的这一事实。

第四节 船舶建造合同

船舶订造人根据自己或未来租家的需求，把需要建造的船舶的重要技术指标做成简要的说明，并把这个简要说明传递给有意向合作的造船厂，如果采用招投标方式，订造人会将造船说明及要求制作成招标文件并发出招标通知；造船厂若有意向承接相关订单，将与订造人进一步接触，或者是购买招标文件。造船厂根据订造人的简要说明，自己或委托船舶设计公司制作船舶设计书、总布置图、供应商名单等（有时这些文件是由订造人提供的），或者在招投标方式下，造船厂制作相应的投标文件并进行投标；订造人与造船厂就规格书、总布置图、供应商名单、船价等进一步商谈，或者由订造人评标；最后订造人与最满意的造船厂商谈造船合同条款、达成待生效的合同，或是由订造人定标，并与中标人签订合同。造船厂委托银行给订造人开立造船厂违约退款保函，订造人将第一期船价（例如5%或10%）汇给船厂，此时造船合同开始生效，也可对造船合同生效做不同约定。造船厂自己或委托船舶设计公司根据规格书做详细设计、生产设计及其施工方案等，并将相关文件及图纸送交船级社和有关政府机关及订造人审查。当图纸获得各方批准后，造船厂开始订货、钢板下料，此时船东可支付第二期船价，支付分期依据具体合同约定。在船舶建造过程中，船级社与订造人会监督船舶每一项建造过程及重要部件制造，同时订造人应按期支付船价。

一、概述

1. 船舶建造中的相关法律主体

（1）建造方或卖方。船舶建造必然有建造方及订造方参与，通常造船厂是建造船舶的一方，如果将造船合同视为承揽合同，则建造船舶的一方可被视为建造方；如果将造船合同视为买卖合同，则建造船舶的一方可被视为卖方。

（2）订造方或买方。订造方或买方是提出订造船舶要求、支付船价、接收船舶的一方。同样，如果将造船合同视为承揽合同，则订造船舶的一方可被视为订造方；如果将造船合同视为买卖合同，则订造船舶的一方可被视为买方，实务中有时也称其为船东。订造方或买方的构成情况比较复杂，比如有些订造方订造船舶并不是投入营运使用，而是在将来船舶造好之后光租或长期出租给承租人使用，承租人就可能参与图纸批准、监造、接船等工作，这种情况下，可将未来的承租人视为订造方的代理人参与造船业务。通常，以订造方名义出现的其他合法主体可视为订造人的代理人，其行为被视为订造方行为。

（3）建造方的贷款银行。现在许多船舶造价昂贵，动辄几千万美元，而订造方通常都采用分期付款形式，在交接船舶之前不会支付全部船款。如果建造方没有充足的建造资金，就需要向银行贷款，此种贷款为卖方信贷。目前我国承接此类贷款业务的主要是中国进出口银行（Chinese Export and Import Bank），属于政策性银行。

（4）建造方担保人。有时建造方要在银行取得建造贷款，银行会要求其提供贷款担保。如果建造方的自有资产不足以担保造船贷款，就需要向银行提供银行认可的保证人或以保证人的资产担保该笔贷款，此保证人就是建造方担保人。

（5）建造方的保证银行。在船舶建造中，订造方在接收船舶前往往会支付百分之几十的船款，由于担心建造方违约对订造方造成损失，订造方会要求建造方提供经订造方认可的银行开具退款保函，以保证在建造方违约导致合同解除时，订造方能从担保银行回收已支付的船价款项。建造方的保证银行可以是商业银行，但需经订造方认可，比如我国的中国银行（China Bank）面向建造方提供担保业务。

（6）订造方的贷款人。订造方在订造船舶的过程中，需要定期支付船价，尤其是当船舶造好后交接时，可能需要付清全部船款（有时建造方会同意订造方延期付款）。所以，如果订造方资金不足时，也需要向其他方贷款。订造方在融资时拥有现在或未来的船舶所有权，或未来的租金或运费收入，因此订造方的融资渠道比较多，除银行外还有许多金融机构可提供贷款。如果建造方给予的贷款利率较低，订造方也会考虑将船舶抵押给建造方信贷银行以获得贷款。

（7）订造方的保证银行。通常在新造船过程中，订造方以分期付款的方式支付船价，比如在签订合同时支付首期船价，在船舶下料时支付第二期船价，上船台时支付第三期船价等，为保证建造方在以后各期能收到船款，建造方可要求订造方提供银行付款保函，这类银行就是订造方的保证银行。

（8）设备、材料供应商。在新船建造过程中，建造方工艺水平的高低是影响船舶品质、技术先进性和价格的重要因素，同时，设备、材料的选取也会对船舶产生重要影响。因此，订造方与建造方会共同拟定一个厂商表，对每种主要的造船设备列出几家供应厂商，厂商表是造船合同的附件之一。在造船过程中，建造方会从厂商表中选取最终的设备、材料供应商，此时设备质量问题由建造方向订造方负责、设备供应商向建造方负责。

（9）建造方的二包商。根据新船建造合同，建造方可将部分工作分包给二包商，由二包商承建船舶的一部分或承包一部分劳务。例如在日本和韩国，船舶建造方是一个总装厂，二包商承建船舶的各部分，然后将船舶各部分运至建造方的船坞或船台，由建造方完成船舶总装和后续工作。二包商由建造方委托，因此相关的船舶问题由建造方向订造方负责，而根据二包合同，由二包商向建造方承担责任。

（10）船级社。通常，订造方会向建造方提出船舶建成后需达到某一船级社的要求，能加入该船级社，以便顺利投入营运并参与保险。因此，建造方需要与该船级社达成检验合同，由该船级社全面监控船舶设计和建造。许多船级社还取得了国家有关机关的代理权，能够办理船舶登记、航线证书等。

（11）设计者。由于船舶的构造、技术性能和订造方的要求不同，并不是每个建造方都能承担船舶的设计任务。或者订造方不信任建造方的设计或委托的船舶设计者，提出由订造方来指定设计者。各种情况，都会涉及委托船舶设计单位的问题。业务中，建造方及订造方需要对设计者责任的承担做出约定，比如谁委托设计者，谁就对设计者造成的损失负责。目前较多的造船模式是由建造方委托设计者或者自行设计船舶并选取设备、材料供应商，由订造方监造并支付相应船价。

（12）保险公司。从各自利益出发，订造方及各贷款担保银行都会要求建造方投保船舶建造保险。通过商业保险，能使建造者面临在建船舶全损或部分损坏时，有额外的资金去修复或重建船舶。商业保险的重要功能就是在这种情况下向建造者提供额外资金。

以上是新船建造过程中的主要参与者，而在船舶建造中还会涉及其他参与主体，比如在造船过程中提供法律支持的律师事务所、交接船舶时的船舶代理人、为船壳再次涂装的修船厂等，这些主体不一定是必然参与者，在此不做详述。

2. 船舶建造合同的概念

船舶建造合同（shipbuilding contract）是指建造方与订造方达成一致，由建造方按约定建造和交付船舶，订造方接收船舶并支付相应船款的协议。有学者认为，一份有法律效力的合同需要满足三个条件：一是有约因，二是双方有订约意愿与想法去互相建立一种法律关系，三是有不含糊的发盘与接受/受盘环节。在船舶建造合同中，建造方为订造方建造船舶，由订造方支付船价，双方都付出代价，这就是约因。至于双方有订约意愿与想法去互相建立一种法律关系，及有不含糊的发盘与接受/受盘环节，这是签订合同过程中的问题，双方需要加以重视与明确，只有 3 个条件都满足，造船合同才会是有法律效力的协议。

一份造船合同通常包含合同主体与多个附件。合同主体以条款的形式出现，包含船舶描述与船级、合同价格与支付办法、船舶试航、质量担保、保险、合同生效日等双方重要约定，平常所说的造船合同多是指合同主体部分。而具体的船舶规格书、全船总图、横剖面图、厂商表、保函等常以附件的形式出现。

3. 国际标准造船合同

为了缩短造船合同双方的谈判时间，更加完整与准确地解决造船合同中可能出现的种种问题，同时避免订约中的疏忽与遗漏，全球许多国家的相关组织都拟定了造船合同标准格式供订约双方参考。

1974 年，日本造船厂协会（Shipbuilders Association of Japan）拟定了一份标准造船合同格式，简称为：SAJ Form。这份标准格式在亚洲地区使用较多，但是被认为较为偏袒造船厂的利益。

2000 年，挪威船东协会（Norwegian Shipowners Association）与挪威造船厂协会（Norwegian Shipbuilders Association）谈判后拟定了一份挪威标准造船合同，但是这份标准合同主要适用于造价高昂且结构较复杂的船型，在欧洲使用较多。

2004 年，西欧造船厂协会（Association of Western European Shipbuilder，AWES）制作了一份 AWES Form 标准造船合同，这份标准合同同样在欧洲使用较多。

2007 年，BIMCO 拟定了一份较为完善的造船标准合同：Standard Newbuilding Contract（NEWBUILDCON）。这份标准合同被认为平衡了造船厂与订造人之间的利益，在亚洲使用较广。

标准合同范本可以为订约双方提供参考，但不强制使用。根据自由订约原则，双方可在标准合同范本的基础上做出符合实际情况的修改。

4. 船舶建造合同的性质

关于船舶建造合同的性质，即船舶建造合同是买卖合同还是承揽合同这一问题，在不同的法律体系下有不同的看法。换句话说，造船合同的法律性质涉及合同的适用法律问题。比如，部分英美法系的国家认为造船合同是买卖合同，其标的不是现有货物而是将来货物，即还未造好的船舶。而日本、德国、希腊等国家则认为造船合同是加工承揽合同，在承揽合同中，当事人一方按照对方的要求完成一定工作，并将工作成果交付他方，他方接受工作成果并给付酬金。因此，不同的法律对造船合同的性质有不同的判定。

在船舶建造合同中，订造方与建造方会约定合同的适用法律，法律允许当事人对此做出选择，但是在法律内部，当事人不能选择只适用哪部分法律，而是由法官或仲裁员来判断。例如，建造合同约定适用中华人民共和国法律，具体是适用买卖合同的规定还是承揽合同的约定，取决于法官或仲裁员的判断，双方不能自由约定。

之所以要明确船舶建造合同的法律性质，是因为这涉及建造方对在建船舶的所有权问题，尤其是在建造合同中没有做明确约定的情况下。例如，《中华人民共和国海商法》（以下简称《海商法》）第 25 条规定："船舶优先权先于船舶留置权受偿，船舶抵押权后于船舶留置权受偿。前款所称船舶留置权，是指造船人、修船人在合同另一方未履行合同时，可以留置所占有的船舶，以保证造船费用或者修船费用得以偿还的权利。船舶留置权在造船人、修船人不再占有所造或者所修的船舶时消灭。"从这个条款可以看出，《海商法》赋予造船人在合同另一方未履行合同时对船舶的留置权，说明船舶的所有权不在造船人手中，否则不会产生留置权的问题。

在这种认定下，造船合同类似于承揽合同，可能会出现订造人不及时支付船价，但同样能取得船舶所有权的情况，这对建造方来说不公平，尤其是大部分造船材料、设备都由建造方提供的时候。

对此，《德国民法典》有不同的约定，根据《德国民法典》第 648 条和第 651 条的相关叙述可以得出，该法典认为：在船舶建造中，若大部分材料和设备是由订造方提供的，可认定在建船舶的所有权归订造方所有，可将造船合同视为承揽合同；若大部分造船材料和设备是由建造方提供的，则认为在建船舶的所有权归建造方所有，可将造船合同视为买卖合同。于是船舶所有权转移在不同的情况下可以区分开。

关于船舶建造合同的性质虽然有不同的看法与认定，但笔者认为这主要涉及在建船舶所有权转移的问题，是在合同没有明确约定时才会出现的。所以，一方面建造方与订造方要对法律规定有清楚的认识，另一方面双方也应在合同中对在建船舶所有权作明确约定，这样可以减少很多不必要的麻烦。

二、船舶建造合同的主要条款及相关问题

船舶建造合同通常包括合同主体和一系列附件，合同主体部分包含了很多重要条款，这些条款目前已有各式各样的标准造船合同去体现。在此节中，将对造船合同中笔者认为较重要的部分条款和相关实务、法律问题做介绍与分析。

1. 序言

序言（preamble）通常是造船合同的开篇部分，在序言中会述及合同双方的名称、代表及其职位，被授权范围，就某项业务以双方磋商一致的原则达成协议的说明，合同双方注册地、营业地及船舶建造地等，这些信息是当纠纷发生时确定准据法与管辖法院的重要依据，同时也能查验双方身份的真实性与资信情况。

在序言中，也会述及造船合约的"约因"，即造船合同的标的与双方对价。如建造方为订造方建造船舶，由订造方接收船舶并支付船价。

2. 船舶规格

船舶规格（specification）是造船合同中非常重要的部分，如果约定不清，常会导致船舶质量纠纷。一般会为拟建船舶定一个船号或序号（label），这个序号在建船舶登记时非常重要，造船厂内采购的设备和材料、加工好的但尚未装上船舶的零件或部件都会用这个序号来标记。因此，通过船舶序号可以划分在建船舶的物权范围。

船舶规格描述了拟建船舶的主要性能参数和技术状态，但是具体的船舶规格是依

靠合同附件中的船舶规格书和船舶总图来确定的，同时通过厂商表可以大致明确所用设备范围。

3. 船级和船旗

船级（classification）表示船舶质量的检验标准，会对未来船舶买卖和租赁价格、营运成本及保险费率产生一定的影响。入了某一船级代表着船舶设计、建造、运营中的船舶技术状况等都通过了船级社的标准检验，符合相关的标准要求。若一艘船舶没有加入任何船级社，则这对艘船舶的技术状况的监管几乎没有，船舶的船况也没有保障。

如果拟建船舶确定将来要加入某一船级社，则这艘船舶从设计到建造都需要接受入级船级社的审批与监督。但船级社是非营利的私人机构，各船级社的规则并不是法律，船级社只是被某国政府或方便船旗国家政府委任去完成各种公约的要求。世界上知名的船级社有：英国劳氏船级社、挪威船级社、美国船级社、法国船级社、中国船级社、德国劳氏船级社、日本船级社、韩国船级社、意大利船级社、俄罗斯船级社等。

不同船级社对于船舶的要求不同，导致船舶的建造成本不同；建造方与订造方的立场不一样，也会导致对船级社的选择不一致。实务中，如果建造方希望推广某一新船型，可能会选择长期合作的或者是本国船级社，但有时订造方会坚持选择自己满意的另一家船级社，此时建造方可能会提高船价或不接受，因为所有的造船图纸和设计等都需要重新审批。

船旗（flag）是船舶在营运过程中悬挂的所属国的国旗，船旗是船舶国籍的标志之一。根据国际法规的有关规定，船舶是船旗国的浮动领土，船舶在航行时需要悬挂船旗国国旗。如果某艘船舶在中华人民共和国经依法登记，取得中华人民共和国国籍，方可悬挂中华人民共和国国旗航行。取得某国国籍的船舶，有义务遵守船籍国法律的规定并受船籍国法律的保护。

大部分国家都允许订造人自由选择船籍国，因此船舶设计、建造也就需要符合船籍国法律的规定。现在有一些公约、区域性协定和方便船旗国要求的证书，已委托给船级社检验和发证，使得相关证书工作更加便利。另外，要注意在不同国家登记，费用也会有差别，建造方在估算船价的时候需要考虑这个因素。

4. 合同价格、支付方式及价格调整

在船舶建造过程中，详细建造要求由规格书、布置总图等确定，若船舶建造过程中设备供应商的供货能力、订造方对拟建船舶的要求发生改变，船舶规格书和总图发生变动或船舶建造涉及的船级社技术规范及国际公约、国内法规规定发生改变，都有可能引起船价的变化。因此，船舶价格包括基本价格和价格调整。

基本价格是合同双方在谈判过程中基于船舶规格书和厂商表等内容确定的合同价格，这个价格可作为其他变动项目的加减基础。而在船舶竣工交付前，由于合同双方原因或相关法规的变更等导致的船舶建造成本变化而引起船舶价格调整，称为价格调整。比如订造方提出增加一种设备，或是更换设备类型引起船舶价格变动，可在基本价格的基础上进行调整。

在支付条件的条款中，由于双方国家的货币制度、金融管理、外汇管制、结汇方式不同，为安全支付起见，应有银行介入。付款途径和方法、支付工具、货币名称等，必须在支付条款中明文规定。另外，船舶建造工程涉及的周期长、金额大，除买方支付卖方预付金、进度款和交货付清货款外，一般还会约定卖方支付质量保证金。质量保证金的保证期限通常为船舶交付后的一年，金额不超过合同总价的5%，可使用银行保函担保或船价留置的方式支付。

5. 图纸的认可和监造

（1）图纸的认可。实务中，订造方和建造方都可以自己或委托设计公司进行船舶设计，目前在国际造船市场中，由建造方提供设计的情况比较常见。设计图纸将由船级社、船舶登记国有关机关及有关港口或运河国家机关等审查，当然，如果是由建造方提供的图纸，还需要订造方审查。船级社根据船级社入级规范、有关机关及公约的要求规定部分图纸需要经过船级社的认可，否则不能用于船舶施工。船厂和订造方通常会尊重船级社给出的审批和修改意见。近年来，由于船厂、设计公司和船级社审图人员之间关于入级规范、有关公约的理解不一致而产生的纠纷越来越多，因此船级社在审批过程中同样会适当听取图纸设计方的意见。在订造方对图纸进行审查的过程中，部分订造方会委托专门监造公司来审查相关图纸。造船合同一般会约定订造方审查图纸的时间，逾期未回复意见的，可默认订造方认可；若不认可，订造方需要提供充分的理由。

（2）监造。在船舶建造过程中，已有一套比较完整的法定或合同约定的监造制度。对于船舶建造、重要材料的质量和重要设备的制造，需要船级社、订造方、有关机关及船厂质检人员检查。

船级社委派的监造人员通常被称为验船师。船舶建造过程中，验船师会到造船厂现场监督船舶建造。按照船级社的工作原则，现场验船师不能否定船级社审图人员对于图纸的认可。验船师根据经船级社批准的图纸监督船厂建造，对于图纸未表达清楚或没有表达的部分，可以根据船级社规范提出意见。实务中，有时验船师会根据自己的经验提出与已认可图纸的不同意见，要求对已建造部分进行修改，此时船厂不应该完全置之不理，而应与船级社根据其工作原则进行交涉。

在船舶建造过程中，订造方也会派出代表到船厂现场进行监造。比如订造方派一名代表去参与批准、修改船图、视察所有试验与检查等，订造方代表按照经订造方审批的图纸监造，对于图纸中未表达清楚或未明确的内容提出要求。为了防止订造方代表反复提出各种要求，从而导致船厂返工或处于被动，船厂应该要求订造方代表以书面形式提出要求，并且做好文件的保存工作。船舶建造的每一部分、阶段都要求订造方代表签字进行确认。有一些标准造船合同会约定：在监造期间订造方代表签字并不代表完全接受船舶，只有试航后接船才作为最终的验收。

订造方代表与船厂之间可能会关于船舶建造质量、技术指标及精度等方面产生争议，解决争议一般有三个途径：协商、仲裁及诉讼。双方在产生争议时首先应友好协商。有些标准合同约定，若协商不能达成一致，双方应将争议提交船级社仲裁，因为几乎所有有关船舶的质量、技术问题都需要得到船级社的认可。有些造船合同也会约

定，协商不一致，有关方可向法院提起诉讼，但此种方式往往耗时会长于仲裁，所以采用仲裁解决争议的情况比较常见。

6. 修改或变更

船舶建造是一个较长期的过程，涉及经订造方与建造方协商的船舶图纸与规范，以及许多与新船建造相关的法律法规。这些因素的变化，会导致船舶建造中的修改或变更。例如，订造方希望更换某一设备的型号，或增加某一新的装置；船厂在采购某一约定原材料时发生困难，希望用其他材料代替；有关机关发布新的船舶规则或新的强制性国际公约生效等。上述导致船舶建造发生改变的因素，大体可分为两类：应一方当事人的要求导致的变更、法规修改或新法规生效导致的变更。

根据合同自愿原则，合同双方协商一致可以修改合同。因此，一方当事人提出修改合同，需要得到合同另一方的同意。根据英国法律，提出合同修改的一方需要支付对价，即不允许合同一方提出修改，而另一方得不到任何好处，合同双方都应该从合同修改中获益。所以，实务中无论合同另一方是否得到了好处，都会在合同修改方案中表明获益，这样才能使修改有效。

船舶建造需要遵守船级社规范和主管机关的法规，这是船舶质量的默示担保，若是因为这些规范及法规的变化导致船舶返工，可在造船合同中约定由订造方给予建造方一定的补偿。

7. 试航

船舶试航是交船前非常重要的环节，验船师、订造方代表及船厂负责人员都会参与试航，试航中主要涉及的是技术问题。试航主要是码头系泊试验和海上航行试验，码头系泊试验是使船舶处于系泊状态进行，主要是测试船舶的各设备和各系统的工作状况。航行试验是在合同约定的水域进行船舶性能的测试，如航速、油耗、回转半径、噪声及相关设备在海上的工作性能等。

船舶检验、试航、验收和质量保证的合同条款应包括：规定的检验项目、试航和验收大纲、倾斜试验、系泊试验、建造阶段证书、完工证书、交接船证书等，这些内容经双方议定后，可作为合同附录放在合同正文后面，作为合同不可分割的部分。

一般船厂在试航前都会自己试验几遍，但在试航中还是会发现一些问题，比如设备缺陷，订造方会向船厂提交一份缺陷清单，并与船厂讨论关于这些缺陷的技术问题，船厂按照双方协议进行缺陷修改。

8. 交船

根据1979年英国的《货物销售法》，关于交接的定义是"delivery means voluntary transfer of possession from one person to another"。交船可被理解为建造方提交船舶，订造方接收船舶的过程。实际的交接船舶包含两个步骤，第一是造船厂将有关的船舶交付给订造人/船东，第二是订造人/船东接收船舶，特别是通过派船长与船员上船接收，以实质拥有和控制船舶。在船舶的交接过程中，除了船舶实质交接外，还需要交接相关的文件，或称法律交接。与二手船买卖不同，新造船的法律交接及实质交接经常会在同一地点，比如船厂。

在造船合同中，一般会约定交船日期。由于船舶建造周期长，变化因素多，能够准时交船的概率很小，因此造船合同中也会给予船厂一定的宽限期。比如在不可抗力条款中，约定由于某些船厂无法控制的情况造成交船延误，船厂在给予订造方通知后可以延长交船时间。关于交船时间的约定有以下方面：约定交船日期、允许延误期、需赔偿的延误期、弃船时间等。比如合同约定某具体日期为交船日，但由于一些船厂无法控制的因素，例如水灾、地震，导致交船延误，这些延误是被允许的，属于允许延误期。但是，有时是由于船厂过失或疏忽导致交船延误，这些延误被记为不允许延误期，船厂需按照合同约定来赔偿订造人的损失。法律规定允许延误的原因可分为四个方面：不可抗力造成、订造方原因造成、船级社或有关机关引起及技术争议或仲裁所导致。

根据 SAJ 标准造船合同约定，交船文件包括：①试航备忘录（protocol of trials）；②船上机器，设备及零件备忘录（protocol of inventory of equipment）；③船上消耗性物料备忘录（protocol of stores of consumable nature）；④所有船舶证书（all certificates）；⑤船厂声明船舶无负担，无海事优先权，无债务保证（declaration of warranty of the builder that the vessel is free and clear of any liens, charges, claims, mortgages, or other encumbrances upon the buyer's title）；⑥图纸与计划（drawings and plans）；⑦发票（commercial invoice）。除上述文件外，双方还需签署一份非常重要的"交接备忘录"（protocol of delivery and acceptance），一般认为此份文件记录的交接时间即船舶风险与所有权从船厂转移给船东的时刻。

9. 权利、风险的转移

在建船舶的产权问题不仅对建造方、订造方意义重大，而且贷款银行也非常关注这个问题，尤其是船厂无能力继续完成船舶建造时。很多情况下，在建船舶的有关风险和所有权是联系在一起的，比如根据 SAJ 标准格式合同的约定，船舶所有权与风险只在交接完毕才转移给订造方/买方，而在此之前所有权与风险在船厂。具体船舶产权转移的方式取决于合同约定，若合同无约定就依据合同适用法律的规定。在造船合同中关于船舶所有权转移的约定有以下两种情况：

（1）合同以明示条文规定船舶所有权与风险的转移。在 SAJ、NEWBUILDCON、AWES 等标准造船合同格式中，均有条款约定船舶所有权的转移。如 NEWBUILDCON 约定船舶所有权与风险在交接备忘录签署的时候从船厂转移至船东/订造方。但这样的约定也会有一些问题，比如订造方预付了部分船价，但却没有在建船舶所有权，若在交船前船厂倒闭，订造方就只会变成一个普通债权人。因此，订造方可以要求船厂提供还款担保，以保证在船厂违约导致合同解除时，订造方能从担保银行取回已支付的价款。若船厂无法提供还款担保，则合同也可约定船舶交接前，在建船舶及相关物料的所有权转移给订造方，这属于一种连续性所有权转移，但这种所有权转移方式并非所有国家的法律都认可。

（2）合同未明文约定船舶所有权与风险的转移。有些比较粗糙的造船合同可能会缺少船舶所有权及风险转移的条款，尤其是在合同双方都不太懂新造船业务的情况下，此时就需要了解法律的默示地位，其中重要的依据就是 1979 年英国的《货物销售法》。根据其中相关条文的规定，船舶所有权转移的默示地位是：根据造船合约，船舶已经处于一种可以交船的状态（deliverable state），换言之船东作为买方根据合约必须接收船舶，有关的船舶已经被无条件拨归（unconditional appropriation）。Williston 在 *Sales* 一书中对"拨归"的解释为："appropriation is to be understood as an overt act manifesting an intent to identify specific goods as those to which the bargain of the parties shall apply."

拨归应理解为一种公开行为，表明有意将特定的货物确定为适用双方协议的货物。

船舶属于将来的货物，也就是订约时看不见的货物，在造船合同没有明文约定时，船舶所有权的转移需要满足两点，一是船舶处于可交船的状态，二是船厂无条件并且不可更改地将该船舶拨归订造方，否则船舶所有权就不会转移。船厂可通过"拨归通知"（notice of appropriation）明确建造好的某艘船舶归于某份造船合同下，从而将船舶所有权转移给订造方。

10. 质量保证

船厂对所建船舶的质量保证分为交船时与交船后的质量保证。在交船时，主要是通过试航来检验船舶质量是否达到合同要求。如前所述，如船舶质量未达到合同要求，订造方/买方会提出缺陷清单，与船厂交涉后，由船厂进行弥补。

而在造船合同中，还会约定在某一营运期间内，船厂要对所建船舶进行保修。比如质保期约定为一年，要求船厂派遣工程师随船保修一年。除合同中的质量保证条款外，船厂常被要求出具质量保证书。在这些质保条件中，要注意明确船舶缺陷或故障形成的认证条件，以及若船舶不能返回至建造厂修复而需另行安排修船地点时，因此发生的费用是由建造方还是订造方支付等问题。比如有些合同约定：缺陷、损坏、故障发生后，以书面及照片形式并附公证文件通知建造方，建造方代表应在规定时间内到达船舶所在地点；或经建造方确认无误后，若不可能由建造方指定工厂进行补救或修复，应向建造方报出被安排工厂的报价并取得建造方的认可。

11. 保险

建造方为避免造船过程中可能发生的风险，应对承建船舶进行保险投保。在投保时，应按所投保险公司的规定，确定保险类别，如建造保险、材料、设备保险或一切险，并应注意投保名义、赔偿受益人及投保金额，投保金额按某些保险公司的约定可为投保物价值的100%～160%，同时还应明确投保费用的支付方。上述这些内容都需要明确地列入保险条款中。

12. 争议与仲裁

在履约期间，合同双方若发生争议或分歧而不能经协商取得一致时，可将争议提交仲裁。仲裁是目前在国际航运业务、船舶买卖业务中使用得非常多的一种争议解决机制。如一方提出仲裁要求，另一方表示接受，双方需要分别指定法律代理人。双方的法律代理人可分别指定仲裁员，并通知对方。经双方指定的仲裁员可协商推举第三仲裁员为首席仲裁员，经双方确认后，则由三人组成临时仲裁庭，安排并展开仲裁程序。仲裁的裁决将是终局的。

在仲裁条款中，除上述程序应写入条款外，还应明确适用的法律、仲裁规则及仲裁地点。适用的法律、仲裁规则及仲裁地点以建造方所在国的法律、法规为宜；若订造方不接受，则可为订造方的所在国及其法律和规则；若还不能达成一致，则选择第三国的法律和规则。

13. 后续选择权

在造船合同中，经常会出现"option clause"，约定订造方拥有约期续订选择权，其一般解释是：订造方在该条款或协议规定的期限内，可使用原造船合同加上该条款或协议所规定的条件，向建造方续订规定数量的、同样规格的船舶，同时订造方也可选择放弃这项权利。签订后续选择权条款对建造方来说是一项有风险的和带来束缚性的义务条款，而对订造方来说，则是一项完全主动的、有利的条款。

根据后续选择权条款的约定，订造方行使续订权时，船厂必须接受，且不能要求重新谈判各条款。若航运市场对订造方续订船舶有利，或造船市场中船价看涨，订造方便会行使续订权，进而续订到物美价廉的所需船舶。尽管如此，有时后续选择权条款会是合同成交的不可缺少的条款，建造方不能一味排斥，而应正确处理并合理利用这些后续选择权条款。在拟定后续选择权条款时，相对被动的建造方可注意以下一些控制风险的事项：①规定选择权的有效期尽可能短，以避免因时间过长和通货膨胀造成的造船成本上涨而带来的经济损失。限制订造方选择权的续订数量，以尽量减少价格风险。②规定订造方续订船舶价格上浮的百分比，根据选择权的有效期、续订艘数和船舶市场的价格趋势及材料设备的上涨趋势来判断价格上浮的百分比数。③在订造方要求选择权时，建造方在向原材料和设备厂订货时，也可提出相应的选择权条款，以抵偿订造方的选择权给船厂带来的风险。

第五章　二手船买卖

学习目标：
- ●了解二手船的概念、特征、交易方式
- ●理解二手船价值评估的影响因素
- ●掌握二手船买卖的交易流程、交接文件

第一节　二手船市场

一、二手船市场含义

在国际航运市场，随着营运船舶的船龄逐年老化，船舶设施设备的技术状况劣化，故障率升高，维护成本增加，营运经济效益下降，现有船型的市场适应性达不到预期，有的船东可能会考虑出售现有船舶，再购进技术性能更好、经济性更好的船舶以更新优化船队。而购进新造船，通常交付周期较长，购买成本较高，对于资金有限，船舶需即时投入市场运营的船东来说，会更倾向于购进二手船，即产生了所谓的二手船买卖。

二手船（second-hand vessel）是指经过一段时间的营运使用后，由原船东将其转手出售给新船东，由新船东继续投入营运使用的旧船。

二、二手船市场特征

船东出售船舶的原因众多，例如现营运的船舶技术状况不良；有更好的投资去向，急需资金周转；经营不善，退出船舶营运市场等；有些船东接手新船后，对未来的航运市场长期看跌，也可能趁市场还不错的时机将船舶转手出售，这些船从船况来看几乎还是新船，但通过原船东出售，也属于二手船买卖业务。船舶经营人或船东也可能因为看涨未来航运市场，有把握在货运市场盈利；现行市场船价便宜，预期未来会升值；因业务需要，有充足资金等产生二手船购买需求。众多的二手船购买需求、出售供给，买卖交易形成了二手船市场。该市场具有如下特征：

1. 买卖双方都是船东

二手船买卖的双方通常都是船东，即船舶供应方是出售船舶的船东，船舶需求方是购买船舶的船东。假设购买船舶的是拆船厂用于拆解而非重新投入运营，则属于废船买卖，不属于二手船买卖业务。从船厂订造船舶，属于新造船业务，不属于二手船买卖业务。

2. 二手船价格即时变化

二手船市场是即期市场，价格随着市场供给与需求的变化即时变动，对市场变化反应快，短期内二手船价格可能出现剧烈波动。供小于求时价格上涨，供大于求时价格下跌。

3. 资金投入少

二手船的价格通常低于新造船的价格，船东的资金投入更少。对于资金有限、规模不大的航运企业，二手船更有吸引力，不仅资金时间价值损失更小，运营风险更低，还可以适当避免市场恶化、延迟交船、汇率变化等带来的风险。

4. 能够迅速适应市场

航运市场瞬息万变，盈利时机稍纵即逝。新造船从船舶设计到建造完工投入运营通常至少需要两年的时间，等新造船舶投入运营，可能已经错过最好的市场盈利时机。而二手船相较新造船，购买投入运营的周期短，可即期交付使用。即买即用，灵活适应市场变化，有利于船舶经营人更准确地把握市场时机，及时进入市场运营，进而获利。

5. 船舶性能易于掌握

几乎所有的机械设备在新投入使用后，都有磨合的过程。新造船有大量的机械设施设备，投入运营之初，船舶的机械状态还未稳定，潜在的问题和缺陷逐渐暴露，可能需要进厂维修才能解决，船东及船员也需要通过磨合熟悉船舶性能，出厂后通常要经过 $1 \sim 2$ 年的磨合期才逐渐顺畅。而二手船通常已经实际运营了多年，船东和船员对船舶的机电设施设备已有较好的了解和掌握，在船舶各方面的管理上也有成熟的经验。对买家而言，更易于掌握新购入二手船舶的各项性能及管理。

三、二手船交易方式

二手船的主要交易方式有上市交易、不上市交易、拍卖出售、招标出售。

1. 上市交易

上市交易是指船东将计划出售的船舶在全球船舶市场公开放盘出售。该交易方式是二手船买卖交易最主要的方式。

按照国际船舶市场的惯例，船东通常会指定一个或多个买卖经纪人，并提供给他们详细的船舶资料。资料通常包括船舶名称、船旗国、注册登记港、船级社、船舶建造厂商、建造年份、船舶类型、注册吨位、载重吨、吃水、速度、油耗、机械、甲板布置、舱容以及船级检验状态等。获得这些细节后，船舶买卖经纪将拟出售的有限船舶信息及资料向全球经纪人和潜在买家发送，发出报价邀请。船舶公开出售的信息会在全球市场迅速传播，快速吸引潜在买家的关注。有兴趣的买家或买方经纪人通过与发出信息的船舶买卖经纪人联络，沟通获取更详尽的船舶资料以判断是否符合自身的购买需求。综合评判后有购买意向的买家正式发出报价，船舶买卖经纪人作为中间人，跟踪交易价格和交易条款的多轮磋商谈判，促成双方交易，尽量缩小买卖双方对二手船交易在价格等方面的分歧，以促成二手船的成交。若买卖双方最终达成一致，则可正式签订船舶买卖合同。

2. 不上市交易

不上市交易是指计划出售的船舶不在全球船舶市场公开放盘出售，而是委托独家经纪人与一家或数家可能成交的潜在买家私下放盘洽谈。在这种交易方式中，船东因为某些原因，不希望船舶出售信息广为人知。成交的船名、交易价格或交易条件等予以保密。在公开发行的二手船买卖市场成交报告中，对私下交易船舶的关键信息，通常不会披露，如表5-1所示。

表5-1　二手集装箱船成交信息

Vessel name	Built	Capacity Teu	Shipyard	Price Mio. USD	Buyers
CARLS-LIV	1999	1730	Poland	undisc	undisclosed
SENTOSA TRADER	2002	1078	Singpore	undisc	Far Eastern buyers
VALENCIA ELIZABETH D	2006	1118	Jingling Shipyard	undisc	GMS Global Marketing USA
NYK MARIA	2009	2664	STX. Korea	15	Cosmoship
NORTHERN DEDICATION	2007	3534	Shanghai Shipyard	17	GFS
Guangzhou Trader	2016	1702	Wenchong	20	Undisclosed
TVL Aeon	2023	1930	Wenchong	undisc	RCL
JIANGSU YANGZI XINFU 2015—2080	2023	1800	Yangzijiang	28	Norse Shipping

数据来源：海丰经纪/Sale&Purchase/Apr 2023。

3. 拍卖出售

船舶拍卖出售包括司法性质拍卖和商业性质拍卖。传统的船舶拍卖通常是指司法类拍卖。船舶司法拍卖，是指法院根据当事人的申请、接受委托或依职权，拍卖船舶以取得拍卖价款的强制措施。船舶商业拍卖是指拍卖行、拍卖公司、船舶交易市场或拍卖平台根据委托，以公开竞价的形式，将船舶转让给最高应价者的买卖方式。船舶的司法拍卖与商业拍卖在法律性质、拍卖主体与目的、拍卖程序、法律效力等方面均存在重大差别。

知识链接5-1

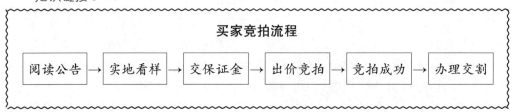

买家竞拍流程

阅读公告 → 实地看样 → 交保证金 → 出价竞拍 → 竞拍成功 → 办理交割

以往采取拍卖出售的船舶往往是船公司破产倒闭清盘，由债权人、债券银行或股东组成的清盘委员会将船舶实行公开拍卖，或者是有商务纠纷、海事纠纷，经商务或海事仲裁机构仲裁无效，提交法律审判，由法庭将船舶予以公开拍卖。如今，互联网的发展给传统的船舶买卖行业带来新的发展机会和商业模式，一批船舶在线拍卖平台诞生并快速发展。破产企业船舶、司法拍卖船舶和商业拍卖船舶均可在线上平台挂卖竞拍。线上拍卖平台作为新兴的船舶交易方式之一，为船舶交易提供了更为便捷、经济、高效的途径，买卖双方都可以突破地域限制，尽可能充分地挖掘市场需求及供给，有效地提高了船舶交易成交率和溢价率。

知识链接5-2

船舶拍卖属于市场中介的一种形式，从无到有，从小到大，近年来在中国市场得到了快速的增长，已经引起了国内外航运界的关注。

据不完全统计，截至2022年12月31日，全国通过公开拍卖船舶有1080艘次，成交408艘次，同比分别增长20.4%和减少12.1%，总起拍价约为116.3亿元，总成交价约为51.1亿元，同比分别增长51.2%和3.9%。

司法拍卖方面，2022年全年司法拍卖船舶520多艘次，成交209多艘次，成交率约40.2%，成交金额约9.3亿元，同比下降26.2%。司法拍卖船舶拍卖艘次较上年仍有增长，但成交艘次和成交额均出现了回落，大型船舶拍卖量较上年减少，万吨以上干散货船仅成交3艘次，而2021年则有8艘次。商业拍卖方面，2022年全年商业拍卖达560多艘次，拍卖成交199艘，成交率约35.5%，成交金额约41.7亿元，拍卖业务总量同比继续上升，成交金额同比增长约13.9%。拍卖类型占比方面，2022年商业拍卖成交船舶艘次占比约48.8%，同比增长2.5个百分点，成交额占比约81.6%，同比增长7.2个百分点。

国内比较知名的船舶拍卖平台有浙江船舶交易市场、广州航运交易所、阿里资产、京东拍卖等。

●浙江船舶交易市场

浙江船舶交易市场成立于1998年6月，隶属于浙江省海港集团，是一家专业为国内外航运企业和船东提供船舶交易及配套服务平台的国有企业，是交通运输部第一批公示的船舶交易机构，以"船舶交易+数据服务+金融服务"为核心战略，发展至今，已具备船舶产权交易、船舶买卖、船舶拍卖、国有产权转让、租船经纪、船舶评估、技术咨询、船舶勘验、船舶进出口代理、航运信息和船价指数等服务能力。2014年8月属于该公司的"拍船网"正式上线运营，是全球首个船舶在线交易平台。截至2022年12月底，"拍船网"已竞拍各类船舶航运资产700多艘次，成交额超74亿元。船舶进出口项目涉及印度尼西亚、巴拿马、新加坡、利比亚、泰国、越南、英属维尔京群岛等多个国家和地区。2022年9月19日，全球最大的国际航运组织波罗的海国际航运公会（The Baltic and International Maritime Council，BIMCO）与浙江船舶交易市场"拍船网"举行线上视频会议，讨论制定"船舶竞拍业务规范标准"。

●广州航运交易所

广州航运交易所于 2011 年 9 月 8 日挂牌成立，是经广州市人民政府批准的事业法人单位，为广州市港务局直属单位，是华南地区首家、国内第三家航运交易所，在广东省、广西壮族自治区、福建省有多家服务网点。作为提供航运交易、航运公共信息服务和行业经济运行检测等政府转移智能和公共服务的专门机构，广州航运交易所一直致力于建设航运交易中心、航运大数据中心、港航咨询中心和经济运行检测中心，打造"交易、服务、信息"三大重要公共平台。据其网站公布成交项目统计，截至 2022 年 12 月底成交总额约为 12.1 亿元。

●阿里、京东等司法类拍卖平台

阿里资产、京东等拍卖平台主要处置全国各地民事法院、海事法院等司法纠纷相关航运资产。

4. 招标出售

一般采取招标出售的船舶为某国家政府、军队和国营机构所有，世界著名的石油集团或石油公司通常也采取这种方式出售旧油船。由招标人向外界公开招标，或在一定范围内向事先研究选定的买家发出招标邀请书，意向买家向招标人申请并经认可投标资格后获得标书。招标人按招标书规定的投标要求和交易条件，在截标日期前交到投标人手上，密封的标书在公证人监督下在规定的时间开标，由标价最高的投标人中标。

四、市场调查

市场调查是船舶买卖前的一个重要环节。无论是买入还是卖出，船东都应对船舶买卖市场情况进行调查研究，并根据市场情况确定购入船价或卖出船价以及其他交易条件。在实践中，船舶买卖经纪人都会向市场上的主要船东不断提供船舶买卖市场的信息。这些信息包括每天市场上可供船舶（ship for sale）和询购船舶（ship required）的船舶规范和大致价格以及每天在市场上成交船舶的船名、成交价格、买方名称和主要交易条件。除每天的市场信息外，船舶买卖经纪人还会向船东提供每周、每月、每半年和每年的船舶买卖市场报告。如果船东有要求，船舶买卖经纪人还能提供特定船舶种类或在特定期间的买卖市场情况。这些信息再加上船东自己在经营管理中掌握和积累的其他信息就成为分析研究船舶买卖市场的依据。

知识链接 5 - 3

Lion Weekly Report 23 May 2014 W21

BULKERS

M/V "BULK LIBERTY" - 46747 dwt, blt 1998 Sanoyas/Japan, NK, 5 HO/5 HA, Sulzer, 6RTA48T, Cr 4X30T, Sold to Greek buyers for $ 12.8 mill

M/V "BULK PROVIDENCE" – 30193 dwt, blt 2007 Hindustan/India, BV, 5 HO/ 5 HA, MAN – B + W 6S42MC, Cr 4X30T, Sold to Greek buyers for $15.6 mill

M/V "GLORIOUS SPLENDOUR" – 28141 dwt, blt 2014 Imabari/Japan, NK, 5 HO/5, HA, MAN – B + W 6S42MC, Cr 4X30.5T, Sold to Greek buyers for $22 mill

M/V "ARKTIS" – 27348 dwt, blt 1996 Hudong/S. Korea, GL, 5 HO/5 HA, B + W 5L50MC, Cr 4X30T, Sold to undisclosed buyers for $7.5 mill

TANKERS

M/T "CAPE BALDER" 159998 dwt, blt 2000 Hyundai/S. Korea, GL, 12 Tanks, cap 167532 cbm, MAN-B + W 6S70MC-C, Sold to undisclosed buyers for $18.5 mill

M/T "EASTERN FORCE" 48056 dwt, blt 2009 Iwagi/Japan, AB, 16 Tanks, cap 51585 cbm, MAN-B + W 6S50MC-C, Sold to U. A. E buyers (Clients of UACC) for $24 mill

M/T "PYXIS DELTA" 46616 dwt, blt 2006 Hyundai/S. Korea, NV, 12 Tanks, cap 51909 cbm, MAN-B + W 6S50MC-C, Sold to undisclosed buyers for $25.5 mill

M/T "TIKHORETSK" 40791 dwt, blt 1996 Uljanik/Croatia, LR, 10 Tanks, cap 49168 cbm, B + W 6S50MC, StSt, Epoxy Coated, IMO III, Sold to Greek buyers for $8 mill

相对而言，买方需要了解和掌握的情况往往要比卖方多。就特定船舶买卖交易而言，买方在购买船舶前应当了解的一个重要的情况是船舶规范，买方可以查阅船级社出版有关特定船舶的船舶规范。买方应特别注意的内容包括：船舶吃水、载重吨、甲板数、起重设备状况、建造年份和建造船厂、主机类型及制造厂、航速及主机功率、航行耗油和港内耗油以及货舱容积、舱口尺寸等。除船舶规范外，另一个重要情况是船舶的船级检验情况（survey status），但船级检验情况只有征得船舶所有人的同意方能查阅。

知识链接 5 – 4

船舶规范 SHIP'S PARTICULAR

船名 NAME：

船型 TYPE：

IMO 号 IMO NO：

船旗 FALG：

船级 CLASS：

建造地 PLACE OF BUILD：

建造年份 YEAR OF BUILD：

```
总长/宽/型深 LOA/BREADTH/DEPTH：
载重吨 DEAD WEIGHT：
夏季吃水 SUMMER DRAFT：
总吨 GROSS TONNAGE：
净吨 NET TONNAGE：
主机 MAIN ENGINE：
副机 AUX ENGINE：
海上日油耗 CONSUMPTION AT SEA/DAY：
港内油耗 CONSUMPTION AT PORT/DAY：
船速 SHIP SPEED：
甲板数 NUMBER OF DECK：
货舱容积 CARGO HOLD CAPACITY：
舱口尺寸 HATCH SIZE：
起重设备 CARGO GEAR：
```

第二节　二手船市场价值评估

无论在买入或卖出船舶前，船东都要对所买卖船舶的价值进行评估，以便确定一个开始交易磋商的基础价格。

评估的船舶通常能即时交付，无租船合同约束、无船舶优先权/留置、无抵押和其他债务负担。假设待出售的二手船舶受某一长期租船合同约束，该租船合同禁止船舶在整个租约期间变更所有权。船舶合同签订后不能近期即时交付，还要经过相当长时间才能交付，则船舶的购买价格不仅只受船舶本身价值影响，还要考虑船舶的租约，包括租金金额、租期的剩余时间和承租人的状况。在相当长的等待交付时间内，即便船舶正常运营，船舶状况也可能发生恶化。评估的准确程度受船舶买卖合同签订之时和船舶交付之时的时间跨度影响。当下的船舶本身价值评估不足以作为远期才能交付的船舶购买价格的报价参考。

一、二手船价值评估影响因素

船舶价格始终是买卖交易的最重要条件，双方在船价上取得一致后，其他条件的洽谈就比较容易达成一致。然而，要为特定船舶确定价格并非易事，二手船的船价会受不同因素的影响而发生变化，因此在对船舶进行评估时应分析考虑各种可能影响船价的因素，这些因素可以大致归纳为两个方面，即市场方面的因素和船舶本身的因素。市场方面的因素是指该特定类型的船舶在市场上的供求情况。船舶本身的因素包括船舶状况、船龄、建造船厂等。具体包括：

1. 航运市场的供需情况

航运市场的运输需求及运力供给的平衡关系是影响二手船舶价格的主要因素之一。购进船舶的买家最终要将船舶投入航运市场运营以赚取运费或租金。船舶航运市场的运输供需关系决定着船舶的运价和租金水平，运费和租金是买家最主要的运营收入之一。购进船舶的资金成本是船舶运营的最主要成本之一。收入大于成本才有盈利。二手船舶在未来航运市场的预期收入将直接影响意向买家愿意为该船支付的购买价格。当航运市场中船舶运力供给大于货运需求时，船舶运价或租金下降，预期收入下降，则船舶买卖市场中，意向买家对二手船的意愿购买价格也将下降。当航运市场中船舶运力供给小于货运需求时，船舶运价或租金上涨，预期收入上涨，则船舶买卖市场中意向买家对二手船的意愿购买价格也将上涨。即运费市场上扬，对船舶需求增大，二手船船价也会随之上升。相反，在运费市场因世界经济不景气而显得疲软时，二手船船价也会跟着看跌。但是，由于航运市场是按特定周期循环发展的，因此确定船价时还应考虑未来市场的发展情况，如果未来市场看好，则船价会偏高，反之则偏低。

2. 船舶性能和主要设备状况

二手船原始的或经过改装后的船舶性能和主要设备状况，大致决定了船舶本身的适用性、可靠性、经济性和营运竞争力。

例如，船舶是否有特殊性能或运营特征，影响船舶的潜在盈利；船舶的主机配置、油耗、船速；货舱尺寸、数量、舱容；是否有船吊、船吊的数量及最大起重重量等基本性能；这些船舶性能和主要设备状况是决定二手船重新投入运营后经济效益的基础。潜在的意向买家通常会委托验船人员登轮勘验，以掌握更多的船舶设施设备的维护保养信息来评估船舶价值。在经过技术上的分析和经济上的比较后，买家以合理成交价格购进一艘适用性广、可靠性高且主要技术经济指标又相对先进的二手船，也就为该船投入运营后能够在激烈的市场竞争中获得较好的经济效益打下了必要的基础。

3. 二手船的船龄

二手船使用年限的长短会影响船舶融资，且直接决定了该船投入运营后的保险费、维修保养费、燃料费、在航保证率等，这些将影响二手船舶的后期运营成本。

银行或其他金融机构可能会拒绝考虑给超过一定年龄的船舶提供融资，无论它的实质状况可能有多好。船舶的保险费率通常随着船龄的增长而逐渐增加。船龄长的船舶，计划内和计划外的修理次数会相对增多，每次维修的内容、费用和船舶日常维护保养的费用会增加。且随着船龄的增长，船舶主机、辅机及配套设备老化更严重，航速降低，运营中的柴油、润滑油的消耗量增多，从而增加船舶的运营成本。船舶老化陈旧，事故率增加，维修频次增加从而降低了船舶的可靠性及在航率，影响船舶的有效利用。

4. 船舶特检证书的有效期限

为符合国际海事组织的各项法规和有关国家、机关的规定和标准，运营中的船舶每隔四五年就必须进行一次全面检修，以取得入级船级社验发的专门检验证书。

二手船的船舶特检证书是否过期或剩余有效期的长短决定了买家是否要先花一大笔费用对该船进行全面检修并通过特检发证后才能重新投入运营。如果船舶下一次特检日期临近，船舶技术状态已逐步恶化，买家购进后可预见将要支出一大笔检修和特检费用，则意向买家对船舶的意愿购买价格会降低。如果船舶刚经过一轮全面检修和特检，全船处于良好的技术状态，可以保障正常运营较长一段时间，可预见短期内不会有较大全面检修和特检的费用支出，船舶往往能售出更好的价格。

5. 船舶的运营管理水平

船东或船舶管理公司对运营船舶的管理会直接影响二手船舶的技术状态和实际使用价值。

船东或船舶管理公司的声誉好，管理水平高，船员训练有素，在某种程度上，买家会认为船舶得到了很好的保养维护。维护精良，技术状态和船况更好的船舶，在二手市场的售价往往比同类型同龄船舶售价更高。相反，船东或船舶管理公司的声誉较差，或挂方便旗又经过多次转手的二手船舶，大多技术状态和船况较差，在船舶市场上的售价相对较低。

6. 船舶的运营环境

船舶的运营环境也是直接影响二手船价值的因素之一。假设其他条件基本相同，将以下两艘船舶进行比较：一艘船舶常年航行在热带、副热带航线，进出港口和装卸作业频繁，长期装运腐蚀性货物；另一艘船主要航行于寒带、温带航线，进出港口和装卸作业次数相对较少，一般装运普通货物。两相对比，结论当然是后一艘船的技术状态相对会比前一艘船舶要好，因此后者的二手船售价相对较高。船舶的长期运营环境会对船舶的技术状态和船况产生一定的影响，从而影响船舶价值。

7. 近期市场成交价格

对船舶价值进行评估的船舶买卖经纪人，会通过各种渠道在船舶买卖市场获取类似船舶的成交价格。例如，搜索公开统计的二手船买卖市场报告，查看近期在二手船市场上是否有类似船舶已经出售，类似船舶的过往成交价格会作为船舶买卖时船舶价值评估的参考。利用市场上相似船舶的价格作为基础，然后根据特定船舶的实际状况、船龄、建造船厂、经营情况等因素再对基础价格进行调整。

二、金融评估

船舶买卖经纪人，可能在很多场合下被邀请评估船舶价值，不仅只涉及船舶买卖，船舶融资也常有这样的需求。

船舶行业是高资本聚集行业，购置船舶的资金成本高，买家通常需要融资。购置二手船舶的传统融资方式是抵押担保贷款。许多银行和其他金融机构都提供专门针对船舶行业的融资服务。

船舶融资贷款协议通常规定：由贷款人认可的独立船舶买卖经纪人对需要融资的船舶进行常规估价，并由借款人承担估值费用。这种估值的目的是要确定未偿还的贷款是否超过了船舶市场价值的某一特定的百分比。估价时，贷款人会坚持其权力要求对船舶进行全面的实质检查，以检查借款人对船舶的维护保养是否达到其可接受的条件要求。

三、二手船价格估算方法

1. 按船龄估算二手船的价格

当船舶市场处于正常情况下，通常可以根据二手船的船龄和价格的变化规律，从其船龄和原船价格直接估算出二手船的基本价格。在表 5 - 2 中列出了不同船龄分组的油船和干散货船的二手船价格和原船价的比例关系。根据二手船的船龄从表中粗略估算出其基本价格后，参考同期国际船舶市场成交二手船的价格，对该估算价格进行修正，就可以得到比较符合市场实际情况的参考价格。

表 5 - 2　不同船龄的二手船价格比例

油船		干散货船	
船龄（年）	船价比例	船龄（年）	干散货船
5～8	45%～55%	5～8	50%～60%
8～10	35%～45%	8～10	40%～50%
10～15	25%～35%	10～15	30%～40%
15～20	15%～25%	15～20	20%～30%
20 以上	15% 以下	20～25	10%～20%
/	/	25 以上	10% 以下

说明：以新造船价格为 100% 计算。

2. 按每载重吨单价指标估算二手船的价格

在二手船的交易中，一般是以每艘船的美元价格进行报价、洽谈和成交。有时以两艘船以上的二手船做一揽子交易（En Bloc），以一个总价来报价、洽谈和成交。但是在国际船舶市场上，为了衡量二手船价格的市场水平和对成交的二手船价格之间做直接比较，交易双方通常使用二手船平均每载重吨的美元单价指标来衡量同类型船舶的市场价格水平，以及同类船之间的价格比较。

在取得近期国际船舶市场二手船价格水平和动向的基础上，按照船型相同、船龄和载重吨位相近的成交二手船平均每载重吨美元价格指标，可按下列公式估算出已知载重吨的二手船价格，即

$$P_2 = DWT_2 \frac{P_1}{DWT_1} \qquad (5-1)$$

式中：P_1——已知的二手船价格（美元）；P_2——需估算的二手船价格（美元）；

DWT_1——已知船价的二手船载重吨；DWT_2——需估算船价的二手船载重吨。

从估算出的二手船价格，根据近期国际船舶市场二手价格水平变化动向和实船与参考船的差异情况进行修正，就可以得到比较符合实际的二手船估算价格。

第三节　二手船买卖流程

世界上的不同买卖都会有不同做法，简单如去菜市场完成交易和去超市完成交易大不相同。国际上的二手船买卖也不例外，经过长期交易所积累的实践经验，已经形成了一套独特的习惯或普遍做法。

船舶买卖的一个显著特点是，几乎所有买卖交易都通过船舶买卖经纪人进行。船东在决定买入或卖出船舶时会委托一个船舶买卖经纪人，由该经纪人出面和对方进行磋商。在实践中，船东委托经纪人的方式主要有两种：一种是根据自己的需要，临时在市场上寻找一个合适的经纪人；另一种是委托长期为自己服务的一个或几个经纪人，该类经纪人称为"独家经纪人"（exclusive brokers）。在正常情况下，一个买卖交易会有两个经纪人，一个代表买方，另一个代表卖方，但有时却会有三个、四个，甚至更多。在特定的船舶买卖交易中无论有几个经纪人参与，作为交易当事人的买方和卖方一般都只委托一个，其他经纪人均是接受买卖双方经纪人的再委托而参与交易。

一、洽商与谈判

1. 发盘磋商

船舶价值评估后，潜在的买方对意向船舶的报价往往是洽谈的起点，接着是对各条款条件进行谈判。当通过船舶买卖经纪人进行交易时，谈判一般以书面形式进行发盘，对方还盘，来回往复讨论船舶成交的条件。必要时，可以通过电话讨论或者面对面的会议形式进行。在洽商的初级阶段，双方谈判的精力首先集中在双方关注的主要条款和条件，并扼要重述所同意的内容，双方认可同意，然后再处理有关细节。

有效的发盘应反映以下内容：进行发盘的当事人承诺的合同中的基本条款及条件，接受要约的截止时间和接受的方式，受盘是否匹配合同条款，等等。收到要约的一方，可以根据己方能接受的条件更改要约条款进行还盘。多次往来磋商后，一方最终无限制条件地同意要约，则是接受或承诺。

2. 要点重述

当双方在谈判阶段达成一致并同意主要的交易条款时，按照惯例，卖方的经纪人会简要总结在书面往来的邮件中所同意的内容，即"要点重述（recap）"，在卖家确认并同意后，发送给买方经纪人进一步确认。在发给买方经纪人的同时，卖方经纪人应清楚表明并声明要点重述是发给买方供其审阅和评述，而不是接受其内容。同样的分析方法也适用于买方对要点重述的回复。除非买方经纪人得到买方无条件的同意，否则任何回复给卖方经纪人的内容应当仅作为初步意见，而不能看作对要点重述的同意接受。如果经纪人没有遵循这些规则，他们可能会因违反授权保证而成为索赔的目标。参与买卖的经纪人通常被授权去接收发盘报价以及传达他们委托人的回复内容，但他们并没有被授权去确认或缔结买卖合同。

要点重述的内容会因各种情况而不同，但主要的约定条款通常包括：

（1）船舶的名称、曾用名、船籍国、注册登记港口以及船舶呼号。

（2）卖方信息和买方信息。

（3）船舶建造厂和建造年份。

（4）船舶的登记吨位。

（5）船体、机舱、货舱、舱盖、载货性能和货物操作设备等有关信息。

（6）船舶的船级详细资料和最后一次/下一次特别检验的日期。

（7）买卖价格和支付货币，包括佣金及保证金等细节。

（8）船舶检查条款。

（9）交船的地域范围和时间范围，以及解约日。

（10）在交接时，与船舶条件状况有关的任何特殊要求以及除出售以外的其他主要物品及事项。

（11）争议解决的方法和管辖适用的法律。

（12）在另行签订有法律约束力的合同之前，需要达成一致的其他条款或需满足的条件。

如果买卖双方经纪人在洽谈之初已经确定用某一特定的合同标准格式（例如Saleform 2012格式）作为船舶买卖合同的基础。则在准备充分的情况下，要点重述包括以下三部分内容：

（1）在所采用的标准合同格式的基础上达成的协议，该协议能使买卖双方了解适用于船舶买卖并与之相关的一整套标准条款和条件。

（2）在所选择的标准合同格式中，需要填写买卖双方价格、交接日期、法律选择等细节。

（3）在所选择的标准合同格式中，买卖双方对合同条款和条件的修改和增补。

二、船舶查验

船舶查验可在合同签订前执行，也可在合同签订后执行。除非有特殊情况，例如，买方在决定洽购船舶之前，已经以光船租赁的形式在经营此船舶。一般在签订具有法律约束力的买卖合同之前，买方会指派经验丰富的验船人员对船舶进行查验。

如果在合同签订后进行船舶查验，合同中通常会有"以检查满意为准（subject inspection）"的约束条款，即便签了合同，买卖交易也不是彻底和确定的。查验后若不满意，买方可以不接受船舶，并要求退还保证金及利息。

知识链接 5－5

2012 年挪威船舶买卖格式合同节选

4. Inspection

（a）＊ The Buyers have inspected and accepted the Vessel's classification records. The Buyers have also inspected the Vessel at／in（state place）on（state date）and have accepted the Vessel following this inspection and the sale is outright and definite,

subject only to the terms and conditions of this Agreement.

(b) ＊ The Buyers shall have the right to inspect the Vessel's classification records and declare whether same are accepted or not within (stae date/period).

The Sellers shall make the Vessel available for inspection at / in (sate palec/range) within (state date/period).

The Buyers shall undertake the inspection without undue delay to the vessel. Should the Buyers cause undue delay they shall compensate the Sellers for the losses thereby incurred.

The Buyers shall inspect the Vessel without opening up and without cost to the Sellers.

During the inspection, the Vessel's deck and engine log books shall be made available for examination by the Buyer's.

The sale shall become outright and definite, subject only to the terms and conditions of this Agreement, provided the Sellers receive written notice from the Buyers within seventy-two (72) hours after completion of such inspection or after the date/last day of the period stated in Line 59, whichever is earlier.

Should the Buyers fail to undertake the inspection as scheduled and / or notice of acceptance of the Vessel's classification records and / or of the Vessel not be received by the Sellers as aforesaid, the Deposit together with interest earned, if any, shall be released immediately to the Buyers, whereafter this contract shall be null and void.

＊4 (a) and 4 (b) are alternatives; delete whichever is not applicable. In the absence of deletions, alternative (a) shall apply.

船舶查验主要有两种形式，一是买方直接派其经验丰富的技术部人员上船检验，二是雇佣专业的验船师检验。验船师上船检验后会出具专业的验船报告，买方根据验船结果决定该交易流程是否继续。

如何进行船舶查验将因各种不同的情况而变化，取决于船舶实际所处的位置、该船舶是正常运营航行还是在干坞修理，以及所指定的进行检查的个别验船人员的工作习惯等。通常，船舶的查验同行可以分为三个阶段：审查船级记录、登轮查验、制作验船报告。

1. 第一阶段——审查船级记录

除了拆船买卖，很少有买方不查看船舶的船级记录就决定购买船舶的。在实践中查看船级记录一般先于检查船舶，因为买方查看完船级记录后再检查船舶买方就能有的放矢，根据船级记录着重检查可能存在问题的部分。

在实际做法上，通常由买卖经纪人安排买方查看船级记录，但很少有买方经纪人代表买方查看船级记录的，因为船级记录是一种专业性较强的文件，查看船级记录的人必须能根据船级记录判断出船舶的实际状况，并能发现船舶反复出现的问题（recurring defects）和潜在的缺陷。所以，查看船级记录的买方代表一般是在船上当过轮机长的机务总管。

在实践中，查看船级记录主要有两种做法，一是在签订买卖合同以前查看，二是在签订买卖合同后查看。在正式洽谈之后再查看船级记录对买方比较有利，因为那时卖方在某种程度上已受到洽谈的拘束，如果他再向第三方发出要约，就可能构成一物二卖的违约情形。而买方则可以根据船级记录的查看结果以及当时的市场情况决定是否接受船舶。买方查看完船级记录以后就可以决定是否继续和卖方进一步洽谈，如果买方对该船的船级记录不满意，可以终止和卖方的洽谈，而不用承担任何责任。如果买方是在签订了买卖合同后再查看船级记录，他就可以通知卖方拒绝接受船舶，合同即告无效，买卖双方都不用承担任何责任。然而，实践中，除非船级记录就足以使买方对船舶丧失兴趣，买方往往会在检查完船舶后才做出决定。

国际上各大船级社船级记录的组成和结构虽各有差异，但其内容在很大程度上则是一致的。船舶的船级记录是船舶自入级起的船舶历史，其内容包括船舶定期检验项目的检验情况，船舶法定证书的有效期，船舶状况的批注，循环机器检验记录以及船级社检验人提供的各种检验报告等。

船舶定期检验项目的检验记录包括船体和机器的检验（hull &. machinery survey），起货设备检验（cargo gear survey）和冷冻设备检验记录（refrigerating installation survey）等项内容。各项内容都列明了各检验项目的有效期，下一次检验的日期，并且还注明各项目检验的展期情况，即由船东或船舶管理人申请船级社批准对特定检验项目的检验进行拖后安排。

法定证书（statutory certificate）有效期记录的内容主要包括各种船舶证书的有效期限以及失效日期。

船舶状况批注（outstanding recommendation and memoranda）一栏主要记载各项船级检验和船舶证书过期的情况，以及船级社检验人在对船舶进行了检验后根据船舶的实际状况所做的批注，有时此栏内容也可能包括根据船东向船级社报告的情况而加的批注。有的船级社把批注列为专项，有的船级社则把批注加入各项具体内容之中。

循环机器检验记录（continuous machinery survey）记载的内容则主要是已完成的检验项目和当年到期应检验的项目等。

买方在查看船级记录时要了解的内容主要是船舶的检验情况，有无船级社的批注，船舶是否遇到过重大海损事故等。在查看船级记录时，买方应翻阅最初的船舶状况记载或船级报告。这样才有可能发现反复出现的船舶缺陷，尤其是发生在船舶建造完毕后仍在船厂保证期内的问题。船级社的记录还可能会显示出船舶的一些潜在的问题，例如主机的潜在问题。如果买方对船舶的船级记录不放心，他就应事先争取在合同中订明买方有权在检查船舶时打开主机（open up）检查。

特检（special survey）是船级社规定的每隔四五年进行的一次比较全面的船舶检验。船舶的船级记录都有关于船舶特检情况的记载。了解船舶特检情况有助于了解该船的实际状况。首先，船舶目前的状况可以通过上一次特检情况加以确定，因为从特检记录中可以看到特别原因清单（special reasons list）中所记载的船级状况，可以看到在上一次特检中已得到纠正或修理的船舶缺陷。在查看船舶特检记录时应注意下面两个问题。

第一，如果4年期的特检被延展至5年不构成延误，船级社一旦同意展期就不会对船舶状况进行批注；第二，所有年检项目都允许有3个月的松动期，即可以提前或拖后3个月。所以，任何年检项目直至到期日3个月以后才会被视为过期。2.5年为

期的检验项目也一样，只是松动期为 6 个月。而且，所有检验项目，无论是周期性还是建议性的都将在月底到期。

总之，买方会对船舶的船级记录进行详细审查，并竭尽所能地收集尽可能多的船舶背景信息。通常会特别关注查询以下信息：

（1）船舶建造厂的信息。

（2）该船现在和以前的经营者和所有人的信息。

（3）该船最近的营运活动情况。

（4）该船最近的买卖记录。

（5）该船舶的市场口碑。

查验和研究船级记录和其他背景资料可以提醒他们船舶可能存在的严重问题，包括反复出现的问题。

2. 第二阶段——登轮查验

一般情况下，买方除了查看船舶的船级记录以外，还会检查船舶，否则买方很难做出是否购买的决定。可以说，检查船舶是船舶买卖交易中必不可少的一项内容，因为哪怕是购买二手船，对买方来讲仍然是一项很大的投资，所以买方都比较谨慎。查看船舶的船级记录只能帮助买方对船舶有个大致的了解，不少情况只有通过检查船舶本身才能明确。首先，有些船舶情况与船级记录无关，如船上船员生活区的状况、船体的油漆情况等。其次，有的船级记录内容主要是依据船东的报告而填写，但卖方并不一定会把所有的情况都通知船级社。例如，船舶的正常损耗，船东往往不会向船级社报告，这就要靠买方自己上船检查方能了解船舶的真实情况。

船舶检查实质上是检查船舶上层建筑，所以船舶检查又被称为表面检查。（superficial inspection）。虽然买方有时会要求在检查船舶时打开主机，但这样做会给卖方带来无谓的不便，所以卖方一般都不会同意买方在检查船舶时打开主机。对于买方来说，如想打开主机检查，应在检查船舶以前就向卖方提出，卖方可以同意，亦可以拒绝，完全是商业决策。如果等上了船才提出打开主机的要求，除非有特殊原因，卖方同意的可能性极小。

这里讨论的船舶检查与交船时船舶进坞检查不同，无论是在签订合同以前还是在签订合同以后，买方在检查完船舶以后都可以决定是否接受船舶。在前一种情况下，如果买方决定不接受船舶，他可以终止和卖方的洽谈；在后一种情况下，如果买方决定不接受船舶，他就可以收回 10% 押金。相反，如果买方表示接受船舶，在前一种情况下，他可以和卖方洽谈买卖交易的其他条件，在后一种情况下，交易则变为"完全的和肯定的"（outright &. definite）了。

买方指派验船人员登船对船舶进行详细检查，一般进行以下项目的查验：

（1）对船舶代表性的部位进行外观目视查验：船体、甲板、机舱、货舱、压载舱、生活区、驾驶台和无线电区域、消防救生设施设备、船舶吊机、其他机械和设备等。虽然验船人员通常不可能检查到船舶的每一个部分，但根据经验，验船人员会特别关注他所能接触到的可能明显会出现问题的地方。

（2）用超声波测量船舶钢板厚度，测试压载舱涂层，检查舱盖、开关仓机械装置以及类似设备；对老龄船舶来讲，钢板厚度的测量结果具有很大的价值。在分析钢板厚度测量结果时还应考虑钢板的换新情况。

（3）检查船舶的航海日志和轮机日志。其目的主要是查看在航海日志中是否有可能影响船舶状况的内容，查阅航海日志可能会发现船舶反复出现的问题。航海日志还可能记载了近期发生的尚未向船级社报告的海损事故，如船底碰触水下物体或船壳碰擦码头等。买方在检查船舶时还应查看船舶设备的运行情况，如起重设备的工作情况、航速、耗油量等。

（4）检查船舶船级证书和相关营运证书，以核验其是否符合船级社和国际公约的要求。

（5）与船长和轮机长讨论船舶的性能，查看近期营运的历史记录，包括所运载的货物类型等，以及与该船的状况有关的其他事项；为避免日后的纠纷，在买方检查船舶时，买卖双方代表不妨共同对某些项目进行联检，并对联检结果做出面记录，如双方代表可共同测试起重设备，共同清点船上的备件、租用设备等。

（6）买方在检查时还应多拍照、拍视频，制作附带有船舶的详细船舶状况的记录，以便在交船时证实卖方是否按与检查时基本相同状况交船。

3. 第三阶段——制作验船报告

验船人员完成登录检查后，根据检验掌握的信息制作一份详细的书面验船报告，通常包含以下内容：

（1）记录在何时何地进行船舶查验，以及检查了或没有检查船舶哪些部位。

（2）描述船舶的主要技术参数和尺寸，概述船舶的船级细节、船级检验记录、监督检查记录等，通常也特别注意未来 3～6 个月内过期或即将过期的项目。

（3）审查船舶的营运证书状况、船舶运营状况。

（4）描述船舶的主要机械和设备的技术状况。

（5）航海日志中任何值得关注的记录。

（6）在船上发现的船舶状况的详细报告，以及验船人员对船舶的评价和最终结论。

（7）详细的影像记录，一般由视频和照片组合展示。

4. 检查的局限性

在实践中，验船人员可能都无法进入船舶的每一个部位进行全方位的深入检查。在没有特别原因使买卖平衡偏向买方的情况下，通常卖方不会允许买方对其船舶和机械设施设备进行除表面检查之外的检查。

另外，船舶的检查程度和范围还可能会受到以下因素的影响：

（1）可供检查的时间长短。当有多个兴趣买方进行竞争时，买方可能会实行严格的检查时间表，并限制检查的范围；或者船舶在港时间有限，船舶离港时，验船人员通常是不会被允许继续留在船上查验的。

（2）船舶检查的时间和地点。理想情况下，验船人员要及时登轮以查看卸货作业的全部过程，之后就可以进入卸空的货舱进行检查。但可能受各种条件的限制，如验船人员登轮查验时，货舱装满货物，或者油舱装满燃油，压载舱装满压载水等原因

导致验船人员无法进入查验。

（3）船员和船长的配合程度。不良的卖方可能会指示船长隐瞒某些问题。

（4）买卖双方约定的检查参数范围。

（5）在检查期间的海况和天气情况。

因此，即使具有良好"嗅觉"、善于发现问题并具有丰富经验的验船人员，也仅能对船舶真正的实际状况形成一个局部或者不完整的印象，船舶检验对全船实际状况的了解具有一定的局限性。

三、合同签署

买卖双方确认成交后，双方极少会自己草拟全部合同条款，因为这样容易有严重遗漏和表达不清之处引起纠纷。双方通常会选用某一经过长期交易实践总结出的标准买卖合同格式。在二手船市场，标准买卖合同有挪威格式（The Norwegian Saleform, NSF）、日本船舶买卖合同（Nipponsale）和新加坡船舶买卖合同（Singapore Shipsale Form, SSF）等。其中挪威格式在实践中使用最为广泛。买卖双方确认选择的标准二手买卖合同后，船舶买卖经纪人会以此标准二手买卖合同为基础，对合同条款和条件进行修改、删减和增补。在合同中列明当事双方约定的所有主要条款和详细内容，分别取得买卖双方的确认，最后由买卖双方签署。

四、保证金支付

二手船买卖实践中，合同签订后，下一步是支付一笔保证金，保证金通常是船价的 10%，但也会有 5%，或高达 20% 的做法。

保证金由买方支付。为何只是买方支付保证金？主要是因为在交易完成前，卖方需要为船舶的顺利交接提前做许多工作并承担一些费用的支出，或损失更好的机会。例如，安排船舶维修，交船前去干坞进行船底检查，委任交船港的当地代理，需要赔付承租人一笔钱才能使船只从租约中脱身去出售。更为常见的是另有赚钱的租约营运机会，却因为限期交船要损失掉，或者另有其他意愿买家出更高价格去买入，但由于慢了一步，卖方已经受买卖合同约束，错过更好的机会。而买方在交船前，几乎没有什么费用损失。如今的二手船买方很多是方便旗的单船公司，在接船前，甚至连"单船"都不拥有，真正是毫无资产可言。在买方真正去支付全数船价前，卖方已经在做出或承受许多支出、不便，牺牲其他良机等，但却并无把握买方是否会按规定履行合同。

为了平衡双方利益，要求买方支付一笔保证金。保证金可支付于买卖双方的共同账户中，也可存放在有声誉的经纪人或律师的客户账号中，依据双方共同指示处理。如果买方违约或毁约，不去支付船价、完成交易，卖方可以没收保证金。若保证金不够赔偿损失，卖方仍可向违约的买方索赔。但若是卖方的实际损失低于保证金，卖方是否仍可以全部没收保证金呢？有判例表明，法院认为卖方仍可没收全部保证金。

保证金是对于卖方的担保，但若是交船前船舶灭失，或其他原因导致合同解除，则保证金应退还买方。如果合同顺利进行至船舶交接，关于保证金的处理一般有两种方式：保证金及其利息退还买方，买方支付约定船价；或是将保证金作为部分船价交予卖方，保证金的利息退还买方。

五、买方派代表/船员上船熟悉操作

在买方支付保证金并检查船舶认为满意能接受后，买方可安排两名船员或代表上船熟悉工作。买方一般会选派精明且经验丰富的高级船员，比如船长、轮机长等。他们在船舶交接前的一段时间上船熟悉船舶操作，买方在接收船舶后能迅速使用船舶并尽快投入运营。这些船员或代表在买方接船后随船工作一段时间，以带领其他船员学习并熟悉该船的相关操作。

六、卖方准备交船工作

当买卖交易变为彻底的和确定的（outright and definite），卖方知道一定是要去依约交船，则会开始着手做船舶交接的准备工作。

1. 卖方准备工作之一：合理安排交接时间和地点

首先，卖方需要了解目前该船的船期与航次、预计交船的时间和地点。例如，知道了卸货港就会安排在附近或者就在卸货港进行交船。有些合同在签订时会限定交船的期限和地区范围，这样卖方在安排最后一个航次时要注意航次的结束时间和地点，并尽量接近交船要求，安排的船舶运营能赶上销约期，即卖方交船的最后期限，否则买方有权解除合同。

其次，卖方应善意并合理地通知买方计划交船的地点和预计的交船时间。而为了能够进一步明确卖方的通知义务，合同中可以增加附加条文，约定卖方除通知船只"预计"到达时间外，还应在接近约定交船日期时，给予其确定的交船通知。确定了交船时间和地点，买方也可预先安排接船后的第一个航次或租约的起始地点和时间。

2. 卖方准备工作之二：交船前的船底检查

虽然买方之前已经登轮对船舶进行了查验，但之前的检查只是表面检查，仍有两处重要的地方无法查看：一是主机或其他机器/设备的内部情况。之前登轮查验时，船舶仍在经营中，主机或其他设备不会被允许打开查验，否则会导致严重的船期延误。买方只得从船舶的船级记录、甲板或轮机日志等船舶文件的蛛丝马迹去找该船只是否出过大问题。若是多年来一直运营顺利，维修保养做得好，通常问题不大。二是船底情况。表面检查时，船舶在水上漂浮。要检查船底，过去做法只能进干坞检查。船舶进坞安排不易，且费用往往也较高。特别是像超级油轮等船舶，世界上能容纳的干坞不多，交船前往往也不一定能空出来让船舶进坞进行检查。所以，近10～20年来越来越多卖方要求采用蛙人或潜水员检查船底（diver inspection）的方式替代船舶进坞检查。

3. 卖方准备工作之三：准备交船文件

在船舶买卖合同中，有专门的条款约定卖方在交船时需要提供给买方的船舶相关文件。这些交船文件主要针对几个不同的方面：一是买方永久登记船舶所需要的文件；二是针对技术与船舶安全的文件，包括船级社的各种证书，证明船只符合国际公约所需要的文件等；三是卖方出售船舶的合法性及相关授权的文件；四是船舶运营所需要的文件，例如通过著名的苏伊士运河/巴拿马运河所需的船舶吨位丈量证书等；四是其他看情况的文件，例如美国建造的船舶出售必须有美国有关机关的事先批准等。

4. 卖方准备工作之四：去符合买卖合同中的各项交船保证或承诺

有时买方不仅会要求船舶文件的类型，许多时候还要求文件的有效期，卖方应注意更新。例如，有时买方会要求有关船级与船舶安全证书等在交船时"至少有3个月的有效期"。卖方同意了，就得遵守约定，去查阅有关文件是否符合日期的要求。如果不符合，则应尽早去更新证书，以保证交船时能够符合买卖合同的要求。

另一项通常卖方的交船保证是"保持船级，无条件/批注"，这项保证可通过船级确认书来体现，若是船舶无法保持船级，买方可拒绝接船。因此，若交船前船级社对船级有批注，卖方应想办法取消，但若无法取消，可考虑对买方做出赔偿。

卖方在合同中的各项交船保证或承诺，都需要在交船前去做响应的工作以符合合同的要求。

5. 卖方准备工作之五：在交船港做出交船准备

为了船舶顺利交接，卖方还需要在交船港做好准备。例如，委托有经验的船代，代理可以安排船舶进出港时间、协调交船时间、处理船上剩余物料与燃油、安排船员遣返。

6. 卖方准备工作之六：其他方面

在交船前，安排船舶在适当港口把不包括在船舶买卖内的物料、备件或其他东西预先搬走。例如，集装箱船上有集装箱，滚装船上有叉车与拖车，另有一定数量但买方不肯付钱买下的未开封油桶内的润滑油等贵重物料等。

通知船长和船员，并列出船长离船时要带走的文件和物品，通知船壳保险人、互保协会等。假设船舶仍然有贷款未结清，还需提前联络卖方融资银行并安排他们参与船舶的文件交接等。

七、买方准备接船工作

卖方在安排交船准备工作的同时，买方也在为接受船舶做准备，以便船舶能尽早投入运营。

1. 买方准备工作之一：成立名义买方的单船公司并指定为正式买方

国际上有些船东为了规避风险，会注册成立一家单船公司作为该买进船舶的名义船东。买方有可能在订立买卖合同和支付保证金时，仍在成立单船公司。在买卖合同中，买方的名字是"××公司或它的指定人（××Company or its nominee）"。这种情况下，××公司可能是买方集团公司，但无意让它在名义上拥有该买入船舶。因此，在单船公司成立后，会指定它成为正式买方，把买卖合同接过来。

2. 买方准备工作之二：为船舶进行船旗国登记

买方一旦接船，船舶必须有船旗国签发的"船舶登记证书（ship's certificate of registry）"证明其已获得新身份，否则船舶离港会有问题。而不同船旗国的船舶登记手续繁简不一，但总免不了要在交船前提前预先办理。

如果船舶选择悬挂方便旗，则手续相对简单。某些方便旗国家允许船舶先"初步登记"，获得一份"船舶临时登记证书"。临时登记证书也是有效的船舶身份证明文件，足以让船舶顺利从交船港离港开航，去世界各地运营。同时，船舶临时登记后，可以去登记船舶抵押，不影响买方融资贷款银行的利益。在临时登记证书的有效期内，船舶必须完成永久登记。

3. 买方准备工作之三：为买入船舶融资或贷款

船舶是资本密集的行业，船东难以避免在买船时需要银行融资或贷款。这会是买方一项重要且有可能有麻烦的交船前工作。在市场繁荣期，一艘受欢迎的船舶，例如船型好，船龄低，在著名造船厂建造，装卸设备好，卖方是声誉良好的著名船东，一放出市场即会吸引多位有兴趣的买方抢购。所以，想成功买入的买方动作要快，迫于时间的紧急，难以先去找融资银行或公司并谈妥贷款条件才去确定买入该船舶。此时，一般会先订立买卖合同，再去融资贷款。对于实力强的买方，融资或贷款不会存在问题。而对于实力较弱的小公司，可能会在交船日即将到来而仍然无法找到资金来源。为了能够拖延时间，有些买方要求加入一条"先决条件"条款，例如"以融资为准"（subject finance），而这种有限制的条款合同并不是彻底的和确定的，只是一份待生效的合同，生效的条件就是买方融资，在这之前，卖方随时可以脱身。一般情况下，买方在谈合同时有把握进行融资或贷款，买方的融资或贷款应在卖方递交"准备就绪通知书"（notice of readiness）前办妥，这样才能在交船时顺利支付船款。

4. 买方准备工作之四：在交船港做出接船准备

买方在知悉准确交船港和大约交接船舶的日子，也要去提前安排许多准备工作，包括委托当地代理以便接待买方的代表与全体船员，以便顺利安排人员上船接收船舶；安排岸上工人在接船后涂改新船名与标志；联络与安排当地船级社在接船后上船签发新船名的一套船级及其他国际公约的文件；订购接船后需要的物料、燃油、伙食、下一航次海图等上船；向交船港机关申报，安排开航或离港手续，等等。

5. 买方准备工作之五：其他方面

尽早挑选船员和船长，并安排其前往交船港接船；安排船壳保险并加入互保协会，提前安排租约，以便接船后可以尽早运营赚取利润，等等。

八、卖方递交准备就绪通知书

当卖方交船准备工作就绪，按照买卖合同的约定，卖方应递交准备就绪通知书（notice of readiness）。准备就绪通知书对买方的重要之处在于，要在约定的时间内支付全部购船款，而约定时间的起算以准备就绪通知书的递交为标志。根据最广泛应用的挪威格式合同（NSF'2012）的约定，买方必须在卖方递交准备就绪通知书起的3个银行日内支付全部购船款。

国际船舶买卖大都是大金额交易，买方买船都要通过银行贷款，买方在收到准备就绪通知书后需要对贷款银行发出提款通知（drawdown notice），银行通常用2～3天的时间来准备支付。若是买方提前预支船款，极有可能因为船期延误而使买方承担更多的贷款利息。

递交准备就绪通知书时，船舶是否需要备妥有许多争议之处，是递交时备妥，还是支付购船款后实际交接时备妥？有的判例认为递交准备就绪通知书主要为了针对买方支付船价，不能视为加于卖方的先决条件。买方真正关心的是实船交接的时候，船舶的真正备妥。NSF'2012关于准备就绪的描述是：根据本合约，船舶实质备妥（the vessel is at the place of delivery and ready for delivery in accordance with this agreement）。可见，NSF'2012要求船舶实质备妥，但不要求在法律文件上完全备妥。实质备妥主要是针对众多的交船规定与条件，例如船舶在交船港的一个安全可抵达的泊位或锚地安全漂浮；各种交船保证如船舶需要保持船级且无批注、船舶无影响船级的海事损坏、船壳与机器循环检验周期有效至交船之时，等等。不要求船舶在法律文件上完全备妥，则允许卖方在递交通知书后的一段时间内，可以继续去完成交船文件，比如卖据等。

九、船舶交接

二手船交接通常涉及两个方面，一是文件的法律交接（legal delivery/ closing）；二是船舶的实质交接（physical delivery）。法律交接主要是指船舶文件的递交和船舶所有权转移、贷款、保险、登记等手续的完成。实质交接是指卖方将满足合同要求的船舶交予买方，通常可由双方各自委任的船长代表交船与接船。

法律交接是船舶买卖的中心，在这里买方完成船价支付，卖方则交付所有重要文件。这些文件的递交在法律上代表了船舶所有权的转移。法律交接一旦完成，紧接着就进行船舶的实质交接。

大多数情况下，买卖双方一般都有向银行抵押贷款。贷款最重要的担保就是船舶的登记抵押。如果船舶在出售时，卖方还有未清偿的贷款，则卖方贷款银行就不会解除或注销登记抵押，卖方也就不能从船旗国取得船舶"无登记负担证书"（certificate of freedom from registered encumbrances）。买方贷款银行拿不到船舶的"无登记负担证书"则不会放款，没有银行的放款，买方无法支付全部船价。上述步骤环环相扣，无论哪一方先行动，都可能遭受损失。因此，一种最常见与最安全的做法是大家共聚一堂，同步进行。

在实务中，卖方可先向船旗国预办解除抵押登记手续，但生效要卖方银行再行正式通知。卖方船旗国将正本"无登记负担证书"预先交给其交接地名誉领事保管。到了交接时，买卖双方首先要与各自在交船港的船长或代表确认是否做好交船或接船的准备，确认无误后，买方贷款银行向卖方或其贷款银行做出付款保证或证明，卖方贷款银行收到船价的支付或保证支付并且满意后，则可电告卖方船旗国确认注销抵押，接着卖方船旗国电告其名誉领事交付正本"无登记负担证书"给卖方，再由卖方将该证明及其他船舶文件交予买方，相应的买方贷款银行就可确认向买方船旗国登记抵押（之前需预办船舶临时登记）。相关的准备工作都会预先做好，只剩最后的确认。卖方交出正本交船文件，其中特别重要的是卖据，把船舶所有权转移给买方，去完成船舶法律转移。买方也支付了全部船价，至此，船舶的法律交接完成了，紧接着买卖双方分别电告各自的船长或代表进行实质交接，实质交接情况可通过双方船长或代表签署的交接备忘录（protocol of delivery and acceptance）来体现。买方在船舶准备妥当后开航去营运或交船给承租人。

第四节　交船文件

交船文件是买方为拥有和营运船舶所用，在法律交接中非常重要。这些交船文件大致可分为 4 类：买方永久登记船舶时所需要的文件；关于船舶技术与安全方面的证书；证明卖方出售船舶合法性及相关授权的证书；船舶运营所需的有关文件。下述部分交船文件在 NSF 的标准条文中没有涉及，实务中采用附加条款进行约定。

一、卖方的交船文件

1. 卖据（bill of sale）

卖据是交船文件中最重要的文件之一，是船舶所有权转移的证明或凭证。一般来说，船舶所有权的转移与船舶买卖合约备忘录（memorandum of agreement）的签署不直接关联，即船舶所有权并不在买卖合约签署时转移，而买卖合约的签署只是二手船买卖的第一步。根据英国 1984 年《商船法》[The Merchant Shipping Act 1981（Commencement No. 3）Order 1984]的规定，二手船的买卖需以卖据为凭证，卖据也是买方为船舶办理登记的文件之一。而在我国《海商法》第九条中规定：……船舶所有权的转让，应当签订书面合同。但是《海商法》对所有权的转移时间无明确规定，这是需要完善的地方。

对于卖据的格式，国际上无统一要求。目前常用的卖据包括两种格式，一种是只包含卖方制作并经公证和见证的卖据；另一种是除了卖方的卖据，还包含买方制作并经公证和见证的"卖据+收据"（Acceptance of sale）的形式。实务中第一种使用得比较多，因为只要买方船旗国不要求，买方很少在接收船舶后去制作收据。卖据的内容非常简单，说明船舶概况、卖方拥有船舶所有权、卖方出售船舶的日期及保证船舶无登记负担等内容就可以了。有关卖据样本可参见资料 1。

2. 船舶所有权证书（certificate of ownership）

船舶所有权证书由卖方船旗国机关签发，其作用主要在于对照、核实卖据上的船舶资料、船东名称等准确无误，因为只有真正拥有船舶所有权的船东才有权利制作卖据。为了保证证书的可靠性，买方会要求卖方船旗国制作证书的日期尽量接近船舶交接日期，从而防止登记信息的变动给买方带来损失。

资料1

Prescribed by the Commissioners of Customs & Excise with the consent of the Secretary of State for Trade

Form No. 10A

BILL OF SALE (Body Corporate)

Officialnumber	Name of Ship	Year and port of registry	Whether a sailing, steam or motor ship	Horse power of engines (if any)

Length from fore part of stem, to the aft side of head of stem post/fore side of the rudder stock ....

Main breadth to outside of plating..............

Depth in hold from tonnage deck to ceiling amidships..............

	Meter	Tenths

Number of Tons
(*Where dual tonnages are assigned the higherof these should be stated*)

Gross

Net

and as described in more detail in the Register Book.

We, (a) _____ (hereinafter called "the transferors") having our principal place of business at _____ in consideration of the sum of _____ paid to us by (b) _____ (hereinafter called "the transferees") having their principal place of business at _____ (hereinafter called "the transferee(s)") the receipt whereof is hereby acknowledged, transfer _____ shares in the ship above particularly described, and in her boats and appurtenances, to the said transferee(s).

Further, we, the said transferors for ourselves and our successors covenant with the said transferee(s) and (c) their assigns, that we have power to transfer in manner aforesaid the premises hereinbefore expressed to be transferred, and that the same.

In witness whereof we have hereunto affixed our company seal on _____ affixed hereunto in the presence of (e)

Name:

Signed and delivered by

_____

Attorney in Fact

(a) Name infull of body Corporate. (b) Full name(s) and address(es) of transferee(s) with their description in the case of individuals, and adding "as joint owners" where such is the case, (c) "his", "their" or "its". (d) if any subsisting encumbrance add "save as appears by the registry of the said ship". (e) signatures and description of witnesses, i.e. Director, Secretary, etc. (as the case may be).

NOTE. -A purchaser of a registered British Vessel does not obtain a complete title until the Bill of Sale has been recorded at the Port of Registry of the ship; and neglect of this precaution may entail serious consequences.

NOTE. -Registered Owners or Mortgagees are reminded of the importance of keeping the Register of British Ships informed of any change of residence on their part.

F 2058 (Aug. 1975)

3. 卖方董事会（或股东大会）会议纪要（direators meetings resolution）

这份会议纪要的作用是记录董事会或股东大会的决议。在二手船买卖中，卖方董事会或股东大会会议需要授权并批准出售有关船舶、商定有关售价，同时还要授权某"指定高级职员"或"法律代理人"代表卖方制作卖据、签署与交付船舶有关文件。上述授权与批准通过会议纪要来记录在案。

这份会议纪要要成为交船文件之一，需经过签字、公证与见证。即卖方单位董事或其他负责人员签字以确认纪要内容真实，由公证人（如律师、公证机关）确认签字的真实性，再由当地法院或其他权力机构确认公证人是合格公证人等步骤。有关董事会会议纪要样本可参考资料2。

资料2：

LETTERHEAD OF SELLERS

The Directors Meetings Resolution

（the sellers）（hereinafter referred to as "the Company"）held a meeting at China, the attending representatives included Mr. , Mr. , Mr. , Mr. , Mr. was elected as chairman of the meeting.

The chairman of the meeting pointed out that: the purpose of this meeting is to discuss the sale of the used ship（the vsl's name）to（the buyers）, or their nominee company（hereinafter referred to as "the buyer"）and other issues:

After discussion, the directors meeting made the following resolution, which included:

1. Agreeing to sell ship. .

2. Authorizing Mr. （ID Card No. :）to sign the ship's hand-over paper and collect the oil fees.

3. Authorizing Mr. （ID Card No. : ）of（company name）and other documents, as well as collecting the ship's payment.

4. Authorizing Mr（Passport No. G. :）of（companyname）to issue Bill of Sale.

The sellers

Members of the directors meeting:

Date:

4. 授权书（power of attorney）

在卖方董事会（或股东大会）会议纪要中，涉及一位为卖方制作卖据、签署与交付船舶有关文件的"法律代理人"。此份授权书就是授权该法律代理人的授权文件，并且在授权书中说明该代理人被授权的范围。授权书样本可参考资料3。

资料3：

POWER OF ATTORNEY

To：

　　（the sellers）is a legal organization and company existing in　　　　　　　　　　, now it solemnly authorizes that：

　　Authorizing　　　　　　　　（ID Card No.：　　　　　　　　）to sign the contract and delivery documents of　　　　　　　　　　.

　　The sellers：

　　Date：

5. 卖方公司董事/职员名单证书（list of directors/employees）

此份名单证书可用于对照其他买卖船舶文件（例如卖据、授权书）等签字人员的确是卖方公司董事或高级职员等信息。

但是能够对照的仅仅是人员名字，只能说明签字表面真实，能切实保证文件签字真实性的是公证、见证等手续。

6. 卖方公司章程/组织文件副本（copy articles of association）

这份交船文件主要由"公司注册证书"和"公司章程与组织纲要"组成，是任何一家经过正式注册成立的公司必不可少的文件，其作用证明该公司是按照特定国家的法律成立的公司，详细规定公司的经营范围、董事的职权和义务以及其他有关程序方面的问题等。便于买方查看卖方公司成立的目的与业务范围、卖方公司印章的使用条文和开会法定人数等信息，进而了解卖方出售船舶是否超出其营业权限，判断船舶买卖程序是否有效。在实践中，卖方提供的公司组织章程和细则副本等往往须由卖方公司的秘书认证。

7. 卖方信誉良好证书（certificate of good standing）

卖方信誉良好证书由卖方注册地的主管机关出具。当主管机关收到申请后，会核查卖方公司是否拖欠税款、是否付清注册年费等信息。如果各种款项都付清，主管机关就会出具关于卖方的信誉良好证书。事实上相对于买卖船舶的价款，税款和注册年费等都不是大数目，卖方为了得到此证书，可以很轻易地结清。因此，此份证书并不能完全说明卖方资信与经营状况，对于买方而言只能作为参考。

8. 卖方船旗国允许船舶出售证书（certificate of permission to sella ship by the state of registry）

这份证书是要求卖方向其船旗国申请的允许出售证明，表明卖方船旗国同意卖方出售该船舶，这种制度在许多国家都有。其作用是可以防止某国政府需要低价征用船舶时，船东采用出售船舶或改挂其他国家船旗的方法以避免船舶被征用。或是针对有些享受国家补贴建造并悬挂本国船旗的船舶，政府可用此种制度限制船东将船舶出售给不友好的国家。

9. 发票（commercial invoice）

船舶出售发票由卖方制作，主要说明船价与其他钱款的详细情况。买方可使用发票报关或报备其他主管机关。发票样本可参考资料4。

资料4：

Date：   Invoice No：

To：

COMMERCIAL INVOICE

NAME：

TYPE：

IMO NO：

FALG：

CLASS：

PLACE OF BUILD：

YEAR OF BUILD：

LOA/BREADTH/DEPTH：

GROSS TONNAGE：

NET TONNAGE：

MAIN ENGINE：

AUX ENGINE：

Total Amount：   （Say   only），hereinaf-
ter referred to as "the Purchase Price".

Place of delivery：

The sellers：＿＿＿＿＿＿＿

By：

10. 保持船级证书（class maintenance cetificate）

在船舶买卖步骤中，买方在支付保证金后，甚至有些在买卖合同谈判前，就会检查船级社记录以了解船舶实际状况。但是买方检查船级社记录距离船舶交接往往还有一段时间，因此买方要求卖方向其船级社申请，出具一份证书以保证在买方检查船级社记录至正式交船这一期间船级记录无变化。

保持船级证书一般由卖方申请，卖方船级社签发。若在买方检查至正式交接船舶期间无突发事件，船级社会根据定期检查记录做出保证。根据 NSF 2012 的相关条款，为了保证保持船级证书的有效性，此证书在不超过交船前3个银行工作日内做出，内容是证明交易船舶保持船级、关于船级无批注。换句话说，如果关于船级有批注，那么卖方必须按照船级社的要求将船舶修好，并注销批注，否则卖方无法取得保持船级证书，从而导致卖方违约。

11. 交接备忘录（protocol of delivery and acceptance）

交接备忘录在船舶交接章节中已有所描述，它是在船舶进行实质交接时由买卖双

方代表共同签署的，因为有买方的参与，所以不能严格算作卖方的交船文件。交接备忘录用于记录船舶交接的时间，它是买方保险开始、卖方保险结束的时间划分证明。签署交接备忘录是船舶买卖的习惯做法，也是准确记录船舶实质交接的唯一记录。交接备忘录样本可参考资料5。

资料5：

PROTOCOL OF DELIVERY AND ACCEPTANCE

KNOWALL MEN BY THESE PRESENTS：

That　　　　　　　　　（hereinafter called the "Sellers"）hereby delivers to 　　　（hereinafter called the "Buyers"）all rights, title and interest in and to one Carrier named　　（hereinafter called the "Vessel"）, free of all debts, mortgages, taxes, encumbrances and maritime liens, according to the terms and conditions of the Contract dated 　　（together with all amendments, addenda and supplements thereto, the "CONTRACT"）made between the Buyers and the Sellers.

The Sellers assure that the Vessel is delivered to the Buyers with everything on board her as it was at the time of the CONTRACT.

The Buyers hereby accept delivery, title and risks of the Vessel and certify that the Vessel has been delivered in accordance with the terms and conditions of the CONTRACT.

As from the date and time of this protocol of delivery and acceptance being signed, the Vessel is fully and legally owned by the Buyers.

Each of the Sellers and the Buyers confirm and acknowledge that such delivery and acceptance of the Vessel at　　port,　　is duly made pursuant to the terms and conditions of the CONTRACT.

Dated：　　　at hours.

ON BEHALF OF THE BUYER,　　　　　　ON BEHALF OF THE SELLER
The buyers　　　　　　　　　　　　　　　　　The sellers

By：　　　　　　　　　　　　　　　　　　　　By：
Name：　　　　　　　　　　　　　　　　　　　Name：

12. 船舶无登记负担证书（certificate of no registration burden for vessel）

在船舶交接的过程中，卖方如果有贷款，那么他需要还清贷款，才能注销船舶抵押登记，进而才能取得"无登记负担证书"。这种登记负担是关于卖方的对物债务，即对船舶的债务，这是买方非常关心的，因为债权人可对船舶采取行动。若是卖方向银行贷款购买船舶，银行会向卖方要求"担保权益"，而将船舶做出抵押是十分常见的担保要求。一旦卖方无法还清贷款，贷款银行就可向船舶采取行动，比如直接占有船舶。

关于船舶的负担，在卖据中卖方会做出船舶无负担的保证，但这种保证无法完全使买方确信，因此买方往往要求由卖方船旗国签发的船舶无登记负担证书。事实上，这份证书还是无法完全保障买方，因为它针对的只是登记负担，而有些对物债务是无须登记的，比如船舶优先权，买方需要对这些债务特别小心。

13. 原船舶登记注销证书（certificate of deletion of the vessel from the vessd's registry）

只有卖方注销了原船舶登记，买方才能进行新的船舶登记。因此该证书由卖方在法律交接时提供，买方用于永久登记船舶。但若在法律交接时卖方还未取得，因为通常船旗国需要在原船东出售船舶后，向原船旗国申请才会签发登记注销证书。而买方在永久登记前往往会有临时登记，不会急于拿到此证书，此时一般卖方出具注销证书保证书，保证在船舶交接后自费办理船舶的注销证书，并于一定时间内将其递交给买方。

14. 其他文件（other documents）

除上述通常文件外，卖方还可能根据买方的特别要求去提供其他内容的文件。例如，"无列入黑名单保证"、船舶手册、船图与证书。买方的要求通常会根据船旗国的要求来提出，为了促成交易的达成，卖方会积极配合。许多文件在 NSF 标准条款中没有涉及，可通过附加条款来进行约定。

二、买方交船文件

买方的交船文件相对卖方而言非常少，而卖方对这些文件也不会特别在意。卖方主要关心的是买方能否按约定及时付清船价和其他价款，比如船上剩余的燃油价款。买方提供的交船文件主要有：买方董事会/股东大会会议纪要、授权书、买方公司章程/组织文件、买方董事/公司职员名单证书、买方信誉良好证书。

第六章　二手船买卖合同

> ## 学习目标：
> ● 了解二手船买卖中使用的标准格式合同，合同谈判过程
> ● 理解合同的成立与生效
> ● 掌握合同的主要条款

第一节　合同成立和所有权的转移

一、合同的成立与生效

船舶买卖合同成立时间适用于合同法中关于要约（offer）和承诺（acceptance）的规定，合同于要约得到承诺之时成立生效，对双方都产生约束力。在实践中，船舶买卖交易一般都采用书面形式，除非另有约定，合同的法律关系往往在书面合同正式签订前便已确立，这种合同关系的形式往往由双方往来的电子邮件或电传等证明。

确定合同有效成立的依据是双方的"意思表示一致"（meeting of minds），而所谓的"意思表示一致"在不同的国家有不同的解释。在英国法中，当事人必须对所有的交易条件、条款达成一致合同才宣告成立。相比之下，美国法则没有如此严格，按照美国判例法，只要双方当事人就主要交易条件取得一致意见，即使尚有未经磋商的条款也不影响合同的有效成立。中国法与美国法基本一致，并不要求当事人双方对所有条件、条款都取得一致才使合同成立。当然，无论适用哪国法律，合同当事人都可以事先明确约定合同的生效条件，在这种情况下，除非该特定条件实现，否则合同便不成立。然而，应该指出的是当事人双方约定的合同生效条件和船舶买卖合同中的"以检验为条件"（subject to inspection）具有不同的性质。"以检验为条件"并非合同生效的先决条件，而只是买卖合同的一个条款，例如挪威格式第4条，它的存在不影响合同的有效成立。相反，船舶买卖交易中常见的"以董事会批准为条件"（subject to board approval），则具有合同生效先决条件的性质，除非董事会批准买卖交易，否则合同便不生效。其他限制合同生效的条件还有："以试航结果满意为条件"（subject to satisfactory trials），或"以检验结果满意为条件"（subject to satisfactory survey）。

知识链接 6 - 1

> **2012 年挪威船舶买卖格式合同第 4 条**
>
> 4. Inspection
>
> （a） ＊The Buyers have inspected and accepted the Vessel's classification records. The

Buyers have also inspected the Vessel at / in （state place）on （state date）and have accepted the Vessel following this inspection and the sale is outright and definite, subject only to the terms and conditions of this Agreement.

（b）＊ The Buyers shall have the right to inspect the Vessel's classification records and declare whether same are accepted or not within （state date/period）.

The Sellers shall make the Vessel available for inspection at / in （sate place/range）within （state date/period）.

The Buyers shall undertake the inspection without undue delay to the vessel. Should the Buyers cause undue delay they shall compensate the Sellers for the losses thereby incurred.

The Buyers shall inspect the Vessel without opening up and without cost to the Sellers.

During the inspection, the Vessel's deck and engine log books shall be made available for examination by the Buyer's.

The sale shall become outright and definite, subject only to the terms and conditions of this Agreement, provided the Sellers receive written notice from the Buyers within seventy-two（72）hours after completion of such inspection or after the date/last day of the period stated in Line 59, whichever is earlier.

Should the Buyers fail to undertake the inspection as scheduled and / or notice of acceptance of the Vessel's classification records and / or of the Vessel not be received by the Sellers as aforesaid, the Deposit together with interest earned, if any, shall be released immediately to the Buyers, whereafter this contract shall be null and void.

＊4（a）and 4（b）are alternatives; delete whichever is not applicable. In the absence of deletions, alternative（a）shall apply.

买卖双方在磋商合同条款时往往会加上"本交易以买方/卖方董事会批准为条件"（this deal is subject to the Buyers'/the Sellers' board approval），在整个磋商中可能还会有其他条件，但董事会批准始终是最后解除的条件。双方会在所有合同主要条款均已达成一致时才解除"董事会批准"这一合同生效条件。

在磋商时以"董事会批准"为条件对当事人无疑是一种保障，只要任何一方的董事会不批准买卖交易，合同就无法成立。以船舶买卖实践来看，与其说"董事会批准"是一种公司运作的程序，倒不如说它是当事人使用的一种交易手段。如果市场发生变化，船价下跌（或上涨），买方（或卖方）就可借此要求对方减价（或加价），或干脆宣告合同不成立。因此，除非是规模很大的公司或受到严格控制的上市公司，董事会往往在磋商开始时就已通过了关于船舶买卖的决议，而且大多公司的董事会或董事会代表直接参与了买卖交易的整个洽谈过程。

如前所述，"董事会批准"是合同生效的最后条件，解除此条件后的当事人就要受合同的约束。因此，交易当事人都不愿意首先解除，以免处于被动地位。在实践中，双方往往会约定一个相同的时间期限解除"董事会批准"条件，例如："买/卖方应在双方对主要合同条款达成一致后的 48 小时内通知对方董事会的决定"（the Buyers'/Sellers' board approval shall be lifted within 48 hours after the main terms have been mutually agreed upon by both parties）。

需要注意的是，"以董事会批准为条件"与"以买方检查船舶为条件"是两个不同法律含义的概念，前者是合同当事人在磋商时提出的合同生效的条件，如果该条件未满足，合同就不生效；而后者则是合同本已规定的条件，买卖合同已经有效成立。买方检查船舶实际上合同规定的一项选择权，买方检查船舶后可以继续履行合同义务，也可以终止合同。

二、所有权的转移

买卖合同中标的物所有权发生转移的时间因标的物特征、当事人意思以及适用法律的不同而不同。船舶买卖合同中船舶所有权在合同成立时并不发生转移，而是在卖方向买方提交卖据时才由卖方转移至买方。

船舶所有权虽然是根据买卖合同而发生转移的，但买卖合同本身并无法使船舶所有权自卖方转移至买方，转移船舶所有权的法律文件是卖据。因此，挪威格式序言中写的是卖方已经同意出售，买方已经同意购买。通常，合同签订的日期并不是船舶所有权转移的日期。买卖双方可以约定船舶所有权转移的条件，只有当该条件满足时船舶所有权才从卖方转移至买方。

除非双方另有约定，船舶的风险随所有权的转移而转移。

第二节　常用格式合同

对于二手船买卖的任何一方来说，要达到零风险的状态是永远不可能的。但是，如果合同双方当事人愿意花时间去识别他们在主合同中承担的主要风险，并认真考虑如何才能最好地排除或限制或以其他方式控制这些风险，那他们在正确的方向上迈出了一大步。

二手船舶买卖合同的标准格式是经过长期交易实践而形成的，它是对市场实践的归纳和总结，反过来又对船舶买卖交易起着指导作用。任何标准合同都有一个逐步形成和完善的过程，船舶买卖合同的标准格式也一样，也是随着船舶买卖交易实践的积累和发展逐步得到修改和补充的。一个高水准的标准格式，除列明公平交易的一些商业要素外，还包含一些至关重要的法律要素。精心拟定的标准格式合同会使合同双方免于负担重新构造一个相对复杂的商业和法律关系所带来的麻烦和费用，为买卖双方提供了合同谈判的基础、缩短了合同谈判时间，并且还能避免某些重要条款被遗漏，所以在二手船买卖中仍被广泛使用。

在二手船市场上，标准买卖合同有挪威格式（The Norwegian saleform，NSF），日本船舶买卖合同（Nipponsale）和新加坡船舶买卖格式合同等（SSF）。需要注意的是标准的格式合同并不是强制使用的，而是作为一个公平交易的有益起点，但买卖双方根据具体交易面临的风险，通过协商对标准格式合同的条款进行修改调整仍然是有必要的。

一、挪威船舶买卖格式合同

挪威船舶买卖格式（Norwegian saleform，NSF）是挪威航运经纪人协会（Norwegian Shipbrokers' Association）起草的一份船舶买卖合同的标准格式。第一份挪威买卖格式起草于 1956 年，并得到波罗的海国际海事理事会（The Baltic and International Maritime Council，BIMCO）的认可。之后又经过 1966 年、1983 年、1987 年、1993 年和 2012 年的多次修改。挪威船舶买卖格式合同的修改通常是对不能充分反映行业惯例做法的条款的修订，适应市场需要的同时也反映了相关法律的发展。虽然经修改的挪威格式还存在一些缺陷，但它仍是国际上相对完善的船舶买卖标准合同，被各国的二手船交易广泛采用，是实践中使用最为广泛的格式合同。本书将基于 Saleform 2012 对合同条款进行探讨。

二、日本船舶买卖格式合同

日本船舶买卖合同是日本航运交易所（The Japan Shipping Exchange Inc.）的文件委员会（The Documen-tary Committee）起草的船舶买卖标准合同。最早的文本完成于 1965 年 12 月 16 日，之后又经过 1971 年、1977 年、1993 年、1999 年和 2021 年的多次修改，能及时反映二手船舶买卖实践中的最新发展。虽然日本船舶买卖格式合同是由日本航运交易所发布的，而且日本卖方使用最多，但有时基于日本船舶买卖格式合同签署买卖协议的双方当事人会约定将英国法律作为该协议的准据法。

三、新加坡船舶买卖格式合同

新加坡船舶买卖格式合同（Singapore ship sale form）是新加坡海事基金会（Singapore Maritime Foundation，SMF）于 2011 年起草推出的船舶买卖格式合同，简称 SSF 2011。SMF 的目标是提供一个可以替代 Saleform 格式，又切实可行的格式合同选择。新加坡船舶买卖格式合同迎合了亚洲航运界的市场需求，希望更多的争议被提交到新加坡进行仲裁。考虑到合同双方可能希望依据 SSF 2011 格式签订合同的同时适用英国法律，因此，新加坡格式明确规定，当事人可以选择英国法而不是新加坡法律作为该协议的准据法。

第三节　合同主要条款

本节探讨的合同条款主要是 2012 年挪威船舶买卖格式的标准条款，包含内容如下：

一、序言

1. 合同标题

MEMORANDUM　OF　AGREEMENT　SALE FORM 2012

2012 版船舶买卖合同之协议备忘录

协议备忘录这一表达方式旨在强调一个事实，即 Saleform 格式往往是对双方在要点重述阶段协商达成一致的条款和要点重述阶段之后双方所达成一致的其他新的条款的正式记录。在 Saleform 2012 格式中包含一条"完整性协议"条款，意味着船舶买卖合同在双方签字生效后即构成买卖双方之间的完整协议。

知识链接 6 –2

2012 年挪威船舶买卖格式合同完整性协议条款

Entire Agreement

The written terms of this Agreement comprise the entire agreement between the Buyers and the Sellers in relation to the sale and purchase of the Vessel and supersede all previous agreements whether oral or written between the Parties in relation thereto.

---

2. 时间

Dated

日期

一般而言，合同签署日期应该是合同开始生效的时间，但是在船舶买卖合同中签署的日期则并不一定是合同开始生效的时间。除非双方另有约定，船舶买卖合同开始生效的时间是买卖双方互相确认交易条件的时间，即双方达成一致的时间。如果双方以该日作为合同签署日期，那么合同签署日期便是合同开始生效的时间。双方当事人也可以约定其他日期作为合同签署日期，那么合同签署日期和合同生效的时间可能互相脱离，但合同上的签署日期并不影响合同开始生效的实际时间。

在大多数船舶买卖合同中，合同双方可能会填上他们签字的日期，合同生效日期有可能以当事双方在合同上签字的日期为准，也可能是将主要条款达成一致的日期，而不是合同签署日期，约定在协议备忘录中。使用诸如"从……该日生效"这样的表达方式，明确表示合同在实际签署之前就具有追溯的效力。

知识链接 6 -2

The "Blankenstein"（1985）

这个先例［The "Blankenstein"（1985）1 Lloyd's Rep. 93］涉及三艘船舶同时一次性出售，卖方是著名德国班轮公司 Hapag-Lloyd，而买方是希腊船东（两兄弟名为 Menelaos 与 George Raftopoulos）。他们都有经纪人代表，卖方是 Nebelsiek 先生，买方是 Panas 先生。

在 1977 年 6 月，双方仍在谈判，买方已上了其中的二艘船舶进行表面检查。之后买方在 7 月 4 日通过经纪人向卖方做出一个"实盘"（firm offer），船价已谈妥，买方的名字形容是："for and on behalf Messrs Raftopoulos of Athens and for company or companies to be nominated by them in due course."

双方以电传来往的谈判进展很快，到了 7 月 8 日，双方已把所有买卖合约的大小条文谈拢与同意了。而且先决条件的 subject 也已取消，这在 Nebelsiek 给 Panas 在 7 月 8 日的电传内容中可见：

"… I am very pleased to reconfirm the deal at US $ 2365000, cash for the three vessels en bloc. Re Para. 7 as per your stipulation, all other terms have been agreed.

Sellers supervisory board approval has been obtained. I am drawing up Memo-randum of Agreement in Monday…"

但之后，买方一直拖延不签买卖合约（memorandum of agreement, MOA），也不去提供船价 10% 的保证金（买卖合约第 2 条规定签署合约才需去提供保证金）。买方也曾请求卖方押后交船前进干坞检查船底。这种情况的背后原因之一是买方融资/贷款不成功，导致没有钱去支付这 10% 保证金或即使买方自己有这笔钱，也没有余下的 90% 船价去完成买卖交易，故有了迟疑。

最终卖方以买方的毁约行为去中断合约，并向买方起诉索赔损失。买方提出其中一个最主要的抗辩理由指双方尚没有约束性合约关系是指买卖合约（MOA）尚未有签署。但这个理由十分牵强，因为在英国法律，一般合约都不存在要双方签字才生效。现实中有无数的合约是以行动或口头达成，一样有效有约束力，二手船买卖合约并没有什么特殊之处会有不同法律对待。故此若双方真想去签署了买卖合约（MOA）才令合约生效，唯一最有效办法是去明示，在所有条文谈妥前加上另一个先决条件："subject contract"，但二手船买卖很少见到有这个 subject。

希腊买方在伦敦仲裁，英国高院与上诉庭均败诉。上诉庭的 Fox 大法官是这样说：

"In the present case, on 8 July 1977 all the terms of the sale were agreed. And it seems to me that all the indications are that they were not intended to be subject to the execution of the memorandum. Thus, the arbitrator found（i）that the agreement was without any 'subjects'（ii）that the two experienced brokers, Mr. Panas and Mr. Nebelsiek, were convinced that they had concluded a valid contract between their principals and（iii）the agreement would be regarded in the shipping market as a binding contract not requiring a signed memorandum to validate.

I therefore reject the argument based on the absence of a signed contract."

3. 买卖双方的名称

［Name of Sellers］hereinafter called the Sellers，have agreed to sell，and

［Name of Buyers］hereinafter called the Buyers，have agreed to buy：

［卖方名称］以下称之为卖方，已经同意出售，

　［买方名称］以下称之为买方，已经同意购买：

合同中的卖方通常是船舶唯一的注册所有人。但也有可能出现买卖合同订立时卖方不是船舶注册所有人的情况，在此情况下，卖方应当承诺，当船舶所有权按照合同约定发生转移时，卖方将拥有将船舶所有权转移给买方的权力。例如，卖方可能已经签订了一个购买船舶的合同，但还未交付，便以背靠背的形式将船舶出售给买方；有时卖方不愿意过早地让市场知道他将要进行的交易，所以在开始洽谈时就使用一个第三者的名称作为交易的卖方，并保留将来指定其他人作为卖方的权利，即在卖方名称后面加上"或其指定人"（or its nominee）。但这种由卖方指定他人取代的情况在实践中并不多见，因为能出售船舶的只能是对该船舶享有所有权的船东，而且只要给出船名，买方不难查到该船的实际船东。相对而言，买方指定他人作为买主的情况则比较多。在实践中，出面洽谈合同的一般就是母公司或真正的买方，在洽谈进行到最后阶段时他会去成立一家单船公司作为该船的注册船东。这样做对买方来说显然比较灵活，如果先成立单船公司再开始洽谈，一旦交易失败就会产生不必要的费用。从法律责任来说，进行洽谈的买方或卖方和其指定人承担相同的合同责任，两者的主要差别只是时间而已，即合同上的买方或卖方在其提出指定人以前承担合同规定的所有买方或卖方的责任。

4. 船舶规范

Name of vessel：

IMO Number：

Classification Society：

Class Notation

Year of　Build：　　　　　　　　　Builder/Yard：

Flag：　　　　　　　　　　　　　Place of Registration

GT/NT：

Hereinafter called the "Vessel"，on the following terms and conditions：

船名：

国际海事组织识别号：

船级社：

入级符号：

建造年份：　　　　　　　　　　　建造地/造船厂：

船旗国：　　　　　　　　　　　　登记注册地：

总吨/净吨：

以下称为"船舶"，并遵循以下条款与条件：

船舶的 IMO 编号是由美国信息和数据提供商 IHS Fairplay 分配制定的，它为 IMO 管理着该编号分配机制。IHS Fairplay 是唯一负责分配编号并使其生效的主管机关，它通过其管理的全球海上数据库发布七位数字编码。在船舶的使用期间内，IMO 编号始终不变，它是船体身份识别有关的唯一编号，被认为是识别船舶的最好方法之一。

船级符号在船舶首次交船和加入船级社时分配给船舶的标志，但在船舶整个使用周期中并非一直保持不变。例如，他们可能因为船舶改装或经营范围的变化而改变。因此，卖方应特别谨慎以确保船级描述的准确性，并在船舶交付给买方时依然保持现有船级符号。如果卖方对此存有疑虑，那么最好把船级描述只限制为船级社的名称。

船舶规范只做一般记载，其作用主要在于使船舶的基本特征能在合同中一目了然地反映出来，以便买方了解。船舶的详细情况还需用各类证书加以说明。需要注意的是，此项内容一旦载入合同即构成合同条款，如与实际情况不符，卖方须承担违约责任，因此有关内容应根据船舶的登记证书上的记载填写，因为船舶登记证书是记载船舶特征的权威文件。

5. 定义部分

"Banking Days" are days on which banks are open both in the country of the currency stipulated for the Purchase Price in Clause 1 (Purchase Price) and in the place of closing stipulated in Clause 8 (Documentation) and (add additional jurisdictions as appropriate)

"Buyers' Nominated Flag State" means   (state flag state).

"Class" means the class notation referred to above.

"Classification Society" means the Society referred to above.

"Deposit" shall have the meaning given in Clause 2 (Deposit).

"Deposit Holder" means (state name and location of Deposit Holder) or, if left blank, the Sellers' Bank, which shall hold and release the Deposit in accordance with this Agreement.

"In writing" or "written" means a letter handed over from the Sellers to the Buyers or vice versa, a registered letter, e-mail or telefax.

"Parties" means the Sellers and the Buyers.

"Purchase Price" means the price for the Vessel as stated in Clause 1 (Purchase Price).

"Sellers' Account" means (state details of bank account) at the Sellers' Bank.

"Sellers' Bank" means (state name of bank, branch and details) or, if left blank, the bank notified by the Sellers to the Buyers for receipt of the balance of the Purchase Price.

"银行工作日"是指：在第 1 条（购买价格）所约定的购买船舶所使用的货币的国家和在第 8 条（交船文件）以及在   （填写合适的准据法）所规定的船舶交接的国家，银行开门营业的工作日。

"买方指定的船旗国"是指：载明的船旗国。

"船级"是指：上文提到的船舶入级符号。

"船级社"是指：上文提到的船级社。

"保证金"与第 2 条（保证金）规定的含义保持一致。

"保证金持有人"是指：（载明保证金持有人的名称和位置），或者，如果空白不填，则按照本协议规定，指应该持有和释放保证金的卖方的银行。

"书面形式"或"书面"是指：卖方转交给买方（反之亦然）的信函、挂号信、电子邮件或电传。

"合同缔约方"是指：卖方和买方。

"购买价格"是指：在第 1 条载明的船舶买卖价格（购买价格）。

"卖方账户"是指：在卖方银行设立的（写明银行账户细节）。

"卖方银行"是指：载明银行名称、分行名称和详细信息。（如果空白不填，则指卖方通知买方的、由卖方指定负责接收船舶购买价格剩余款项的银行）

在 Saleform 2012 格式中，"银行工作日"在以下条款中使用：

（1）第 2 条——要求买方在协议签署并交换、保证金持有人以书面形式确认已经开立共同存款账户后 3 个银行工作日内支付保证金。

（2）第 3 条——要求买方在准备有效的就绪通知书（即"准备就绪通知书"，以下简称"NOR"）并按照第 5 条递交后，在 3 个银行工作日内支付船舶购买价款。

（3）第 5（c）条——买方在收到卖方递交的关于船舶交接未能准备就绪的通知后 3 个银行工作日内，有权解除该协议。如果买方没在 3 个银行工作日内宣布行使这一权利，则卖方有权提出新的解约日。

（4）第 6（a）（ii）条——若存在船级社要求的在下一次进坞检查之前必须修理的项目，则合同每一方应当在船级条件/批注出现之后的 2 个银行工作日内，对此修理工作的费用进行评估。

规定银行工作日主要是为了保证买方不会因为银行体系的规定而被阻止履行其付款义务，确保买方能按时付款。但第 5（c）条和第 6（a）（ii）条中的日期与付款无关，使用银行工作日是为了前后的连贯性，合同双方可以根据具体情况适当修改，采用连续日或者工作日等来替代银行工作日。

二、合同条款

1. Purchase Price

The PurchasePrice is（state currency and amount both in words and figures）.

· 购买价格

船舶购买价格 （以文字和数字形式注明币种和金额）。

Saleform 2012 格式第 1 条明确规定合同双方应明确表述船舶购买价款的币种和金

额，并要求以文字和数字的形式填写，在挪威格式合同的以往版本中没有此要求，目的是将与这一关键条款相关的任何错误或误解的风险降到最低。

2. Deposit

As security for the correct fulfilment of this Agreement the Buyers shall lodge a deposit of   % (per cent) or, if left blank, 10% (ten per cent), of the Purchase Price (the "Deposit") in an interest bearing account for the Parties with the Deposit Holder within three (3) Banking Days after the date that

(1) this Agreement has been signed by the Parties and exchanged in original or by email or telefax; and

(2) the Deposit Holder has confirmed in writing to the Parties that the account has been opened.

The Deposit shall be released in accordance with joint written instructions of the Parties. Interest, if any, shall be credited to the Buyers.

Any fee charged for holding and releasing the Deposit shall be borne equally by the Parties. The Parties shall provide to the Deposit Holder all necessary documentation to open and maintain the account without delay.

· 保证金

为确保本协议的正确执行，自以下之日起的 3 个银行工作日内，买方应该将船舶购买价格的   % （如果未填写，则为 10%） 作为保证金存入代表合同双方共同利益的保证金持有人计息账户：

（i） 本协议的正本文件已被签署并且已通过电子邮件或传真交换。

（ii） 该保证金的持有人已以书面形式通知合同双方该账户已经开通。

该保证金应该按照双方联名的书面指示释放给卖方。若有利息，应该归还给买方。因保管和释放本保证金而产生的任何费用应该由合同双方平均分摊。合同双方应该毫无延迟地提供给保证金持有人建立和维护该账户必需的所有文件。

从风险上来看，船舶买卖交易中卖方承担的风险比较大。买方在开始洽谈时可能没有任何资产，而卖方在实际收到船价前无法证实买方的真正支付能力，因此卖方处于是比较被动的地位。为了给予卖方可靠的交易保障并使卖方在买方违约时能有适当的补偿，船舶买卖合同一般都有"保证金条款"（deposit clause），要求买方在同意或签订了合同之后的一定时间内支付一定金额作为履行合同的保证。

在这一条款中，要求买方在规定的时间内将保证金存入账户，并清楚表明，保证金账户须在规定时间内收到该款项，而不仅仅由买方银行汇出该款项。至于保证金的数额，市场的惯例是买方支付相当于购买价格的 10% 作为保证金。双方也可约定其他的比例，填写在空白处。如果没有这么做，就以市场惯例作为解决方案，保证金将是购买价格的 10%。

Saleform 2012 格式中引入了"保证金持有人"这一术语，要求合同双方在定义部分填写上保证金持有人的名称和地址。保证金持有人通常是双方都信任的人。在实践中，最常见的服务提供方是银行、船舶买卖经纪人和律师事务所。如果双方未有约定，一般由卖方银行履行这一职责。把保证金放置在保证金持有人之处的安排，是为了不给卖方或买方单独控制保证金的权利。万一买卖合同的违约情况存在争议，每一方都希望确保另一方不能单方面要求支取或者返还全部或部分保证金。

在保证金的支付期限方面，买方希望确保合同规定的时间足够充裕，若买方未能及时存放保证金，卖方将有权根据第13条解除合同，并要求买方赔偿其损失及连同利息在内的全部费用。存放保证金的前提条件之一是要求正本文件已经签署并且通过电子邮件或传真交换。然而，在实践中开设一个共同银行账户越来越麻烦费时，要在短时间内开立一个联合账户并存入保证金并不容易。于是，在合同中新增了另一个前提，即保证金持有人已书面形式通知合同双方该账户已经开通，才开始起算时间。但若未能在规定时间内开立保证金账户则没有规定相应的后果。有时，即便双方都没有过失，也可能存在不能及时开通保证金账户的情况。当合同一方认为延误过长，想要解除合同时，长时间无法开通保证金账户可能不是能够有效终止合同的很好的理由。如果买方和卖方想让这种情形下的合同解除权上更具确定性，可以在合同中约定，若保证金持有人在规定的时间内未能开通保证金账户下，任何一方当事人都有权解除合同并且不构成违约，也不用承担责任。

3. Payment

On delivery of the Vessel, but not later than three（3）Banking Days after the date that Notice of Readiness has been given in accordance with Clause 5（Time and place of delivery and notices）：

（i）the Deposit shall be released to the Sellers；and

（ii）the balance of the Purchase Price and all other sums payable on delivery by the Buyers to the Sellers under this Agreement shall be paid in full free of bank charges to the Sellers' Account.

· 付款

付款在交船时进行支付，但不得迟于第5条（交船时间和地点）所规定的递交准备就绪通知书之后的3个银行工作日内：

（1）保证金应当释放给卖方。

（2）购买价款的余额以及本协议项下应由买方支付给卖方的所有其他款项，应当支付到卖方账户之内，任何银行费用由买方另付。

本条款首先明确了何时支付的问题，收到交船准备就绪通知书（不包括收到通知书当天）后，买方应在3个银行工作日内释放保证金，并支付船款余额即买方应支付的其他所有款项，例如第7条规定的款项。

合同各方当事人，尤其是买方应当特别注意，为了能够按时收/付款，接受购船价款的分支银行所在地，与买方的汇款银行所在地，二者之间不能相互冲突。例如，如果支付货币为美元，任何款项都将需要途经美国的代理银行。在这种情况下，如果买方是从英国汇出资金，那么通常只有几个小时，英国的下午/美国的早晨，英国的银行和美国的银行才能同时开门办理业务。如果卖方再指定一家收款银行，譬如说在中国香港的银行，那么英国的汇款银行、美国的代理行与香港的收款银行，就不存在能同时营业的时间。

为避免这些潜在问题，卖方和买方应当确保保证金持有人所在地、卖方账户所在地和任何其他必要的参与人员所在地，例如，在以美元付款的情况下，美国的代理银行位于同一个时区，这样才能够在交船时实现顺利付款。在做出这些安排的同时，交接地的情况，根据第8条，指交换文件的指定地点也应当被考虑，因为一些必要的参与者，如船舶注册主管机关的代表、抵押银行的代表可能不愿意或不能够在正常工作时间以外的时间履行他们的职责。

Saleform 2012 格式定义部分要求合同双方填写上卖方的银行、分支机构和账户细节，但如果未填写，则默认卖方的银行是"由卖方通知给买方接受剩余购船价款的银行"。卖方在交易谈判时，争取在合同签署之后再将接受购船价款的银行的详细信息通知给买方的权利的情况十分常见。在这种情况下，卖方希望在船舶交接前的某一天指定其银行，而买方则不希望卖方太晚提供关于收款银行及其账号的信息，可能会通过修改第3条以限制卖方的指定权利，以使卖方指定的银行与保证金银行在同一个地方，或在同一时区内而能及时安排付款。当合同各方使用 Saleform 2012 格式订立合同的情况下，可以通过附加条款以修改关于"卖方银行"定义的默认条文。

其次，区别于以往的版本，2012 版的挪威格式合同明确约定了将保证金作为部分购买价款进行释放，再支付购买价款的余额及其他所有款项即可。船舶购买价款由 10% 的船价的保证金和其余 90% 的船价组成。且船舶价款的支付是全额支付，不产生任何银行费用，不允许被减扣。银行费用由买方另外支付，并通过明确的约定更加全面地排除买方在任何情况下所拥有的扣减或抵销船舶价款的权力。

知识链接 6-3

The Aktor（2008）案

2004 年 5 月 21 日，伦敦经纪人根据买卖双方关于就成品油船出售的协商谈判情况，编制出了要点重述信息并载明双方约定同意的条款。要点重述规定 10% 的保证金应存入卖方在新加坡的指定银行。2004 年 6 月 2 日，双方签订船舶买卖协议备忘录，约定船舶在新加坡进行交接，并在交接当天由买方将保证金汇给卖方在新加坡的指定银行。在预交接阶段至在（修改后的）解约日这段时间，双方出现争议，因卖方声称其有权要求买方将 100% 的船价支付给位于比雷埃夫斯市的希腊国家银行（National Bank of Greece，NBG）。根据船舶买卖协议备忘录 Saleform 1993 第 3 条，位于比雷埃夫斯市的希腊国家银行是卖方的指定银行。经过多次协商，买方同意将 90% 的船价支付到比雷埃夫斯的希腊国家银行，但坚持通过让渡在新加坡的保证金作为对剩余 10% 船价的支付。卖方认为，这相当于买方违约，并认为合同因此终止，卖方不再需要履行船舶交付义务。该争议被提交至仲裁裁定，卖方主张没收保证金，而买方主张归还他们的保证金，含利息以及利润损失。

仲裁员做出了有利于卖方的判决，认定：根据船舶买卖协议备忘录第3条，卖方指定一家（在希腊的）银行接受全部购船价款的权利是不受限制的。由于提出的争议具有普遍的公共重要性，高等法院批准了该案的上诉申请。

买方上诉的理由之一是，仲裁员犯了法律上的错误，他没有能够正确解释船舶买卖协议备忘录第1～3条与第8条的相互作用。由于第8条规定在新加坡进行文件交割/交换，买方争辩说他们有权在新加坡进行付款，或者至少是卖方无权坚持要求在希腊接受付款。付款是船舶交接过程的一部分，卖方的义务是交付船舶，以及交付相关文件"以换取支付购买价款"。此外，买方主张，船舶买卖协议备忘录第3条要求将购船价款支付"给"卖方的指定银行，而不是"到/在"该银行。因此，买方坚称，即使认定支付款项必须汇给卖方在希腊的银行，买方也可以在交接时从新加坡通过汇款而解除付款义务，卖方无权坚持要求其在希腊的指定银行在交割期间收到这笔款项。此外，买方还主张，船舶买卖协议备忘录第3条规定的"卖方的指定银行"与第2条中"卖方在新加坡的指定银行"的意思一致，因为船舶买卖协议备忘录第2条和第8条已经同时指明了卖方指定的银行的位置（即新加坡），因此才在第3条省略了"在新加坡"字样。

法院驳回了买方的主张，并认定仲裁员在法律上并没有犯错。针对买方的主张，法院判决：

● 船价付款和付款地点受第3条款的制约，且第3条规定的是全额支付价款。

● 船舶买卖协议备忘录第2条是对保证金支付问题的约定，保证金是买方履行合同义务的担保。

● 没有必要判定（推定或默示）卖方指定接受购船价款的银行必须与卖方指定接受保证金的银行一致。购买价款和保证金是两种不同的事物。将保证金存入保证金账户并不构成对部分购船价款的支付。

● 完成船舶买卖交易经常涉及在多个司法管辖范围内的不同行为（例如，船舶实际交付、文件交接、注册船舶船籍与船舶抵押的取消和重新登记、付款安排，等等）——船舶买卖协议备忘录第8条只涉及其中一个方面（即在船舶交接时的文件交付），第3条则是关于另一个方面（即支付购买价款）的约定。

● 在船舶买卖协议备忘录第2条加入"在新加坡"字样，以及在第3条省略该字样的做法，从初步证据上看，视其为故意行为。

虽然 The Aktor 案的背景并不常见，但这个判决提醒合同当事人需要在买卖合同中对买方的付款义务做出明确的规定。由于 Saleform 1993 格式第3条的作用已被判决完全独立于第2条和第8条，因此未规定释放保证金是对部分购船价款的支付，可能导致买方必须支付110%的购买价款（即10%的保证金，外加100%的购买价格）以及在交割时，同时享有收回保证金的权利。这可能会导致买方在为收购船舶需要从外部资源获得融资情况下的特殊问题。尽管这一问题已经在 Saleform 2012 格式得到解决，但继续使用 Saleform 1993 格式订立合同的买方应当力求明确约定，在船舶买卖协议备忘录第2条和第3条内的约定的卖方指定银行必须是同一家银行和其分行，或者，应当规定释放保证金是作为对部分购船价款的支付，以及在第3条下，买方的付款义务仅涉及剩余部分款项。

4. Inspection

（a） * The Buyers have inspected and accepted the Vessel's classification records. The Buyers have also inspected the Vessel at/in _____ (*state place*) on _____ (*state date*) and have accepted the Vessel following this inspection and the sale is outright and definite, subject only to the terms and conditions of this Agreement.

（b） * The Buyers shall have the right to inspect the Vessel's classification records and declare whether same are accepted or not within _____ (*state date/period*).

The Sellers shall make the Vessel available for inspection at/in _____ (*state place/range*) within _____ (*state date/period*).

The Buyers shall undertake the inspection without undue delay to the Vessel. Should the Buyers cause undue delay they shall compensate the Sellers for the losses thereby incurred.

The Buyers shall inspect the Vessel without opening up and without cost to the Sellers.

During the inspection, the Vessel's deck and engine log books shall be made available for examination by the Buyers.

The sale shall become outright and definite, subject only to the terms and conditions of this Agreement, provided that the Sellers receive written notice of acceptance of the Vessel from the Buyers within seventy-two（72）hours after completion of such inspection or after the date/last day of the period stated in Line 59, whichever is earlier.

Should the Buyers fail to undertake the inspection as scheduled and/or notice of acceptance of the Vessel's classification records and/or of the Vessel not be received by the Sellers as aforesaid, the Deposit together with interest earned, if any, shall be released immediately to the Buyers, whereafter this Agreement shall be null and void.

*4（a）and 4（b）are alternatives; delete whichever is not applicable. In the absence of deletions, alternative 4（a）shall apply.

· 检查

（a） * 买方已经检查并接受船舶的船级记录。买方也已经在 _____ （载明地点）于 _____ （标明时间）内对船舶进行了检查，并且在该检查之后已经接受了该船舶，那么，船舶买卖关系，根据本协议的条款和条件，无条件且明确地宣告成立。

（b） * 买方应该有权检查该船舶的船级记录，并在 _____ （填写日期/期限）内宣布是否接受船舶现状买卖。

卖方应该在 _____ （载明地点/地区范围）于 _____ （标明时间/期限）内为买方安排船舶以供检查。

买方应该承诺该检查不得给船舶造成不合理的延误。买方如果造成了不合理的延误，则应当赔偿卖方因此而遭受的损失。

买方应能检查船舶，但不得打开/拆解船舶（机械），以及不能给卖方造成任何费用支出。

在检查期间中，应提供船舶航海日志和轮机日志给买方进行检查。

如果在买方完成本次检查之后，或者在第59行标明的日期/期限的最后一天之后的72小时内，以二者较早时间为准，卖方收到来自买方的接受该船舶的书面通知，那么船舶买卖关系仅受限于本协议的条款和条件，无条件且明确地宣告成立。

如果买方未能按原定计划检查船舶，和/或卖方没有在上述时限内收到买方接受该船舶船级记录的通知，和/或买方接受该船舶的通知，则保证金连同其利息（如果有）应该立即归还给买方，在此之后，该协议应该宣告无效。

*4（a）和4（b）二者选一；删除不适用条款。如果未做删除，则视为选择适用4（a）。

本条规定了买方查看船舶的船级记录，检查船舶本身的权利及义务，并规定了买方将查看和检查结果通知卖方的期限。

Saleform 2012格式第4条第（a）、（b）款为船舶检查提供了两种选择，其中一条应该由合同当事人删除。如果双方没有删除其中之一，他们将被视为选择了第一项。

为完整起见，值得一提的是还有第三种选择，即没有进行任何船舶检查。如果没有进行第4条第（a）、（b）款规定的检查，合同当事人应当删除第4条的全部内容，以避免默示适用第4（a）条款。并加入"该买卖彻底无条件和明确肯定地宣告成立，仅受本合同条款和条件的约束"的表述，并参照 Saleform 合同的日期，用适当的文字替代第11条中提到的"检查"。

查看船舶的船级记录一般需要卖方的授权，船级社无权擅自向任何第三者公开船舶的船级记录。船舶检查也一样，在收到船东的明确指示之前，船长有权拒绝买方代表上船检查。

买方检查船舶不能影响船舶的正常运行，不能要求打开主机查看。实践中买方一般会要求在船舶卸完货后进行检查，以便更好地了解船舶的货舱情况。

买方在检查完船舶以后，或者在第59行标明的约定检查的日期或期限的最后一天之后的72小时内，以二者较早的时间为准，做出是否接受船舶的答复。如果船舶检查是在买卖合同正式订立以后才进行，则卖方就比较被动，无论市场发生何种变化，在买方通知检查结果的期限届满前，卖方不能将船舶转售他人。而买方则比较主动，他可以在期限届满前拖延检查，根据市场涨跌以及其他有关情况决定是否接受船舶。如果买方未能按时通知卖方，卖方就有权取消合同，但必须如数退还10%的保证金。相反，如果船级记录的查看以及船舶的检查是在买卖合同订立前进行，卖方就处于比较有利的地位。这时买方则变得被动了，他花了时间和费用去检查船舶，即使对船舶十分满意，也未必能最终达成交易。卖方可能已经将船舶卖给了他人，因为合同尚未成立，卖方不受任何约束。

然而，到底是先检查船舶还是先订立买卖合同似乎是一个商业决定而不是一个法律问题，它往往取决于市场因素。在卖方市场的情况下，卖方往往通知买方有关船舶的行驶路线，要求买方去检查完船舶后才来洽谈价格和其他交易条件。相反，在买方市场情况下，买方会要求先和卖方订立合同，然后再慢慢检查船舶，从而争取到交易的主动权。

5. Time and place of delivery and notices

（a）The Vessel shall be delivered and taken over safely afloat at a safe and accessible berth or anchorage at/in　（*state place/range*）in the Sellers' option.

Notice of Readiness shall not be tendered before：　　（*date*）

Cancelling Date [see Clauses 5（c），6（a）（i），6（a）（iii）and 14]：

（b）The Sellers shall keep the Buyers well informed of the Vessel's itinerary andshall provide the Buyers with twenty（20），ten（10），five（5）and three（3）days' notice of the date the Sellers intend to tender Notice of Readiness and of the intended place of delivery.

When the Vessel is at the place of delivery and physically ready for delivery in accordance with this Agreement, the Sellers shall give the Buyers a written Notice of Readiness for delivery.

（c）If the Sellers anticipate that, notwithstanding the exercise of due diligence by them, the Vessel will not be ready for delivery by the Cancelling Date they may notify the Buyers in writing stating the date when they anticipate that the Vessel will be ready for delivery and proposing a new Cancelling Date. Upon receipt of such notification the Buyers shall have the option of either canceling this Agreement in accordance with Clause 14（Sellers' default）within three（3）Banking Days of receipt of the notice or of accepting the new date as the new Cancelling Date. If the Buyers have not declared their option within three（3）Banking Days of receipt of the Sellers' notification or if the Buyers accept the new date, the date proposed in the Sellers' notification shall be deemed to be the new Cancelling Date and shall be substituted for the Cancelling Date stipulated in line 79.

If this Agreement is maintained with the new Cancelling Date all other terms and conditions hereof including those contained in Clauses 5（b）and 5（d）shall remain unaltered and in full force and effect.

（d）Cancellation, failure to cancel or acceptance of the new Cancelling Date shall be entirely without prejudice to any claim for damages the Buyers may have under Clause 14（Sellers' default）for the Vessel not being ready by the original Cancelling Date.

（e）Should the Vessel become an actual, constructive or compromised total loss before delivery the Deposit together with interest earned, if any, shall be released immediately to the Buyers whereafter this Agreement shall be null and void.

· 交船的时间、地点和通知

（a）船舶应该根据卖方的选择，在　　　　　　（载明的地点/范围）的安全和可自由进入的泊位或锚地内，并在安全漂浮状态下进行交付和接收。

准备就绪通知书应不得早于　　　　　　（填写日期）递交。

解约日/销约期［参看第5（c）条、第6（a）（i）条、第6（a）（iii）条和第14条］：

（b）卖方应随时向买方报告本船舶的行程，并须提前20天、10天、5天和3天给予买方关于卖方预计递交准备就绪通知书的日期和预计交船的地点的通知。

当船舶抵达交付地点，并根据本协议实质准备就绪交船时，卖方必须向买方递交书面的准备就绪通知书。

（c）如果卖方预计无论如何该船舶在解约日截止前仍然无法做好交船准备，他们可以通知买方，同时以书面形式声明，他们预计该船舶将做好交船准备的日期，并提出一个新的解约日。一旦买方收到这一通知，买方有权根据第14条（卖方违约）在收到该通知后3个银行工作日内选择取消本协议，或者选择接受新的日期作为新解约日。如果买方在收到卖方的通知后3个银行工作日内没有宣布他们所做的选择，或者如果买方接受了新的日期，则卖方通知中所提议的日期应被视为新的解约日，并须替代第79行规定的原解约日。

如果在解约日变更的情况下，本协议仍然有效存续，则其他所有条款和条件，以及第5（b）、（d）条内包含的内容，应仍然保持不变，并完全有效。

（d）解约、没有取消合同，以及没有接受新的解约日，应将完全不影响买方因卖方未能在原解约日准备就绪而根据第14条（卖方违约）享有的任何损害赔偿的请求权。

（e）如果在交接前，该船舶实际全损、推定全损或协议全损，保证金连同赚取的利息（如有）应该立即返还给买方，此后本协议作废。

本条规定了交船的地点、时间和解约日，以及卖方在交船前将船舶动态通知买方的义务，本条还规定了出现合同履行不能的情况及其法律后果。

5（a）条合同双方需要填写船舶预计交接的位置。交接位置可能是一个特定的锚地或港口，或者在规定的地理范围内，由卖方选择一个地方。

买卖合同中交船地的约定涉及许多问题，例如，船舶的运行特点、船员上船和遣返、交船港具体情况等，如果船舶在交接时还尚需进坞，则还会牵涉船坞的安排等问题。卖方一般希望交船地是自己比较熟悉并有或能找到合适代理的港口，遣返船员时不会遇到手续上的问题。买方和卖方一样也希望交船地是自己熟悉，并有或能找到合适代理的港口以外，买方还希望交船地能和该船未来的营运结合起来。

在实践中，交船地很少规定为一个特定的港口，而往往是一个较大的区域，例如，"卖方应在日本、新加坡、中国香港区域内交船"（the sellers shall deliver the vessel within Japan, Singapore and Hong Kong region）。从卖方的利益来讲，应尽力争取较大的交船区域，使自己有较多的余地，不致因船无法在交船日前赶到合同约定的交船地而违约。如果在特定区域中的某个或某些港口买方无法安排船员上船或所需费用较大或程序手续复杂，买方可在合同中明确排除该港口，例如，"卖方应在除仁川以外的日本、新加坡和中国香港区域交船"（the seller shall deliver the vessel within Japan，Singapore and Hong Kong region except Inchon）。

不论卖方选择在何处交船，船舶交接时必须位于"安全和可自由进入的泊位或锚地并处于安全漂浮状态……"。有时，买方可能试图要求修改格式条款，以规定卖方只有在无安全可用的泊位，或只有在该锚地位于港界范围内的情况下，才能够在锚地交船。

区别于挪威格式的早期版本，Saleform 2012 规定了卖方能够递交 NOR 的最早日期，并要求卖方随时向买方报告船舶行程，以及定期通知买方其预计递交 NOR 的日期和预期交船地点，以便买方能及时做出必要的准备以进行水下检验和接收船舶。

准备就绪通知书，被广泛称为"NOR"，指卖方明确向买方确认，卖方已经根据合同条款实质准备就绪交船。一旦收到有效的 NOR，买方有 3 个银行工作日的时间以接收船舶并支付购船价款。在卖方可以递交 NOR 之前，根据第 5（b）条款的规定，船舶必须：①位于交船地点；②实质准备就绪以完成交接。船舶"实质上"准备好交接和所谓的"法律上"和"文件上"备妥是有区别的。实质备妥主要是要求船舶符合第 11 条规定的条件以及第 7 条规定的关于备件、燃料及其他项目的要求。

Saleform 2012 格式和 Saleform 1993 格式之间的另一个区别是，早期的格式使用"在各方面实质备妥以交接"的表述。"在各个方面"这一表述并没有出现在 Saleform 2012 格式中。做出如此改动的原因是担心买方可能会以船舶本身物理上存在一些小的缺陷为借口而拒绝接收船舶，或者拒绝承认 NOR 的有效性，或者这些词语可能被居心不良的买方利用以试图在最后一分钟强制压价。在实践中，以 Saleform 1993 格式为谈判基础的卖方，往往会试图删除"在各方面"这一约定，或增加"大体上/实质性（materially）"作为限制条件。

知识链接 6 - 4

Saleform1993 合同第 5 条部分节选

5. Notices，time and place of delivery

a）The Sellers shall keep the Buyers well informed of the Vessel's itinerary and shall provide the Buyers with ，　，　and　　days notice of the estimated time of arrival at the intended place of drydocking/underwater inspection/delivery.

When the Vessel is at the place of delivery and in every respect physically ready for delivery in accordance with this Agreement, the Sellers shall give the Buyers a written Notice of Readiness for delivery.

在实践中，买方为了减少不必要的麻烦或增加接船费用，可能会试图修改条款，以要求在卖方可以递交有效的 NOR 之前，船舶必须在所有重大方面实质上及法律上准备就绪，要求某些特定的准备。例如，卖方移走买卖中未包含的物品、解除和撤销船舶任何抵押，应在交船当时（撤销船舶抵押的情况）或者临近交船之前完成。

根据 Saleform 2012 格式第 5（c）条，如果卖方预见到即使其本身恪尽职守/合理谨慎，船舶在原解约日也无法备妥交接，则卖方可以提出新的解约日。

如果卖方提出了一个新的解约日，买方可以选择：

（1）在收到卖方通知后的 3 个银行工作日内解除本合同，收回保证金及所有应计利息，如果是由于已经证明的卖方疏忽而遭受到损失，还可以根据第 14 条向卖方要求赔偿损失。

（2）接受新的解约日，且该接受行为无损于买方根据第 14 条享有的就其因卖方未能在原解约日备妥交船而可能遭受的任何损害进行索赔的权利。

第 5（c）条反映了买卖市场适用的惯例，该惯例在租船市场中的适用也相对普遍。如果买方想要拒绝卖方提议的新解约日，第 5（d）条款规定，买方必须在规定的 3 个银行工作日内书面通知卖方解除合同。在这种情况下，买方将有权收回保证金，包括其利息，且在因卖方疏忽而未能在原解约日交付船舶的情况下，有权提出损害赔偿请求。

这里需要注意的是，由于船舶延迟交付，买方可能已经发生了费用支出并遭受了损失。买方也许会认为，他同意新的解约日，无论延迟是否因为卖方的疏忽，他都应当获得这些费用和损失的赔偿。然而，根据合同条款，只有在该延迟是由于卖方"可以证实的疏忽"引起的，即第 14 条的检验标准的情况下，买方才有权获得赔偿。因此，在买方遭受损失的情况下，他可以在收到第 5（c）条规定的通知时，试图与卖方协商解决这一问题。

如果船舶在交接前发生全损、推定全损或协议全损，根据 Saleform 2012 格式第 5（e）条的规定，合同将被作废并视为无效，因此卖方必须安排立即将保证金及利息返还给买方。

船舶全损是指船舶完全灭失，或者根据船东保单来看，损坏程度严重到不再是原保险标的一类的事物，或者船东无法挽回地丧失该船舶。

推定全损是指由于船舶的实际全损看起来不可避免且即将发生，因此船舶被合理地放弃，或为避免实际全损所需的费用会超出其本身的价值。当出现推定全损的情况，船东有权在合理的时间内将船舶委付给船舶保险人并主张船舶全损。

协议全损、约定全损或商定全损是指船舶既没有发生实际全损也没有发生推定全损，但船舶的修理费用大于修理后船舶的预计价值，保险人同意协商认定船舶全损。

Saleform 2012 格式第 5（e）条剥夺了买方要求赔偿损失的权利。即使是由于卖方的过失导致的全损，但是它并没有表达得那么明确，所以合同当事人有时会试图通过谈判修改本规定或 Saleform 2012 格式第 18 条新增加的"完整性协议"条款，来明确这一点。例如，当谈判过程中买方占优势，他可能会坚持主张对条款进行修改，以使其在船舶由于卖方的疏忽或故意违约而灭失时，能够根据第 5（d）条提起索赔诉讼。

6. Divers Inspection/ Drydocking

（a）*

（i）The Buyers shall have the option at their cost and expense to arrange for an underwater inspection by a diver approved by the Classification Society prior to the delivery of the Vessel. Such option shall be declared latest nine（9）days prior to the Vessel's intended date of readiness for delivery as notified by the Sellers pursuant to Clause 5（b）of this Agreement. The Sellers shall at their cost and expense make the Vessel available for such inspection. This inspection shall be carried out without undue delay and in the presence of a Classification Society surveyor arranged for by the Sellers and paid for by the Buyers. The Buyers' representative（s）shall have the right to be present at the diver's inspection as observer（s）only without interfering with the work or decisions of the Classification Society surveyor.

The extent of the inspection and the conditions under which it is performed shall be to the satisfaction of the Classification Society. If the conditions at the place of delivery are unsuitable for such inspection, the Sellers shall at their cost and expense make the Vessel available at a suitable alternative place near to the delivery port, in which event the Cancelling Date shall be extended by the additional time required for such positioning and the subsequent repositioning. The Sellers may not tender Notice of Readiness prior to completion of the underwater inspection.

（ⅱ）If the rudder, propeller, bottom or other underwater parts below the deepest load line are found broken, damaged or defective so as to affect the Vessel's class, then（1）unless repairs can be carried out afloat to the satisfaction of the Classification Society, the Sellers shall arrange for the Vessel to be dry docked at their expense for inspection by the Classification Society of the Vessel's underwater parts below the deepest load line, the extent of the inspection being in accordance with the Classification Society's rules（2）such defects shall be made good by the Sellers at their cost and expense to the satisfaction of the Classification Society without condition/recommendation ** and（3）the Sellers shall pay for the underwater inspection and the Classification Society's attendance.

Notwithstanding anything to the contrary in this Agreement, if the Classification Society do not require the aforementioned defects to be rectified before the next class drydocking survey, the Sellers shall be entitled to deliver the Vessel with these defects against a deduction from the Purchase Price of the estimated direct cost（of labour and materials）of carrying out the repairs to the satisfaction of the Classification Society, whereafter the Buyers shall have no further rights whatsoever in respect of the defects and/or repairs. The estimated direct cost of the repairs shall be the average of quotes for the repair work obtained from two reputable independent shipyards at or in the vicinity of the port of delivery, one to be obtained by each of the Parties within two（2）Banking Days from the date of the imposition of the condition/recommendation, unless the Parties agree otherwise. Should either of the Parties fail to obtain such a quote within the stipulated time then the quote duly ob-

tained by the other Party shall be the sole basis for the estimate of the direct repair costs. The Sellers may not tender Notice of Readiness prior to such estimate having been established.

(iii) If the Vessel is to be drydocked pursuant to Clause 6 (a) (ii) and no suitable dry-docking facilities are available at the port of delivery, the Sellers shall take the Vessel to a port where suitable drydocking facilities are available, whether within or outside the delivery range as per Clause 5 (a). Once drydocking has taken place the Sellers shall deliver the Vessel at a port within the delivery range as per Clause 5 (a) which shall, for the purpose of this Clause, become the new port of delivery. In such event the Cancelling Date shall be extended by the additional time required for the drydocking and extra steaming, but limited to a maximum of fourteen (14) days.

(b) * The Sellers shall place the Vessel in drydock at the port of delivery for inspection by the Classification Society of the Vessel's underwater parts below the deepest load line, the extent of the inspection being in accordance withthe Classification Society's rules. If the rudder, propeller, bottom or other underwater parts below the deepest load line are found broken, damaged or defective so as to affect the Vessel's class, such defects shall be made good at the Sellers' cost and expense to the satisfaction of the Classification Society without condition/recommendation ** . In such event the Sellers are also to pay for the costs and expenses in connection with putting the Vessel in and taking her out of drydock, including the drydock dues and the Classification Society's fees. The Sellers shall also pay for these costs and expenses if parts of the tail shaft system are condemned or found defective or broken so as to affect the Vessel's class. In all other cases, the Buyers shall pay the aforesaid costs and expenses, dues and fees.

(c) If the Vessel is drydocked pursuant to Clause 6 (a) (ii) or 6 (b) above:

(i) The Classification Society may require survey of the tailshaft system, the extent of the survey being to the satisfaction of the Classification Society surveyor. If such survey is not required by the Classification Society, the Buyers shall have the option to require the tailshaft to be drawn and surveyed by the Classification Society, the extent of the survey being in accordance with the Classification Society's rules for tail shaft survey and consistent with the current stage of the Vessel's survey cycle. The Buyers shall declare whether they require the tail shaft to be drawn and surveyed not later than by the completion of the inspection by the Classification Society. The drawing and refitting of the tail shaft shall be arranged by the Sellers. Should any parts of the tail shaft system be condemned or found defective so as to affect the Vessel's class, those parts shall be renewed or made good at the Sellers' cost and expense to the satisfaction of the Classification Society without condition/recommendation ＊＊.

(ii) The costs and expenses relating to the survey of the tail shaft system shall be borne by the Buyers unless the Classification Society requires such survey to be carried out or if parts of the system are condemned or found defective or broken so as to affect the Vessel's class, in which case the Sellers shall pay these costs and expenses.

(iii) The Buyers' representative (s) shall have the right to be present in the drydock, as observer (s) only without interfering with the work or decisions of the Classification Society surveyor.

(iv) The Buyers shall have the right to have the underwater parts of the Vessel cleaned and painted at their risk, cost and expense without interfering with the Sellers' or the Classification Society surveyor's work, if any, and without affecting the Vessel's timely delivery. If, however, the Buyers' work in drydock is still in progress when the Sellers have completed the work which the Sellers are required to do, the additional docking time needed to complete the Buyers' work shall be for the Buyers' risk, cost and expense. In the event that the Buyers' work requires such additional time, the Sellers may upon completion of the Sellers' work tender Notice of Readiness for delivery whilst the Vessel is still in drydock and, notwithstanding Clause 5 (a), the Buyers shall be obliged to take delivery in accordance with Clause 3 (Payment), whether the Vessel is in drydock or not.

＊6 (a) and 6 (b) are alternatives; delete whichever is not applicable. In the absence of deletions, alternative 6 (a) shall apply.

＊＊ Notes or memoranda, if any, in the surveyor's report which are accepted by the Classification Society without condition/recommendation are not to be taken into account.

· 潜水员水下检验/入坞检验

(a)＊

(i) 买方应该有权选择在交船前安排由船级社认可的潜水员进行水下检验，并自己承担成本和费用。（买方）最迟应该在卖方按照本协议第5（b）条通知的船舶预期备妥交接的日期的9天之前宣布行使此选择权。卖方应该自费安排船舶以供进行此类检查。这种检验应（及时）进行，不得无故拖延，并在由卖方安排且买方付费的船级社验船师参与监督之下进行。买方代表应有权仅以观察员身份参加潜水员水下检验，但不得干扰船级社验船师的工作和决定。执行此检验的范围和条件应符合船级社的要求。如果交船地点的条件状况不适合这种检验，卖方应当自己承担成本和费用，安排船舶在靠近该交船港口的一个适宜的替代地点进行检验，在此情况下，解约日应根据船舶到达此检验位置以及随后返回原地所需要额外增加的时间，进行相应地延长。在完成水下检验之前，卖方不能递交 NOR。

(ii) 如果发现船舵、螺旋桨、船底或其他低于最深载重线的水下部分，有影响

163

船舶船级的破裂、损坏或缺陷，那么：①除非修理能在船舶漂浮状态下进行并满足船级社的要求，否则卖方应自费安排船舶进坞和船舶船级社对低于最深载重线的水下部分进行检查，检查的范围和程度要遵照船级社的规则进行；②这些缺陷应该由卖方承担费用和开支来完成修复以符合船级社规定，并且不得遗留船级条件/批注**；③卖方应该承担水下检验费用以及船级社验船师的出勤费用。

但如果船级社并未要求上述缺陷在下一次船级坞检前予以纠正，卖方应该有权交付带有缺陷的船舶，并从购船价款中扣除为符合船级社的规定而进行的这些修理所预计花费的直接费用（人工费用和材料费用），此后，针对这些缺陷/修理，无论如何买方不应该再享有其他进一步的权利。预估的直接修理费用，除非合同双方另有约定，否则应是合同双方当事人在设置船级条件/批注当天起 2 个银行工作日内，从位于交船港口或其附近两个拥有良好信誉的独立船厂就进行此修理工作所获得的平均报价。如果合同任何一方未能在规定时间内获得此报价，那么合同另一方正当获得的报价应作为估算直接修理费用的唯一基础。在该预估费用未确定之前，卖方不可以递交NOR。本协议若存在其他相反的规定，均以本条款为准。

（iii）如果船舶根据第 6（a）（ii）条的规定进坞，但在交船港口并没有合适的干船坞设施空闲可用，卖方应安排船舶进入一处具有合适且可用的干船坞的港口，无论其是在第 5（a）条规定的交船范围之内还是之外。一旦船舶完成坞修，卖方可以在第 5（a）条规定的交船范围内任一港口进行交船，为此，该港口应当成为新的交船港口。在此情况下，解约日应根据坞修工作所需增加的时间和额外航行时间而相应地延长，但最长不得超过 14 天。

（b）*卖方应在交船港口安排船舶进坞，以接受船级社对低于最深载重线水下部分进行的检验，检验的范围和程度要遵循船级社的规则。如果发现船舵、螺旋桨、船底或其他低于最深载重线的水下部分，有影响船舶船级的破裂、损坏或缺陷，则卖方应该承担费用和开支以完成这些缺陷的修复工作，直到符合船级社的规定，并且不得遗留船级条件/批注**。在此情况下，卖方还需承担船舶进坞和出坞的相关费用，包括干船坞费用和船级社费用。如果尾轴系统部件宣称报废或发现缺陷或断裂，以至于影响船级，也应由卖方承担后果。在其他任何情况下，买方应承担上述发生的费用和支出。

（c）如果船舶按照上文第 6（a）（ii）条或第 6（b）条的规定需要进坞：

（i）船级社可能要求对尾轴系统进行检验，检验的范围和程度需达到船级社验船师的要求。如果船级社没有要求进行检验，买方应有要求抽出尾轴进行船级社检验的选择权，检验的范围和程度需遵循船级社对尾轴检验的规则，并符合现阶段船舶检验的周期。买方应该在不晚于船级社完成船舶检查之前声明是否要求抽出尾轴进行检验。尾轴的抽出和重装工作应该由卖方安排。如果尾轴系统的任何部件宣布报废或发现缺陷，以至于影响船级，卖方应该承担对这些部分进行更新或修复所需的费用，直到满足船级社的要求，且无任何船级遗留条件/批注**。

（ii）尾轴系统检验的有关费用和开支应当由买方承担，除非船级社要求进行检验或系统部件宣布报废或发现有缺陷或破裂，从而影响船舶船级。在这种情况下，应由卖方支付这些费用和支出。

（iii）买方代表应有权以观察员的身份参加船舶在干船坞的检查活动，但不得妨碍船级社验船师的工作或更改验船师的决定。

（iv）在不影响卖方或船级社验船师工作（若有），以及不影响船舶及时交接的前提下，买方有权对船舶水下部分进行清洗和油漆，并自己承担风险、费用和支出。然而，如果卖方已经完成被要求的工作，但买方在干船坞的工作仍在继续，在买方需要完成其工作而导致的船舶额外在坞的时间，应由买方承担风险、费用和支出。在需要额外时间完成买方工作的情况下，虽然船舶仍未出坞，但卖方可以在完成自己工作的时候递交 NOR，尽管存在第 5（a）条，买方应该有义务按照第 3 条（付款）的规定接收船舶，不管船舶是否在坞。

*第6（a）条和第6（b）条应当二选一；删除任一条不适用的。若均未删除，则应该适用第6（a）条。

**若在验船师检验报告中出现标注或备注，并被船级社接受而不被视为船级条件／批注，则不予考虑。

本条规定了潜水员水下检查或进坞检查的项目，有关费用的分担，以及买卖双方在水下检查问题上的权利和义务等内容。这一条款对不够了解船舶船底情况，或对船底状况有怀疑的买方来说极为重要，因为第 4 条规定的检查主要是由买方自己的技术代表对船舶进行的表面检查，并不包括船舶水下部分的检验，而本条正是对船舶水下部分的检验，以确定船只是否存在影响船舶船级的任何破损、损坏或缺陷。

Saleform 2012 格式第 6 条包含一个由三个部分组成的检查制度：①第一部分——潜水员水下检验；②第二部分——船坞检验；③第三部分——尾轴检验。该检查通常在临近交船前不久进行。

合同提供了两种检验方式：第 6（a）条——潜水员水下检验，第 6（b）条——船舶进干船坞进行检验。合同双方应删除未被采纳的检查方式；如果不这样做，将意味着默示根据第 6（a）条适用潜水员水下检验方式。这一默示选项和 Saleform 1993 格式第 6 条设定的默认选择刚好相反。大部分二手船买卖交易是不需要进坞完成的，因此水下检验程序作为第一个选项和默认选项是有道理的。

当然，还有第三种选择——既不选择水下检验也不选择进坞检验。如果合同双方约定依此完成买卖交易，必须同时删除第 6（a）条和第 6（b）条，同时，为保险起见，也要删除斜体文字。此外，对于小心谨慎的卖方来说，应通过在合同中增加适当的附加条款以要求买方确认已经放弃在船舶交接之前进行其他任何检查的权利。

1）潜水员水下检验。如果买方选择第 6（a）条所适用的潜水员水下检验，买方自己承担费用和开支，可以安排船级社认可的潜水员对船舶最深载重线以下的部分进行交接前检查。但买方必须不迟于卖方按照本协议第 5（b）条发出的船舶预期备妥交接日期的前 9 天之前向卖方声明行使此选择权。如果未能及时发出必要的声明将导致买方丧失安排潜水员进行水下检验的权利。另外，此条款并没有要求声明必须以书面形式做出。但为了避免争议，根据第 17 条有关通知的规定，谨慎的做法应是买方给予卖方一个书面声明。

潜水员水下检验必须及时进行，"不得无故拖延"。这意味着不仅买方有义务安排潜水员进行水下检验，而且卖方也有责任提供船舶以供检验。由于潜水员必须得到船级社的认可，因此检验过程通常需要卖方和买方必要的配合，特别是在买方与船级社之间没有任何关系的情况下。

潜水员水下检验的范围和程度，以及实际执行检查工作和检查监督的人员，均由船级社决定。在船舶买卖市场，关于潜水员检验的具体方法没有普遍通用的协议，通常合同双方同意将此交给船级社验船师自由决定。然而，如果合同双方希望明确检验过程的范围，他们需要修改第6（a）（i）条格式条款。第6（a）条包含有明确的声明，即该检验将在船级社验船师参与监督之下进行。买方的代表有权参加潜水员水下检验，但仅以观察员的身份参加检验，并被禁止干扰验船师的工作或决定。

至于交船地点的条件是否适合潜水员水下检验可能是买方和卖方之间的争议焦点。实践中，尽管第6（a）条的措辞针对这一点并没有完全明确规定，但这一问题应由船级社验船师正确地确定。

如果交船港口或靠近交船港口的其他替代地点的条件皆不适合潜水员水下检验，则卖方可能会试图说服买方接受书面确认函，证明该船舶自从上一次船坞检验之后，没有发生触底以及水下部分也没有发生损坏。如果买方准备接受这一确认函，最好深思熟虑、仔细措辞，以确保买方在交船后仍将有权就交船前发生的船底损坏向卖方提出索赔。然而，除非在交船后买方立即安排船舶进坞，否则在实践中可能很难证明船舶水下部分的损坏是在交船之前发生的。

本条规定了卖方在水下检验完成之前不得递交NOR。这是以前版本的Saleform格式都没有提及的，Saleform 2012格式中的新规定的一点。假设买方已选择在交接前检查船舶水下部分，那么如果船级社验船师断定船舶存在理应进坞的缺陷，卖方是不能在合同双方知道该检验结果之前就宣布船舶已实质备妥交接的，这是符合常理的做法。对于买方来说，他的义务是及时进行水下检验，"不得无故拖延"，同时根据涉及延长解约日问题的规定，如果交船地点的条件状况不适合进行水下检验，解约日应根据船舶到达另一个适宜检验的地点并再返回原地而增加的时间进行相应延长。这一规定的目的是减少卖方的风险，避免检验过程中出现卖方无法控制的事项而致使其没有时间再递交NOR。

如果潜水员水下检验发现船舵、螺旋桨、船底或低于船舶最深载重线的其他水下部分发生破裂、损坏或缺陷，且对船舶船级产生影响：

（1）如果该损坏可以在船舶漂浮状态下进行修理，并能满足船级社的要求，卖方有权在漂浮状态下实施修理并承担费用。

（2）如果该损坏不能在漂浮状态下修理，但船级社没有要求必须在下一个定期坞检之前纠正，则卖方可不需要进行维修，但作为替换，必须按照第6（a）（ii）条之规定补偿买方。

（3）如果上述情况不适用，卖方必须自费安排船舶入坞进行进一步的船级检验。

（4）卖方必须支付水下检验的费用以及船级社的出勤费用。

如果发现船舵、螺旋桨、船底或低于最深载重线的水下部分发生影响船级的破损、损坏或缺陷，但船级社允许到船舶的下一个例行坞检时再进行必要的补救工作。在这种情况下，卖方将不会因为这些缺陷而被阻止递交 NOR，但购船价款应按照第 6 条的规定进行相应的扣减。

　　扣减数额参照预估的直接修理费用（人工和材料）计算。在该预估费用未确定之前，卖方不可以递交 NOR。至于费用计算的过程和方法合同条款有清晰的阐述。但是，它们在实际应用中还可能出现一些问题。

　　第一个问题体现在合同当事方对提供修理工作报价的修船厂的选择上，其风险在于卖方可能选择一个报价很低的船厂，而买方可能选择一个船厂将价格报高。尽管规定要求船厂必须是"信誉良好的"和"独立的"，即试图给合同双方一个质量上的限制，但这些要求在很大程度上是主观性的。另外，船厂必须位于"交船港口或其附近"的规定，意味着合同双方当事人不能在全球范围搜寻对他们提供最有利报价的船厂。而且交船港口或其附近可能不存在任何船厂，或者没有一个有良好信誉的和独立的船厂。即使有，对于买方来说，这些船厂给出的报价也不能准确地反映实际修理费用，如果买方因其他原因有意在世界上其他地方的船厂进行修理，那么在服务包括劳动力成本和材料上的必要花费会更昂贵一些。

　　除了地域因素的考虑之外，在 2 个银行工作日内获得报价的要求，对合同双方来说可能会很难满足。

　　鉴于这些问题，合同双方，尤其是买方在接受之前，应当慎重考虑。在某些情况下，合同双方可能倾向于通过删除这些内容，以避免这些条文造成的不确定性。或者，合同双方当事人可能会协商一个适合他们具体交易情况的方式，例如，提前商定一个修造船厂提供修理报价等。

　　如果发现船舵、螺旋桨、船底或低于最深载重线的水下部分有影响船级的破裂、损坏或缺陷，船级社验船师要求在下一次船级定期坞检之前予以纠正，且：

　　（1）这些缺陷必须由卖方自费完成修复以满足船级社相关规定，且不附带任何限制条件。

　　（2）直至相关缺陷的修复完成并满足船级社相关规定、没有船级条件/批注后，卖方才能提出船舶交付。

　　（3）卖方应该承担潜水员水下检验的费用和船级社验船师的出勤费用。

　　如果卖方拒绝或未能修复有关缺陷以达到规定标准，买方有正当的理由主张：卖方毁/违约，且买方有权终止合同，并收回保证金及应计利息，而且如果保证金及应计利息不能完全弥补买方的损失，买方可以向卖方要求赔偿损失。此外，由于在这些情况下不能延长销约期，如果卖方未能在规定的销约期内交付船舶，买方将有权根据第 14 条解除合同。

　　如果在潜水员水下检验后，卖方有义务安排船舶进干船坞修理，但在交船港口并没有合适的干船坞设施空闲可用，卖方应安排船舶进入一个合适的干船坞，无论其是否在合同交船地范围之内，并完成坞修工作和所有必要的修理后，在合同规定交船的地理范围内的任何适当的港口提出交船；合同解约日应根据卖方为完成船舶坞修工作和交船工作所需额外增加的时间而相应地自动延长，但最大延长时间不得超过 14 个连续工作日。

根据实际情况，这 14 天时间可能不足以将船舶移至船坞设施。因此，卖方应当结合第 5（a）条认真综合地考虑上述条文，特别是在合同指定的交船港口或其附近合适船坞设施的一般可用程度。

2）船坞检验。除了潜水员水下检验，第二个备用条款要求卖方在交船港口安排船舶进干船坞，并将船舶提供给船级社验船师以对船舶水下部分进行交接前坞检。这些检验针对的都是低于船舶最深载重线的部分。干船坞检验的范围/程度将根据船级社的规则来确定。

如果发现船舶任何水下部分，和/或尾轴系统有破裂、损坏或缺陷，"以至于影响船级"，必须由卖方承担费用和开支完成相关部分的修理工作，并满足船级社要求且无遗留船级条件或批注。至于什么是'影响船级'的损坏或缺陷，一般认为这种类型的损坏，要么使船舶无法保持船级，要么使验船师在知道这一损坏后会以批注的形式设置一些船级条件的限制。在这个意义上，这种损坏就会影响船舶的船级。

如果第 6（b）条规定的船坞检验证实存在有影响船级的船底损坏情况，卖方除了必须承担修理费用和开支以使这些损坏被修理至满足船级社的要求，同时也必须承担船舶进坞和出坞的费用和开支。如果尾轴系统部件宣布报废，或发现有影响船级的缺陷或破损，卖方还应该支付这些费用和支出以及船级社的收费。反之，如果船坞检验并没有发现船舶水下部分或尾轴系统存在有影响船级的问题，所有这些费用和支出应该由买方承担。

如果船舶坞修所在的修船厂位于合同交船的地域范围内，且船舶已备妥等待交接时，买方的坞修工作还在继续，在漂浮状态下将船舶交付给买方，则卖方可以在船舶还在干船坞的时候递交 NOR 并将船舶交付给买方，即解除卖方的交船义务。

然而，当船舶坞修所在的修船厂位于合同规定的交接地域范围之外，目前尚不清楚卖方是否将有权依靠该条递交 NOR。如果卖方希望可以在合同交接地域范围之外的船坞交付船舶，那么最好的办法将是协商适当地修改第 6（c）（iv）条格式条款。

3）尾轴检验。第 6（c）条规定的尾轴检验分为五个部分：第一部分，船级社可能要求对尾轴系统进行检验。检验的范围/程度将由现场的验船师确定，但买方应当注意，这种检验的事项并不一定包括抽出尾轴。第二部分，如果船级社没有要求对尾轴系统进行检验，买方有权要求船级社抽出尾轴进行检验。检验的范围将取决于船级社尾轴检验的具体规则，以及当时船舶检验的周期。买方应注意的是，该检验并不一定包括船级社检查船舶整个尾轴系统的程序。如果买方希望有权利要求对整个尾轴系统进行船级检验，他就应该谈判以适当修改第 6（c）（i）条格式条款。第三部分，如果买方希望卖方去安排尾轴抽出事项，买方至少必须在船级社完成船舶在坞检查之前声明此要求。第四部分规定，如果尾轴系统的任何部件宣布报废或发现有影响船级的缺陷，卖方应该承担费用和支出对相关部分进行更新或修复，直到满足船级社的要求，且无任何船级遗留条件/批注。第五部分尾轴检验有关费用应由买方支付，除非船级社要求对尾轴系统进行检验；或买方要求抽出尾轴，但发现尾轴系统部件报废或有影响船级的缺陷或破损。在上述情况下，卖方必须支付相关的费用及开支。

何时买方应当冒着承担费用的风险抽出尾轴？如果买方选择不抽出尾轴进行检验，那么离尾轴船级证书有效期的到期日越近，买方所承担的风险就越大。

7. Spares, bunkers and other items

The Sellers shall deliver the Vessel to the Buyers with everything belonging to her on board and on shore. All spare parts and spare equipment including spare tail-end shaft（s）and/or spare propeller（s）/propeller blade（s）, if any, belonging to the Vessel at the time of inspection used or unused, whether on board or not shall become the Buyers' property, but spares on order are excluded. Forwarding charges, if any, shall be for the Buyers' account. The Sellers are not required to replace spare parts including spare tail-end shaft（s）and spare propeller（s）/propeller blade（s）which are taken out of spare and used as replacement prior to delivery, but the replaced items shall be the property of the Buyers. Unused stores and provisions shall be included in the sale and be taken over by the Buyers without extra payment.

Library and forms exclusively for use in the Sellers' vessel（s）and captain's, officers' and crew's personal belongings including the slop chest are excluded from the sale without compensation, as well as the following additional items： （include list）

Items on board which are on hire or owned by third parties, listed as follows, are excluded from the sale without compensation： （include list）

Items on board at the time of inspection which are on hire or owned by third parties, not listed above, shall be replaced or procured by the Sellers prior to delivery at their cost and expense.

The Buyers shall take over remaining bunkers and unused lubricating and hydraulic oils and greases in storage tanks and unopened drums and pay either：

（a） ＊ the actual net price（excluding barging expenses）as evidenced by invoices or vouchers; or

（b） ＊ the current net market price（excluding barging expenses）at the port and date of delivery of the Vessel or, if unavailable, at the nearest bunkering port, for the quantities taken over.

Payment under this Clause shall be made at the same time and place and in the same currency as the Purchase Price.

"inspection" in this Clause 7, shall mean the Buyers' inspection according to Clause 4（a）or 4（b）（Inspection）, if applicable. If the Vessel is taken over without inspection, the date of this Agreement shall be the relevant date.

＊ *(a) and (b) are alternatives, delete whichever is not applicable. In the absence of deletions alternative (a) shall apply.*

·备件、燃料和其他项目

卖方应该将船舶以及属于船舶的一切船上和岸上的物品交付给买方。所有备件和备用设备，包括备用尾轴和/或备用螺旋桨/桨叶（若有）以及在检查船舶时其他属于该船舶的物品，无论其是否曾经使用过、是否在船上，都应该成为买方的财产。但是，正在订购的备件不包括在内。若有（岸上送还物品的）转运费用，则应该由买方承担。卖方不需要对交船前已经从后备库中取出的用于替换的备件，包括备用尾轴和备用螺旋桨进行补充，但是，被替换下的备件等物品应属于买方的财产。未使用的物料和给养（伙食）应包含在船价之中并由买方接收，买方无须另外付款。

卖方船舶专用的图书资料和文件表格与船长、高级船员和普通船员私人物品，包括小卖部的免税物品，都不包括在船价之中，（应由卖方取走）且不用补偿给买方。此外还有下列其他排除项目：　　　　（填写或附上项目清单）。

船舶上租用或属于第三方的物品/项目，如下所列，不在本次出售和补偿之列：（填写或附上清单）

当检查船舶时，未在上述清单中列出的租用或属于第三方的物品/项目，应由卖方在交船前替换或购买，并由卖方自己承担费用和开支。

买方应该接收剩余燃油，以及在储存柜和未开封的桶中未使用的润滑油、液压油和润滑油脂，并可选按下列标准对接收的数量另外支付款项：

（a）＊实际的净价格（不包括驳运费），以发票或付款凭证作为证明。

（b）＊在交船港口和交船当日，当时的净市场价格（不包括驳运费）或若没有可以参考的有效价格，则参考在最近的加油港口的价格。

本条规定下的付款应该使用与购船价款同种的货币，并在同一时间和地点进行支付。

在本条所指的"检查"应是指：买方按照第4（a）条或4（b）条进行的检查（若适用二者其一）。如果船舶没有检查即被接收，本协议之签字生效的日期应为相关日期。

本条＊（a）款及（b）款二选一；请删除不适用的条款。如果未做删除，则视为选择（a）款适用。

本条内容主要包括船舶备件、物料、伙食、燃油和润滑油等在交船时的归属问题，以及上述物品的价格确定方式和支付方式。

如果买卖双方未对船上的备件、备用设备和物料的归属问题在合同中加以明确，交船时就会产生纠纷。买方在检查船舶时可能会看见许多备件和备用设备，这些备件和备用设备是否都可归入该笔交易之中呢？有时属于同一船东的两艘姐妹船可能共有一个备用螺旋桨，当其中一艘船被出售时，该螺旋桨是否应包括在船价之内呢，抑或应由卖方保留供另一艘船舶使用呢？因此，备件和备用设备，尤其是价值较高的备件和设备应该在合同中明确其归属。如果合同规定卖方应提供某一特定备件，在交船时卖方违约未提供，买方就有权要求赔偿。除非双方已明确约定，赔偿金额应该是该备件的残值。

Saleform 2012 格式在前文对"船舶"这一术语的定义是参照某些关键性特征例如名称、建造年份、船旗国、总吨/净吨等进行的。但是"船舶"的定义并未表明船舶的出售应包含什么项目。在本条内容就描述此次出售船舶包含和排除的项目。

第一句就明确要求卖方交付船舶"以及属于她的一切船上和岸上的物品"。除了船上的备件和备用设备外，船舶在岸上可能也有备件和备用设备。绝大多数买卖合同都会写明卖方应随船提供船上和岸上的备件和备用设备，但很少有卖方真正提供。因为，只要卖方不愿提供，买方无法证明卖方在岸上有无确实属于该船的备件和备用设备。但对买方来讲，谨慎的做法是在合同中明确该船是否有已经购买但尚未送上船的备件和备用设备。如果在检查时有任何属于船舶的备件，都应包括在船舶价格内。且卖方必须确定不包括在出售之列的所有项目。

在实践中，相对普遍的情况是，买方以附加条款来补充本条的内容，约定：在买卖合同签署之前，或者作为合同生效的条件，卖方必须确定属于船舶的主要备件和物料，并以详细的书面库存清单形式，且该清单编制时买方代表在场或者由买方核实，说明这些项目是否都存放在船上或其他地方。

当该船舶作为船队的组成部分来运营时，与船队其他船舶共享使用的备件，有可能存放在岸上仓库设施内。买卖双方可以约定，在交船后，买方将有权使用其中的某些备件，特别是备用的螺旋桨和尾轴，使用条件及要求，如保险、从仓库中移走、优先使用等级、更换等，将由双方单独在共享协议中约定。

值得注意的是，条款中也明确描述了与船舶一起交付的备件和备用设备，包括（若有）备用尾轴（复数）、备用螺旋桨（复数）/螺旋桨叶片（复数）。如果没有这些备件，卖方最好把上述提到的项目完全删除。而买方有时会试图约定所有在船备件和备用设备必须符合船级社的最低要求。但是，当船舶所在船级社没有就有关备件的最低标准制定相应的规则时，这样的条文就不太适宜了。

卖方应当知道，确定船价包含哪些备件的时间是在船舶进行"检查"的时间。为此，本条款规定的"检查"定义为买方根据第 4 条（a）款或（b）款的规定进行的船舶检查，如果没有进行第 4 条检查，卖方确定的时间即为签署合同的日期。

关于条款中提到的转运费，一般是指运输备件的费用。例如，从卖方的岸上储备机构中，或在订购之中的备件的运输费用。如果这些费用过高，又将如何？买方有时试图使用"合理的"这类词语来限定"转运费"。同样，为了避免争议，一般规定这些费用必须由相关的发票加以证明。卖方有时也会试图修改条文以约定：因交付任何岸上和订购的备件而产生的转运费用和风险，应该都由买方承担，同时买方应该负责安排这些物品的运输。

本条款也规定未使用的物料和伙食包含在船价之中，买方无须另外付款。这反映了市场的惯例，但如果该船舶未使用的物料和伙食价值很高，例如，在游轮或渡轮的买卖中，卖方可以约定由买方为这些项目的物品支付一定的价款，或允许卖方在交船前移走这些物品。与船舶备件和备用设备的价值相比，物料和伙食相对说是一个较小的数目。因此，在船舶买卖实践中双方因物料和伙食的归属问题而发生纠纷的情况不多见。当卖方决定出售船舶时，一般会通知船上按实际需要采购物料和伙食，以免浪费。在交船时，买方也可能拒绝接受某些物料，因为这些物料对买方来说可能根本无用。如果卖方无法处理，只能将其奉送给买方。由于不同国籍船员的文化差异，卖方船员留下的伙食未必是受买方船员欢迎的。买方也可以拒绝接受卖方的伙食而要求卖方在交船时将其处理。

另外，买方有义务在接船时支付船上现存的燃油和未使用的润滑油、液压油和润滑油脂对应的价款。买方在接船时，愿意支付船上现存燃油价款的原因之一是他们不希望卖方在交船前清空船舶的燃油舱。在接船时，船上还留有燃油通常对买方也有好处。

船上剩余燃油和润滑油的价格可以以卖方最后一次加油时所实际支付的净价为准，由卖方提供最后一次加油的发票作为油价的凭证，同时再约定一个合理的数量。在实践中，燃油和润滑油的供应商由于市场竞争的因素，都会给船东一定比例的回扣，而实际净价是指扣除所有回扣以后的价格。这种规定显然要比把油价确定为市场价格更明确且合理。

船上剩余燃油和润滑油的价格也可以按交船港交船当日的市场价格，不包括驳运费，除非买卖合同另有约定，这里的所谓市场价格是指交船当日交船港的燃油和润滑油供应商价目单上的价格，不扣减任何折扣或回扣。然而，由于各地的油价存在着差异，这种规定为卖方提供了一个取巧的机会。如果交船港的油价高于该船挂靠的前一港口的油价，卖方就可以在前一港加满油，再以交船港的市价售于买方，从中谋利。要避免这种情况的发生，买方可以规定卖方交船时船上的燃油和润滑油最小/最大交船余量。

除了确定船上剩余燃油和润滑油的价格以外，双方仍须确定船上剩余燃油和润滑油的存量。船上存油量通常由双方代表共同测量，卖方的代表一般为船上的轮机长，买方的代表则通常是随船熟悉情况的代表，他往往就是该船交船以后的轮机长。

从时间上来看，存油的数量应该是交船时船上的实际存油量。但是，由于确定燃油和润滑油存量需要一定的时间，如果在船舶交接时才测量，势必会影响交接，造成不必要的延误。而且在交船时确定存量，除现金支付外，买方几乎无法在极短的时间里安排油款的支付。所以，习惯做法是在交船前几天由船上的轮机长和买方的代表一起对存油进行测量，然后再根据船上实际消耗的燃油和润滑油数约定每天的消耗量，再根据离交船日的天数做相应的扣减。买卖双方代表在完成共同测量后还应签一份船上存油量记录，由买方按照该数量和双方约定的价格安排油价的付款。

一旦双方在交船港口或地点就燃油和润滑油的数量和价值达成一致，通常会签署一份燃油交接声明，以记录他们所达成的协议，以及由买方支付的总金额。

在正常情况下，船上剩余燃油款和未使用润滑油款的支付是和90%的船价一起安排的。买方知道应付的款项后，可以把此款加上90%的船价一起存入在交船地有分行或和交船地的银行有业务往来的银行，在卖方提供了所有有效文件和证书后，在同一时间、同一地点，以与购船价款相同的货币进行付款。为了避免货币转换上的纠纷，合同双方当事人通常会在起草和签署燃油交付声明时就有关汇率进行约定。有时，由于买卖双方有经常的业务往来，建立了很好的关系，油价也可能会约定安排在交接船以后支付。但这种安排不是理想的做法，因为事后卖方可能很难追偿。

8. Documentation

The place of closing：

（a）In exchange for payment of the Purchase Price the Sellers shall provide the Buyers with the following delivery documents：

（i）Legal Bill（s）of Sale in a form recordable in the Buyers' Nominated Flag State, transferring title of the Vessel and stating that the Vessel is free from all mortgages, encumbrances and maritime liens or any other debts whatsoever, duly notarially attested and legalised or apostilled, as required by the Buyers' Nominated Flag State；

（ii）Evidence that all necessary corporate, shareholder and other action has been taken by the Sellers to authorise the execution, delivery and performance of this Agreement；

（iii）Power of Attorney of the Sellers appointing one or more representatives to act on behalf of the Sellers in the performance of this Agreement, duly notarially attested and legalised or apostilled（as appropriate）；

（iv）Certificate or Transcript of Registry issued by the competent authorities of the flag state on the date of delivery evidencing the Sellers' ownership of the Vessel and that the Vessel is free from registered encumbrances and mortgages, to be faxed or e-mailed by such authority to the closing meeting with the original to be sent to the Buyers as soon as possible after delivery of the Vessel；

（v）Declaration of Class or（depending onthe Classification Society）a Class Maintenance Certificate issued within three（3）Banking Days prior to delivery confirming that the Vessel is in Class free of condition/recommendation；

（vi）Certificate of Deletion of the Vessel from the Vessel's registry or other official evidence of deletion appropriate to the Vessel's registry at the time of delivery, or, in the event that the registry does not as a matter of practice issue such documentation immediately, a written undertaking by the Sellers to effect deletion from the Vessel's registry forthwith and provide a certificate or other official evidence of deletion to the Buyers promptly and latest within four（4）weeks after the Purchase Price has been paid and the Vessel has been delivered；

（vii）A copy of the Vessel's Continuous Synopsis Record certifying the date on which the Vessel ceased to be registered with the Vessel's registry, or, in the event that the registry does not as a matter of practice issue such certificate immediately, a written undertaking from the Sellers to provide the copy of this certificate promptly upon it being issued together with evidence of submission by the Sellers of a duly executed Form 2 stating the date on which the Vessel shall cease to be registered with the Vessel's registry；

(viii) Commercial Invoice for the Vessel;

(ix) Commercial Invoice (s) for bunkers, lubricating and hydraulic oils and greases;

(x) A copy of the Sellers' letter to their satellite communication provider cancelling the Vessel's communications contract which is to be sent immediately after delivery of the Vessel;

(xi) Any additional documents as may reasonably be required by the competent authorities of the Buyers' Nominated Flag State for the purpose of registering the Vessel, provided the Buyers notify the Sellers of any such documents as soon as possible after the date of this Agreement; and

(xii) The Sellers' letter of confirmation that to the best of their knowledge, the Vessel is not black listed by any nation or international organisation.

(b) At the time of delivery the Buyers shall provide the Sellers with:

(i) Evidence that all necessary corporate, shareholder and other action has been taken by the Buyers to authorise the execution, delivery and performance of this Agreement; and

(ii) Power of Attorney of the Buyers appointing one or more representatives to act on behalf of the Buyers in the performance of this Agreement, duly notarially attested and legalised or apostilled (as appropriate).

(c) If any of the documents listed in Sub-clauses (a) and (b) above are not in the English language they shall be accompanied by an English translation by an authorised translator or certified by a lawyer qualified to practice in the country of the translated language.

(d) The Parties shall to the extent possible exchange copies, drafts or samples of the documents listed in Sub-clause (a) and Sub-clause (b) above for review and comment by the other party not later than (state number of days), or if left blank, nine (9) days prior to the Vessel's intended date of readiness for delivery as notified by the Sellers pursuant to Clause 5 (b) of this Agreement.

(e) Concurrent with the exchange of documents in Sub-clauses (a) and (b) above, the Sellers shall also hand to the Buyers the classification certificate (s) as well as all plans, drawings and manuals, (excluding ISM/ISPS manuals), which are on board the Vessel. Other certificates which are on board the Vessel shall also be handed over to the Buyers unless the Sellers are required to retain same, in which case the Buyers have the right to take copies.

(f) Other technical documentation which may be in the Sellers' possession shall promptly after delivery be forwarded to the Buyers at their expense, if they so request. The Sellers may keep the Vessel's log books but the Buyers have the right to take copies of same.

（g）The Parties shall sign and deliver to each other a Protocol of Delivery and Acceptance confirming the date and time of delivery of the Vessel from the Sellers to the Buyers.

·交船文件

文件交接地点：

（a）作为支付购船价款的交换条件，卖方应该将下列文件在交船时提交给买方：

（i）正式的船舶卖据，以买方指定的船旗国所要求的格式记录，以转让船舶主权和声明该船舶没有任何抵押、债务负担、船舶优先权或者其他任何形式的债务，还应按照买方指定的船旗国的规定经公证人正式签字认证、见证或旁证（加签）。

（ii）能证明卖方已经采取了所有必要的公司决议、股东决议以及其他措施来授权本协议的执行、交付和履行的证据。

（iii）授权委托书，需经公证人正式签字认证、见证或旁证（加签）（若适用）。根据卖方的授权委托书任命一名或多名代表，代表卖方履行本协议中的行为。

（iv）船舶注册登记证书或登记证书誊本，由船舶的船旗国主管机关在交船当日签发，以证明卖方的船舶所有权和该船舶没有登记债务和抵押，并由该主管机关通过传真或电子邮件发送至买卖双方交接会议现场，在交接后，原件应尽早寄送给买方。

（v）船级声明或（视船级社而定）船级保持证书，在交船前3个银行工作日内签发，以证实该船舶没有遗留的船级条件/批注。

（vi）在交接当时由船舶注册登记处签发的船舶注销证书，或相当于船舶注册登记处出具的其他形式的正式注销证明。如果注册登记处按照惯例不能立即签发这种证明文件，卖方应书面保证在购船价款支付和船舶交接完成后，立即前去注册登记处进行注销，以及立即提供给买方该注销证书或其他形式的正式注销证明，最迟不得晚于交接后4个星期。

（vii）船舶连续概要记录副本，证明在该日船舶在船舶注册登记处终止登记，或者如果注册登记处按照惯例不能立即签发这种证明文件，卖方应书面保证，一旦签发，立即提供该证书的副本，连同卖方递交的证明，证明在正式生效的格式表2·上记载有该船舶在船舶注册登记处终止登记的日期。

（viii）船舶购买价格的商业发票。

（ix）燃油、润滑油、液压油和润滑油脂的商业发票。

（x）卖方在交船后立即发给他们的卫星通信提供商的，要求取消船舶通信合同的信函副本。

（xi）买方指定的船旗国主管机关为了船舶注册登记可能要求的任何其他文件，这些文件是在合同签署之日后，买方应尽早通知卖方的。

（xii）卖方的确认函，卖家应尽其所知，确认该船舶没有被任何国家或国际组织列为黑名单。

（b）在船舶交接时，买方应该提供给卖方：

（i）能证明买方已经采取所有必要的公司决议、股东决议以及其他措施来授权本协议的执行、交付和履行的证据。

（ii）授权委托书，需经公证人正式签字认证、见证或旁证（若适用，加签）。根据买方的授权委托书任命一名或多名代表，代表买方在履行本协议中的义务。

（c）如果，在（a）或（b）款中列出的任何一份文件不是以英文书写的，则应附带由被授权的翻译员所作的英文翻译本，或者有于被翻译的语言所属的国家具有从业资质的律师认证的英文翻译本。

（d）合同双方应尽可能交换在上述（a）或（b）款中列出的复印件、草稿件或样本件，以供对方审查和发表意见，但期限不得晚于 　　　（载明天数），若空白不填，则为卖方根据本协议第 5（b）条通知给买方的船舶预期准备就绪交接的日期之前 9 天。

（e）在上述（a）或（b）款中列出的文件进行交换的同时，卖方还应该将在船上保管的船级证书，连同所有计划（设计图/计划书）、图纸和操作说明书［不包括船舶安全管理（International Safety Mangement，ISM）手册/船舶保安（International Ship and Port Facility，ISPS）手册］交给买方。在船上存放的其他证书也应移交给买方，除非卖方自己需要保留原件，在此情况下，买方有权获得同样的副本。

（f）若买方要求，则卖方可能拥有的其他技术文件应该在交船后立即转交给买方，并由买方承担相关的费用。卖方可以保留船舶日志，但买方有权获得同样的副本。

（g）在交船时，买卖双方应各自签署一份交接备忘录，并转交给对方保留，该议定书用于确认卖方将船舶交给买方日期和时间。

如前所述，船舶交接以法律交接为中心，因为绝大多数重要文件都是在法律交接时递交和接受的。这些文件的递交在法律上代表了船舶所有权的转移，而在实际交接地的交接，严格地讲是所有权转移的具体执行和实现。在法律交接时大部分文件和证书主要由卖方提供，买方提供少部分。本条规定买卖方双方为完成船舶买卖应向对方提供各种文件、证书等。

首先要确定交接的地点，当选择交接地点时，有许多需要考虑的因素，包括：①完成所有权变更需要相关船旗国注册机关的配合，如果重新入籍，重新登记注册需要完成的程序；②卖方是否在交船当时可以解除船舶抵押；③买方是否能够在交船当时登记船舶抵押；④购船价款货币的支付；⑤接收购船价款银行的位置，保证金持有人的位置，如果与前述银行不同；⑥交接时该船舶所在的位置。

还应该注意的是，在定义部分"银行工作日"被定义为"……在第 1 条购买价格所订立的购买船舶所使用的货币的国家和在第 8 条交船文件以及在 　　　（填写其他司法管辖地域，若适用）所规定的船舶交接的国家，银行都开门营业的工作日"。因此，在合同双方约定同意交接地点之前，"银行工作日"的含义都是含糊不确定的。

出于上述考虑，合同双方通常会填写约定交接的城市名称，而精确的位置则留待临近交接时再行考虑。根据船舶买卖的实际情况，交接的具体地点可能是即将解除抵押合同的原抵押权人、未来的抵押权人、经纪人、合同当事一方的律师、船舶船旗国注册办事处的代表官员的办公室。

本条确定了在交接会议上合同当事双方须向对方交接的文件。一般来说，买方希望从其接收到的文件中确认：①船舶的合法地位，即船舶的注册信息、卖方的所有权，以及船舶登记的任何担保利益和其他债权信息等；②船舶的船级状况和营运状况；③卖方将船舶出售和交付的能力。

本条的第（d）条是区别于以往版本的新规定，要求合同双方在交接会议之前交换各自文件的复印件、草稿件或样本件。这条增补是明智之举。在实践操作中，在没有这一增补条款前，买卖双方在预交接前也会以非正式的形式简单地约定。

虽然第（d）条规定了合同双方相互将文件提供给对方以供审查，并约定了提供文件的时间，但它并没有进一步强制规定合同双方在收到文件后发表意见或拒绝的时间表。如果合同一方当事人直到交船前最后一天还没有与对方沟通他的意见，这可能会导致交接出现问题。因而，合同双方最好通过对条款的修改进行约定，以明确文件审查的整个过程。

条款中列出的卖方文件，明显长于 Saleform 1993 格式相应条款的规定。它大致上反映了当前的市场惯例。条款已经列出了基础清单，在交易中，如果还需要其他的文件，可以双方约定修改。

第一个特别规定的交付的文件是经由公证人签字认证和见证，或旁证加签的船舶卖据。通常情况下，买方会要求卖方提供规定的最低数量的正本原件以及经核准无误的副本。

卖据公证是指由监督卖据生效的公证人证实其真实性后，在正本卖据上签名证实，或附属一份正本证书。见证是指签发卖据的国家的外交代表或领事代理对签字、印章和执行公正认证的签署人员的主体资格的真实性证明的过程。旁证加签是指当卖据在一个《1961 年海牙公约》的成员国内已经签署生效，而将在另一个公约成员国内使用时，应使用旁证加签。使卖据签署生效的国家的主管机关通过在卖据上附属一份证明书，证实签字、印章和执行公正认证的签署人员的主体资格的真实性，这被称为旁证加签。在英国，旁证加签是由外交和联邦事务部的国务卿（部长）签发证明书。如果旁证加签程序不可行，那么公证人通常是请相关国家主管外交的人员或领事代办人员签字认证卖据签署生效的合法性。

船舶卖据通常是在计划交船的日期若干日之前签署生效，并注明日期。这对于卖方来说是有必要的，便于其提早安排公证和见证（如需要），并且倒填日期通常也不会给买方带来任何需要担心的问题。但是，如果交船严重推迟，买方最好去核实，他自己选择的船旗国主管机关将不会对卖据上标注的日期显著早于实际交船日期提出任何反对意见。

船舶卖据的格式和条款将取决于买方所加入的船旗国的规定。只有卖方提供的船舶卖据的格式和条款被买方选择的船旗国船舶注册登记机关认可和接受，买方才能在其所选的船旗国注册船舶。出于这个原因，第 8（a）（i）条规定，正式的卖据应是以买方指定的船旗国所要求的记录格式。并且卖方需在卖据中保证船舶在交付给买方时没有任何抵押、债务负担以及船舶优先权或无论任何及其他债务。

在实践中，买方应当与其选择的船旗国主管机关确认：船舶卖据的形式和条款是否可以接受？对于船舶卖据由公证人签字认证和见证或旁证加签是否有任何特殊要求？以及是否要求提交多一份的正本卖据？

第（vi）条要求卖方向买方提供原船舶登记处签发的注销证书，或者注销担保函。如果买方希望该船舶保持在交接前的船旗国登记注册，那么这项规定将不再适用，应当划掉删除。该规定允许卖方在交船时提供注销担保函，而非必须是实际的注销证书。因为卖方无法在交船当时从船舶原先的登记处获得有关的注销文件，通常需要到买卖交易完成数天，也可能数星期后才能获得。值得注意的是，卖方在交船时提供注销担保函还是实际注销证书，并不取决于卖方自己的意愿。按照惯例，这取决于船舶登记处在交船当天是否签发注销证书。不管怎样，为了方便，卖方都可能会倾向于提供注销担保函。然而，由于在交接当天从卖方船旗国登记处获得船舶实际注销证明是为了买方的利益，对买方更有利，买方不妨单独去询问相关船旗国主管机关是否建议使用注销担保函。本条款允许卖方在交船后4个星期之内向买方提供登记注销证书的正本。该时间限制是否可以被接受，将很大程度上取决于买方所选择的船旗国主管机关对卖方在交船后取得该船舶从其原船旗国永久性注销的证明文件所花费的实际时间的限制。另外，在任何情况下，买方都应当仔细审查注销担保函所采用的措辞，以确保卖方在交船后4个星期内提供注销证明文件的保证不受其他任何条件限制。

第（vii）条要求卖方向买方提供船舶连续概要记录（continuous synopsis record，CSR）的副本。连续概要记录包含下列三个部分：一是Form 1，所有的CSR文件都由船旗国政府签发，以船舶营运的历史记录为顺序按照数字依次编号；二是Form 2，所有关于CSR文件内容变更的修订表格，附在每一个单独的CSR文件后；三是Form3，修订内容索引。关于此类文件，每一个船旗国海事主管机关都有自己特殊的规定。倘若在交船时无法获得CSR的副本，则卖方需要向买方书面保证CRS一旦签发，立即将该副本提供给买方。

根据《SOLAS公约》的规定，所有客船和500总吨及以上的货船必须在船保存一份连续概要记录。连续概要记录是指对船舶运营历史的记录，并包含诸如船舶名称、船旗国变更、船舶IMO编号、船级社、每一个注册船东的名称和地址等信息。上述信息的每一次变更都需要记录在CSR中，以便能够同时反映当前、更新后的信息及变更的历史记录。CSR由船旗国签发，并且每一个船旗国都将其为新入籍的船舶签发的新的CSR附在原先的CSR之后。CSR是船舶保安计划的构成部分，需一直保存在船上，以供官方需要时随时检查。

第（x）条要求卖方向买方提供他们发给其卫星通信提供商解除船舶通信协议的信函副本。买方保留副本，并要求卖方在船舶交接后立即将正本原件发送给提供商。卖方所采取的这一措施，对于买方确保船舶新的主人不再承担任何可能未完成的合同非常重要。

第（xi）条规定如果买方在买卖协议签署后，将买方所选择的船旗国负责船舶注册登记的主管机关合理要求的其他文件尽早通知给卖方，卖方有义务提供这些额外的文件。由于在交船之前，卖方必须有足够的准备时间来满足买方对于这些文件的要求，该条款有时也会补充约定："但是在任何情况下，不得迟于本协议签订日后___日。"需要注意的是，这种"概括性"条款只涉及买方指定的船旗国因注册需要而要求的文件。如果买方要求的文件不包含在第 8 条的列表中，即不是船舶登记所必要的文件，在签署合同之前就需要商定并在第 8 条中补充插入这些文件。

第（xii）条要求卖方向买方提供确认函，证明该船舶没有被任何国家或国际组织列入黑名单。买方为了其利益会要求卖方在交船时保证，或尽卖方所知及所信，船舶不会受到黑名单的限制或抵制，这是市场惯例。抵制船舶和将船舶列入黑名单，可能是阿拉伯国家联盟通过其位于叙利亚首都大马士革基地的中央抵制办公室或国际运输工人联合会（以下简称"ITF"）分支机构的行为结果。ITF（国际运输工人联合会）是代表全世界船员权益的机构团体，为有关船员努力争取正当权益并积极推动相关的运动。

知识链接 6 -5

The Evia Luck（No. 2）（1991）案

1983 年，一艘巴拿马注册的 Evia Luck 轮挂靠瑞典 Uddevalla 港口。它配备的船员中包括 20 名菲律宾人。ITF 的代表登船并威胁说，除非船东同意下列事项，否则港口工人要将其列入黑名单：

（1）与船员签订 ITF 认可的劳动合同。

（2）支付船员根据现有劳动合同获得的工资与 ITF 工资标准之间的差额。

（3）取得由伦敦银行开具的以 ITF 为受款人的 20 万英镑的履约担保。

（4）以书面形式声明他们是自愿满足 ITF 的要求的。

由于害怕被列入黑名单，船东同意支付所要求的款项，并安排开具所需的文件（包括银行担保）。结果，这导致船东产生了 14.67 万英镑的费用和损失。此案特别引人关注的是船东随后在伦敦（ITF 总部）起诉 ITF，要求偿还其支付给 ITF 的款项（其中包括欠薪、ITF 的入会费、ITF 的会员费和 ITF 福利基金捐款）。船东争辩说，他们是基于胁迫才与 ITF 订立的协议（该协议明确约定受英国法管辖），协议应被撤销。

该案件最后打到上议院，上议院判决：尽管根据瑞典法律，ITF 针对 Evia Luck 轮所采取的行业行为是合法的，但根据英国法律，非法的经济压迫，包括将船舶列入黑名单，或威胁列入黑名单构成了胁迫，其性质证明撤销船东与 ITF 签订的协议是正当合理的，因此，结果是船东有权成功索赔他们支付给 ITF 的款项。

《1995 年英国国际私法（杂项规定）法案》废除了大部分普通法适用的原则，即它要求在外国的侵权行为必须是像在英国法律下的侵权一样，有合法的诉因可以起诉，这将是在英国进行侵权行为索赔的前提条件。现在，一般的原则是按照侵权行为发生地的法律进行责任判定。也有例外，即除非适用其他国家的法律似乎在实质上更加合理。适用这一例外时，也不能保证英国法律将会被视为适宜的法律体系。

卖方将卖据交付给买方之时，船舶占有权同时随之转让，且买方应支付所有应支付的款项，这将会使船舶的所有权和风险从卖方转移至买方。然而，船舶卖据不一定会标注交船的日期。因此，在习惯上，合同双方将各自签署交接备忘录，作为该船舶的所有权和风险由卖方转移至买方的时间和日期的书面记录。

卖方有时会在交接书内试图加入一些措辞，以表明该船舶已经按照合同规定的条件完成交付，以及卖方已经按照合同履行其所有的义务。买方最好明智地拒绝这样的表述，因为这些表述本来的目的是防止买方就交船后暴露出来的有关瑕疵向卖方提出索赔。通常情况下，买方在交接时不会有机会对船舶进行全面检查，而且交接备忘录的措辞不应当阻止就交船后发现的合同瑕疵提起真正的索赔；该交接备忘录仅应当被认定为一份计时文件，并对责任问题保持中立。

9. Encumbrances

The Sellers warrant that the Vessel, at the time of delivery, is free from all charters, encumbrances, mortgages and maritime liens or any other debts whatsoever, and is not subject to Port State or other administrative detentions. The Sellers hereby undertake to indemnify the Buyers against all consequences of claims made against the Vessel which have been incurred prior to the time of delivery.

· 债务负担

卖方保证该船舶在交船当时，不存在任何租船合同、负担、抵押、船舶优先权或其他任何形式的债务，以及该船舶没有受到港口国或其他行政机关的滞留。卖方特此承诺，为该船舶任何产生于交接之前的权利主张给买方造成的一切后果承担责任。

本条的目的是给买方提供保护，以防止在交船时可能存在一些未披露的船舶债务负担，或者附着于船舶之上的船舶优先权，或者在船舶交付给买方后，可能与对船舶提出的索赔请求相关的其他任何法律责任。该条沿用了 Saleform 1993 格式中相应条款的形式和措辞，但 Saleform 2012 格式将卖方的保证明确扩展至包括港口国或其他行政机关的滞留。

本条第一句规定，卖方保证该船舶在交船当时，不存在任何租船合同、负担、抵押、船舶优先权或其他任何形式的债务，而第 8 条也规定卖方必须提供声明该船舶没有任何抵押、债务负担、船舶优先权或者其他任何形式的债务的船舶卖据，并提供证明船舶无登记债务和抵押的证书。这两项义务看来相似，但实际上则各不相同。第 8 条规定的船舶卖据是由卖方自己制作的，因此任何抵押、债务负担、船舶优先权或者其他任何形式的债务的担保也是卖方自己向买方做出的，这一担保有效至船舶卖据上载明的日期。而船舶无登记债务和抵押的证书是由船旗国的主管机关出具的。在内容上，它与船舶卖据中的卖方担保不同，卖方在卖据中担保船舶无任何负担，而船旗国主管机关证明的只是船舶无登记负担，也就是说，出证机关仅保证在其登记中船舶未被设定任何负担。因此，第 8 条规定两种情况无论是性质、内容和主体都不相同。

本条也规定卖方在交船时须保证船舶无任何租船合同、负担、抵押、船舶优先权或者其他任何形式的债务以及没有受到港口国或其他行政机关的滞留。这又是一项由卖方自己承担的保证义务，这项义务与卖方在制作船舶卖据时所承担的义务在时间上是有区别的。由于制作卖据的时间往往先于实际交船的时间，少则一天，多则十几天，所以船舶在这期间仍有可能产生或被设定各种负担或海事优先权，而卖方按照本条承担的保证义务一直有效至交船当日。

需要注意的是卖方必须明确保证船舶在交付给买方当时"无租船合同的约束"。这意味着船舶在交付给买方当时，必须不受现有租船合同的约束且没有任何租船合同下的义务。如果船东在履行租船合同期间出售船舶，那么这条规定是对买方的重要保障。

一般来说，船东在有租船合同的情况下除非得到买方和承租人的同意，否则不能以从租船合同中退出且以不再承担履行合同的义务的方式将船舶交付给买方。船东可以转让租船合同的利益，例如，获得运费或租金的权利。但是，如果船东未经承租人同意而试图转让自己的义务，通常会展现其不再受到租船合同约束的意图，则其将构成违约/毁约。为了避免这种结果，船东可以依此条款，即通过确保其对承租人承担的责任将由买方代表其履行的方式出售船舶。但是，如果买方后来未能履行这些义务，原船东仍将承担违约责任。如果租船合同可以解释为履行义务的主体只限于船东本人而非他人履行个人合同，且出售将导致船东不再履行这一合同义务，则出售本身可能就足以构成违约。有关租船合同是否是个人合同的问题将取决于合同的条款及订约的背景情况。

若承租人知道受租船合同约束的卖方已经订立合同出售船舶，承租人有权申请禁止令，以阻止卖方采取任何不符合他个人继续履行租船合同义务的行为。因此，承租人可能会试图申请法院指令以禁止卖方出售该船舶，或转让船舶主权或占有权，直到租期届满为止。

本条引入了卖方应做出"无租船合同约束"的保证，这对于买方来说是非常重要的规定。可以反驳承租人以买方促成卖方违约为由而向其提出的侵权索赔。原则上，这一规定可以保护买方免于这种索赔，除非承租人能够证明买方必定实际知道该船舶还受到租船合同的约束，且意图去诱导卖方违反其与承租人之间的租船合同。

在实践中，附有租船合同的船舶在买卖时可能会引起许多意想不到的问题，尤其是在租船市场发生较大变化时更是如此。谨慎的做法是，卖方应将租约的存在及其条款清楚地告诉买方，同时还应将船舶买卖的情况通知租船人，在签订买卖合同的同时，三方如能签订一份租约转让协议，明确各方的权利义务及其生效时间、风险费用的划分等则更属上佳之举。

卖方还需保证交付的船舶还需无债务负担、无抵押，无船舶优先权。根据英国法律，船舶抵押是包含在"债务负担"含义范畴中的，但是当合同适用其他法律体系时，合同双方最好明智地，当然也是必要地，明确约定这一点。

知识链接 6-6

The Barenbels 案

The Barenbels 案中卖方根据 NSF'66 格式将船舶出售给原告买方。该合同第 9 条的内容如下：

"The Sellers guarantee that the vessel, at the time of delivery, is free from all encumbrances and maritime liens or any other debts whatsoever. Should any claims, which have been incurred prior to the time of delivery be made against the Vessel, the Sellers hereby undertake to indemnify the Buyers against all consequences of such claims."

"卖方保证该船舶，在交船当时，没有任何债务负担和船舶优先权或其他无论任何形式的债务。若在交船之前产生有任何船舶索赔，卖方特此承诺为该索赔请求所导致的一切后果承担赔偿责任。"

涉案船舶于 1980 年 12 月 10 日交付给买方。在交易完成后，买方安排船舶在原先卖方从事的航线进行运营。1982 年 2 月，船舶挂靠卡塔尔 Umm Said 港。卖方拖欠 Umm Said 港的当地代理——卡塔尔国营公司——很大一笔款项，相关债务产生于 1980 年 12 月 10 日之前，是卖方所有的或经营的其他船舶所导致的。卡塔尔国营公司扣押了 Barenbels 轮。根据卡塔尔法律，这种扣押是有效的。该国法律规定，债权人可以扣押债务产生当时属于债务人拥有的船舶，即使该船舶已经出售给新的船东。为了释放该船舶，买方的保赔协会提供了担保。

买方因此开始向卖方提出仲裁诉讼，要求卖方就违反第 9 条第 1 句包含的保证义务而给买方造成的损失承担赔偿责任。仲裁员们判定：卖方不承担买方被扣船方面的任何责任，所以买方索赔失败。

买方在卖方的同意下上诉到商业法庭。Sheen 法官支持上诉，并裁定，卖方违反了第 9 条，因此应负责赔偿给买方所有因他人向船舶提出的索赔导致的损失。卖方又对判决提起了上诉，上诉法院驳回了买方的观点，即卖方违反了第 9 条第 1 句承诺的保证，但进一步确认了 Sheen 法官的判决，即对船舶提出的索赔属于第 9 条第 2 句的范畴。

虽然上诉法院判决，根据第 9 条卖方有义务赔偿买方，但他们并不认为在船舶交付给买方当时，卖方拖欠卡塔尔国营公司债务的事实构成第 9 条第 1 句中所谓的"债务负担"。卡塔尔国营公司的请求权既不属于"负担"也不是任何其他债务，卖方之所以承担责任是因为第 9 条第 2 句的规定，即如果船舶遇到任何在交船前产生的索赔，卖方特此承诺为该索赔请求所导致的一切后果承担赔偿责任。

上诉法院的判决如下：

（1）根据第 9 条第 1 句话，卖方承诺在交接时，除卖方之外，该船舶不存在有其他任何人的利益能够影响买方的船舶主权，或使用权。

（2）第 9 条第 2 句关于补偿/赔偿的规定涉及因在交船之前的原因引起的而在交船之后向船舶提出的任何责任索赔。

（3）卡塔尔国营公司向船舶提出的责任索赔，是因船舶交付给买方之前已经产生的原因引发的。

（4）虽然卖方没有违反第9条的第1句话，但买方仍然有权根据第9条第2句话向卖方要求补偿/赔偿。

从判决结论中看出，法院认定"债务负担"涉及船舶财产所有权，也很可能是船舶占有权方面：这一表述将包括船舶抵押权，很可能也包括占有留置权。

在该案中，Sheen法官还有对船舶优先权的描述如下：

"船舶优先权附着于船舶之上，即使船舶所有权发生变更，甚至所有权发生改变的文件已签发，船舶优先权也可以对其执行。船舶优先权也是船舶债务负担的一个类型，在合理时间内不会因为所有权的变更而撤销，除非所有权变更是通过行使海事管辖权的法院出售实现的。在船舶优先权存续期间，其依附的船舶可能会被具有海事管辖权的任何法院扣押，以保护诉讼请求人提出的船舶优先权。"

目前尚没有被普遍接受的船舶优先权的定义。有些海事司法管辖区，例如美国，赋予很多种类的索赔可以直接强制执行船舶优先权的法律地位。但其他司法管辖区域则采取更局限的处理方法。例如，根据英国法律，只有以下索赔享有船舶优先权的地位：救助索赔、船员工资、船舶造成的碰撞损坏、船舶抵押借款和船货抵押借款。

在英国以及遵循英国判例法判决的一些国家，某些特定的索赔是否具有船舶优先权的资格，以至于在船舶出售给新的船东之后仍然可以向船舶强制执行？这一问题将取决于原告试图要求执行该索赔所在地点的法律。但在世界其他地方，某些索赔是否具有船舶优先权资格的问题，将可能取决于索赔产生地点的法律，或者甚至是船旗国的法律。

本格式条款区别于以往挪威格式合同版本的规定，还新规定了船舶在交付时，应没有受到港口国或其他行政机关的滞留。这样规定的原因是因为港口国对船舶控制检察的监管越来越多，且航运业法规性的监管要求越来越严格。例如，港口国控制的检察官认定船舶会危害人们的健康和安全，或危害其他船舶的安全，或对环境构成威胁，他们可能会扣留该船舶，直至有关缺陷被纠正为止，而且这种检查将不只是查看船舶的"硬件设施"，因为他们有权就船舶违反《国际安全管理规则》而将船舶进行扣留。因此，明确约定包含卖方对该船舶在交付当时没有受到港口国或其他行政机关的滞留的保证，是值得欢迎的阐述说明。

本条第2句的规定实际上是扩大了卖方的担保范围，即为该船舶任何产生于交接之前的权利主张给买方造成的一切后果承担责任。无论买方遇到什么索赔，只要该索赔是在交船前就已存在或产生的，卖方都要承担赔偿责任。事实上并非所有索赔都因抵押、债务负担、船舶优先权或其他类似债务产生，因此卖方的赔偿义务也不局限于因抵押、债务负担、船舶优先权或其他类似债务所产生的索赔。例如，在世界某些地方，卖方的债权人可能在船舶交付给买方后就卖方所欠债务扣押船舶。如果这些债务仅涉及卖方，而不涉及船舶，它们可能不属于"没有任何租船合同、负担、抵押、船舶优先权或其他无论任何形式的债务"这一保证条款的范畴。但是，如果船舶在交付后是因这些债务被扣押，买方即使根据保证条款不能进行索赔，也可以根据本条的第2句补偿/赔偿条款提出索赔。

虽然卖方有义务赔偿买方因发生在交船前的索赔而遭受的损失，但是在买方遇到此类索赔时，可能卖方已经破产，或已宣布清盘，因此买方也就无法获得实在的保障。在实践中，买方几乎没有办法在购买船舶时估计出可能存在的船舶债务或优先权，而且各国的法律对何种债权可享有船舶优先权也有不同的规定。所以，除非卖方是一个从事正常经营并有能力支付赔偿的公司，否则买方就很难在船舶以后的营运中被扣时获得赔偿。当今船舶登记船东往往是在提供方便旗登记的国家注册成立的单船公司，船舶是此类公司的全部财产。一旦船舶售出，这类公司也就无任何资产可言，它在买卖合同做出的各种担保和承诺，包括提供船舶原登记注销证书的承诺，都可能成为空话一句。

10. Taxes, fees and expenses

Any taxes, fees and expenses in connection with the purchase and registration in the Buyers' Nominated Flag State shall be for the Buyers' account, whereas similar charges in connection with the closing of the Sellers' register shall be for the Sellers' account.

· 税金、费用及即开支

购买该船舶和在买方所指定的船旗国进行登记而产生的任何税金/收费和开支应该由买方承担；同样，卖方应该承担所有与船舶注销登记相关的收费。

严格意义上说，本条规定的买方的责任范围似乎比卖方更广，买方需要承担所有由于购买该船舶和在其选定的船旗国行登记而产生的税金、收费和开支。卖方仅承担与船舶注销登记相关的税金、费用和开支。由于这个原因，买方可以要求修改条款措辞以便寻求双方之间的平衡，即约定"'与船舶出售'和卖方注销登记有关的……"。

船舶或船舶其他部分的买卖、转让或其他处置船舶的文书，例如卖据，以及船舶或与船舶相关的权益、股份或主权的转让或处置安排，在英国不征收印花税。但在其他司法管辖区，情况可能不同。因此，在签订买卖合同之前，双方最好先确定该买卖交易是否可能会产生任何税务责任。例如，如果在任何相关的司法管辖区域，包括该船舶交接地所属的司法管辖区，出售船舶都可能会产生一些形式的销售税或营业税，则卖方最好谈判修改条款以确认由买方负责支付除了规定的购船价款之外的相关税金。有时卖方可能会试图间接地解决这一问题，例如，通过限制卖方自己在交船前的交税责任，而使买方支付在交船时或交船后所产生的任何税款；如果买方不同意这种责任分配，他应当确保第10条的措辞不会导致其承担任何司法管辖区域所规定为与船舶买卖相关的任何税金的责任。

关于注销登记有关的任何税金、收费和开支，买方通常会在交船前设法确定，在卖方的船旗国主管机关是否还有任何未支付的税金或其他应支付的款项，若款项未支付将会妨碍船舶永久性注销证书的签发。作为卖方，买卖完成之后可能不愿意再去处理这些事项，因此买方应妥善安排，并要求卖方在交船之前证明，例如，通过出示由船旗国相应主管机关签发的完税证明和/或清洁收据，证明卖方已经全部支付了此类税款和其他款项。

如果卖方在交船时提供给买方的仅是从原船旗国注销的承诺书，而不是一个真正的注销证明，上述规定就显得尤为重要。假设卖方拖欠船旗国的年度吨税或其他应支付的款项，这十之八九会导致船旗国拒绝签发注销证明或所有权转让许可证，而使船舶继续保留在原船籍国。因此，如果买卖双方以承诺付清作为交易完成的前提，而卖方在船旗国仍有未付清的税款，那么买方可能会发现自己处于困难的境地，如果未能很快取得注销证书，而卖方已经收到了全部购船价款将不情愿或不可能再履行其交船后的义务。

此外，买方往往会与卖方谈判，要求卖方在交船时提供有效证据证明已经偿清船级社的所有费用。

11. Condition on delivery

The Vessel with everything belonging to her shall be at the Sellers' risk and expense until she is delivered to the Buyers, but subject to the terms and conditions of this Agreement she shall be delivered and taken over as she was at the time of inspection, fair wear and tear excepted.

However, the Vessel shall be delivered free of cargo and free of stowaways with her Class maintained without condition/recommendation*, free of average damage affecting the Vessel's class, and with her classification certificates and national certificates, as well as all other certificates the Vessel had at the time of inspection, valid and unextended without condition/recommendation* by the Classification Society or the relevant authorities at the time of delivery.

"inspection" in this Clause 11, shall mean the Buyers' inspection according to Clause 4（a）or 4（b）(Inspection), if applicable. If the Vessel is taken over without inspection, the date of this Agreement shall be the relevant date.

*Notes and memoranda, if any, in the surveyor's report which are accepted by the Classification Society without condition/recommendation are not to be taken into account.

·交船状况

直到船舶交付给买方之前，船舶以及属于该船舶的一切物品的风险和费用应由卖方承担。但根据本协议之条款和条件，船舶在交接时，其状况应该与买方检查时完全一致，正常的损耗除外。

然而，船舶应该在交接时无货物在船、无偷渡人员、保持船舶在级且无船级条件/批注*、无影响船级的海事损坏、持有有效的和无展期的船级证书和国籍证书，和其他所有证书，以及检查船舶时所有在船的证书，且无船级社或其他主管机关设置的船级条件/批注*。

在本条款（第11条）中"检查"应是指：买方按照第4（a）条或第4（b）条

（表面检查）进行的检查，若被适用。如果船舶没有检查即被接收，本协议之签署日期应为相关日期。

　　*若在验船师检验报告中出现标注或备注，并被船级社接受而不被视为船级条件/批注，则不予考虑。

　　本条是关于船舶交接时的状况的规定。多年以来，该条款引起了诸多争议。

　　船舶在交接时，其状况应该与买方检查时完全一致，并对条款中的检查做了明确规定，是指买方根据第 4（a）条在签订合同前进行的检查；如果第 4（a）条未被选择适用，则为买方根据第 4（b）条签订合同后的检查；如果买方没有根据第 4（a）条或第 4（b）条进行检查，则是在格式合同签订的日期进行检查。

　　买方可能想当然地认为，派遣到船上进行交接的代表在临近交船之前会被卖方允许进行船舶检查，以确认船舶除正常磨损外，是否与其在漂浮状态进行检查时的状况相同。然而，格式条款中并未规定有这样的检查权利，而且在实践中，卖方也不愿意让买方的接船人员在交船前随意检查船舶。

　　显然，最困难的是去证明船舶在漂浮状态检查时的状况。买方的验船师不可能事无巨细地对整个船舶进行彻底的检验，所以他可能会错过某些领域或项目。那么，某些特殊的损坏在漂浮状态检查当天是否已经出现就可能引发争议。当然，卖方急于出售其船，并不愿意去指明那些未修理完善的项目。卖方也没有义务这样做。因此，证明在漂浮状态检查时该船舶是处于良好工作状态的责任将落在买方身上。如何确定船舶在由买方检查时的实际状况，如果有可能双方应以补充条款或备忘录的形式对船舶在买方检查时的状况加以明确，从而避免不必要的纠纷。

　　虽然根据 Saleform 2012 格式第 11 条，卖方有义务"以检查时的状态（正常损耗除外）"交付船舶，但这一基本义务还有 5 个重要的例外情况，即船舶交付还必须：

　　（1）没有货物残余。

　　（2）无偷渡人员。

　　（3）保持船舶在级且无船级条件/批注。

　　（4）无影响船级的海事损坏。

　　（5）保持有效的和无展期的船级证书/船旗国证书/其他证书，且没有任何船级条件/批注。

　　关于没有货物残余，根据船舶类型和货物特性，以及买方在买卖谈判中的优势地位，买方可以试图扩展"无货物残余"的要求。例如，通过谈判，在协议中要求该船舶在交付时没有危险性气体，以使工人能够进入和开展热工作业，所有空间和舱室没有危险性和有毒性物质或者其他任何需要采取特殊预防措施予以清洁、管理、清除或处理的物质。

　　关于没有偷渡客，如果在船上发现偷渡者，船东将需要支付遣返、食物、医疗检查、法律费用，以及任何与安置偷渡者相关的其他费用。供给偷渡者的成本可能非常之高。没有偷渡人员在船被认为是船舶交接实际状况的必要组成部分，与交船时没有货物在船的规定含义相同。

关于保持船舶在级且没有船级条件/批注。有时船级社会给出一个批注，但同时又会说明不影响船舶船级。例如，船发生碰撞后，船级社可能批注："有碰撞，但无影响船级之缺陷，待下一次进坞时进一步确定。"虽然不影响船级，但它仍然是一个批注。所以，正确地理解应该是船级记录没有记载任何影响船级的批注，或任何船级社要求的但尚未进行或完成的修理工作等。大多数买卖交易中，可以通过由卖方向买方交付在交船前几天签发的船级状况证明的正本来满足这一要求。如果在漂浮检查时，船舶存在有船级条件或批注，则这一部分的规定超出了上文已经讨论的卖方的交船义务，即按照同漂浮检查时一样的状况交付船舶。但这一条又有明确规定。所以，买方将有权预期该批注会在交船时被消除掉。卖方一般会在交船前尽其可能保持船级社记录的清洁，或尽全力按船级社的要求对船舶进行修理以期船级社撤销批注。但有时由于时间不够、费用过高或其他原因而无法撤销船级记录中的批注，卖方就会要求买方在仍有船级社批注的情况下接受船舶。买方可以接受，也可以拒绝，如何决定则取决于诸多因素。例如，该批注的性质及其对买方营运的影响，买方对该船舶的需要程度，当时船舶买卖市场的涨跌情况，以及卖方提出的价格折扣等。

关于无影响船级的海事损坏，一般认为影响船级的海事损坏更具体地是指影响船舶船级且通常由保险公司承保的风险所引起的损坏；而不是由于船壳保险承保范围之外的正常损耗和年龄老化导致的缺陷。本条款的措辞规定在一定程度上反映了市场惯例。不过，卖方可能会反对这些措辞，因为它囊括了所有影响船级的海事损坏，不论有关的船舶损坏是否为卖方所知，因此卖方也将会对潜在的海事损坏负责。相应地，若卖方的谈判实力远远超过买方，卖方很可能会谈判以删除海事损坏这一规定。有时本条也会被修改为"以及无海事损坏"的规定，删除仅涉及影响船级的情况的限定条件。这一修改意味着卖方将绝对保证交船时没有任何海事损坏，无论其是轻微的损坏，还是任何影响船级的损坏。因此，卖方应谨慎处理并确保相关的损坏限定在只是"影响船级的海事损坏"的范畴内。

知识链接 6 –7

TheAlfred Trigon 案例

Alfred Trigon 轮于 1979 年交给买方时，船级社的文件均表明该船仍保持船级并无任何批注。交船后不久，买方对船舶的双层底舱进行了测试，发现在舱顶有渗漏。买方请船级社的检验人对船舶进行检验，检验人对舱顶进行了超声波测试，发现确有影响船级的缺陷，并要求买方对舱顶进行较大范围的修理。由此可见，如果在交船当时卖方要求船级社检验人检验舱顶，其缺陷就会影响船舶的船级。除非卖方对此缺陷进行修理，否则船级社很难同意船舶保持船级。

买方于是提出仲裁，要求卖方赔偿修理费用及营业损失。仲裁人认为："无影响船级的海事损坏"是指船在交接时无任何影响船级的损坏，换句话说，卖方担保的是在交船时船舶处于和船级记录一致的状态。卖方不服，提出上诉。

法院认为合同中规定的"无影响船级的海事损坏"与该船的文件无关，而是指船的实际状况。对于大舱舱底的缺陷是否影响船级的问题已经清楚，法院要解决的是此种缺陷是否属于"海事损坏"。在该案中，买方认为"海事"（average）一词未改变也未增加"损坏"（damage）一词的含义，两者的含义相同。买方提出，"海事"一词应解释为包括"所有海事"（any average），卖方应确保船舶不仅保持船级，而且没有任何影响船级的损坏。至于该损坏是海上风险引起的还是由于自然损耗造成的则不是买方应关心的事，关键在于该种损坏是否影响船级。而卖方则认为"海事"一词并非可有可无，不能随意取消。"海事损坏"一词应解释为"由海上保险合同承保的风险所造成，而不是由正常损耗或普通的船龄偏老引起的损害"。

法院支持卖方的观点，并做出与仲裁庭相反的判决。法院认为，"影响船级"是指损坏具有不符合船级要求或使检验人对该船的船级加以批注的性质。此外，"海事"一词应具有独立的含义，不应视为无意义的多余词。在同一买卖合同中的其他条款中就可以发现多处没用"海事"一词修饰的损坏，"海事损坏"仅见于一处，这表明合同有意将卖方的责任限制于那些在正常情况下可以从保险人那里获得赔偿并可以转让给买方的缺陷引起的损坏。如果买方希望包括所有缺陷，他就不应接受"海事损坏"一词，而应坚持写明"无任何影响船级的缺陷"（free of any defect affecting class）。

如果买卖合同规定卖方应保证船舶无任何影响船舶船级的缺陷或损坏，卖方应明确他必须对任何损坏或缺陷负责，而不光是那些可以从保险人那里获得赔偿的缺陷或损坏。

最后关于有效的证书，本条规定交船时船舶证书应保持有效并不得展期，且没有船级条件/批注，但买方往往会通过谈判对该条进行修改，目的是要求船舶船级证书和商业营运证书必须在交船时是无瑕疵的和有效的，并可保持到交船后约定的期限，例如，3 个月或 6 个月。

知识链接 6 -8

The Rewa 案

The Rewa 案中的销售合同是依据 Saleform 1993 格式订立的，其中第 11 条规定：应将船舶以及其船旗国证书和国际营运的商业证书，还有其他所有买方根据合同检查船舶时在船的证书，交付给买方。合同第 14 条准许卖方在递交 NOR 后最多 3 个银行工作日内，做出交付证书文件的安排。这些应当交付的文件中包含一份卖据，其内容之一是保证转让给买方的船舶契约内没有任何被滞留扣留的情况。根据买方的选择，买卖合同约定的解约日期是 2008 年 9 月 30 日[*]。

买卖合同订立后，买方于 2008 年 7 月完成船舶检查，《1973 年国际防止船舶造成污染公约》（以下简称《MARPOL 公约》）附则 IV 新的规定要求截止到 2008 年 9 月 27 日，类似 Rewa 轮的船舶需持有国际防止生活污水污染证书（以下简称"ISPP"）。买方在订立此买卖合同之前就已经知道该船舶并没有持有 ISPP，且也不能够取得这一证书，除非其对船舶生活污水处理装置进行改装。

2008 年 9 月 29 日，卖方向船旗国主管机关申请关于《MARPOL 公约》的新规定的豁免证书。然而，直到 2008 年 9 月 30 日船舶抵达香港，所申请的豁免证书仍未收到——当天是卖方递交 NOR 的最后一天。卖方于 9 月 30 日下午递交给买方交船 NOR，但买方拒绝接受交船，理由是船舶未持有 ISPP。当天晚些时候，香港港口管理机关也因其未持有该证书而滞留该船舶。第二天早晨，买方取消了该买卖合同，理由是该船舶未持有 ISPP 并被滞留，未满足卖据中约定的条款。后来，在 10 月 1 日上午，卖方收到了先前申请的豁免证书，且港口管理机关也解除了对船舶的扣留。

卖方质疑买方取消买卖合同的权力并将争议提交仲裁。仲裁员做出有利于买方的裁决。卖方不服仲裁员裁决，上诉到高等法院并获得对其有利的判决。买方接着上诉到上诉法院，其请求判定两个主要的问题是：卖方在交船时是否有义务保证船舶持有 ISPP？卖方在递交 NOR 后，是否有 3 个银行工作日的时间，以使船舶符合卖据所规定的条件：将船舶转让给买方时船舶没有被滞留？

上诉法院驳回了买方在第一个问题上的主张，并判决道：卖方的义务是交付船舶以及船舶所持有的证书，交船条件是与买方根据合同检查时的船舶状况一样。若买卖合同缺乏明确和准确的措辞，却强加给卖方一个义务，以确保在交接时船舶持有其在买方检查时所拥有的以外的证书，就大错特错了——即使该额外的证书是使船舶在交付给买方之后能够从事国际运输贸易所需要的证书。

参照上述原因，上诉法院对第二个问题也做出有利于卖方的判决，并认为：

第 14 条规定给予卖方的在递交 NOR 之后的 3 个银行工作日的期限，是为了便于其做好交船准备以提供合同要求的文件，和安排船舶和文件的交接工作，以使船舶满足船舶买卖合同的规定，以及在卖据中"无任何滞留"的承诺的预留时间。因此，卖方在 9 月 30 日以后享有最多 3 个银行工作日的时间做出安排以解除船舶滞留，并按照买卖合同将船舶和交船文件交付给买方。

应当注意的是，虽然上诉法院判决的第二部分适用于包含有 3 个银行工作日的买卖合同，但这仅是 Salefrom 1993 格式第 14 条赋予卖方的宽限期，Saleform 2012 格式中没有关于此宽限时间的规定。

12. Name/markings

Upon delivery the Buyers undertake to change the name of the Vessel and alter funnel marking.

·名称/标记

在交船时，买方承担船舶名称和烟囱标志的更改工作。

本条规定，根据买卖合同，买方应在交船之后立即更换船舶名称和烟囱标志。

在交付前的准备工作中以及在船舶预计登记注册日前几天，买方应当预先获得其所选择的船旗国主管机关认可的拟使用的新的船舶名称的书面确认函。买方不应该假设其为船舶选择的名称将自动被这些机构接受。例如，如果存在已经登记在册的英国船舶名称，英国主管机关将拒绝再次登记这样的船舶名称。不同船舶不得同名的规则在船旗国之间有发展的趋势。

13. Buyers' default

Should the Deposit not be lodged in accordance with Clause 2（Deposit），the Sellers have the right to cancel this Agreement，and they shall be entitled to claim compensation for their losses and for all expenses incurred together with interest.

Should the Purchase Price not be paid in accordance with Clause 3（Payment），the Sellers have the right to cancel this Agreement，in which case the Deposit together with interest earned，if any，shall be released to the Sellers. If the Deposit does not cover their loss，the Sellers shall be entitled to claim further compensation for their losses and for all expenses incurred together with Interest.

·买方违约

如果买方没有按照第 2 条（保证金）的规定存入保证金，卖方有权取消本协议，并且应该有权要求买方赔偿他们所遭受的损失，包括连同利息在内的一切费用。

如果买方没有按照第 3 条（付款）的规定支付购船价款，卖方有权取消本协议合同。在此情况下，保证金连同利息收益（若有的话），应该释放给卖方。若该保证金不能弥补卖方的损失，卖方亦有权要求买方进一步赔偿他们所遭受的损失，包括连同利息在内的一切费用。

本条规定了两种构成买方违约的情况：一是未能存入保证金；二是未能支付购船价款。如果买方违约，卖方就可以解除合同并请求损害赔偿。

买方必须存入保证金作为适当履行合同的担保。如果从合同双方签署并交换协议，且合同双方都收到保证金持有人开立保证金账户的确认函之日起 3 个银行工作日内，买方未能存入保证金，那么买方构成违约，第 13 条的规定将被适用。

买方"存入"保证金的义务清楚地表明，保证金账户必须在约定的银行工作日内收到这笔资金。Saleform 1993 格式相应的条款使用的措辞是"支付"保证金，这使买方有余地争论说，只要其银行在约定时间内汇出了这笔资金，那么他已完成了对第 2 条所规定的义务的履行，即使保证金账户还没有收到。Saleform 2012 格式则做出了明确的约定，订立合同的买方，应当绝对确定其银行将能够汇出保证金款项，以使他们的保证金账户在约定的银行工作日天数内能收到这笔款项。

根据 Saleform 1993 格式，"从本协议生效之日起"买方有义务在约定的银行工作日天数内支付保证金。而要在 3 天内开好共同银行账户是非常困难的，买方经常会碰到无法及时支付保证金的难题。Saleform 2012 格式已经解决了这个问题，它给予买方 3 个银行工作日，从签署并交换协议且保证金持有人向合同双方确认已经开立保证金账户之日起开始计算。

如果买方未能按照第 2 条款的要求存入保证金，卖方有权解除合同，卖方还有权向买方要求赔偿。如果确实是由于买方未能及时存入保证金，而赋予卖方解除合同的权利，则卖方应当在合理时间内解除合同或主张其有这样做的权利，但保留自己的立场，否则可能会被认为已经放弃了其解除合同的权利。卖方有权要求赔偿他们所遭受的损失，包括连同利息在内的一切费用。卖方应能获得其实际损失和费用的补偿，无论它们是否会超过或小于保证金的数额。

如果买方未能按照合同第 3 条款的规定支付购船价款，卖方有权解除合同；取得保证金（及利息收益）；如果保证金不能完全弥补其损失，卖方有权向买方要求进一步的赔偿。同样，如果卖方不论是根据第 13 条还是其他规定确实有权解除合同，卖方应当在合理的时间内解除合同或主张其有解除权，但保留自己的立场，否则可能会被认为已经放弃了其取消合同的权利。

14. Sellers' default

Should the Sellers fail to give Notice of Readiness in accordance with Clause 5 (b) or fail to be ready to validly complete a legal transfer by the Cancelling Date the Buyers shall have the option of cancelling this Agreement.

If after Notice of Readiness has been given but before the Buyers have taken delivery, the Vessel ceases to be physically ready for delivery and is not made physically ready again by the Cancelling Date and new Notice of Readiness given, the Buyers shall retain their option to cancel. In the event that the Buyers elect to cancel this Agreement, the Deposit together with interest earned, if any, shall be released to them immediately.

Should the Sellers fail to give Notice of Readiness by the Cancelling Date or fail to be ready to validly complete a legal transfer as aforesaid they shall make due compensation to the Buyers for their loss and for all expenses together with interest if their failure is due to proven negligence and whether or not the Buyers cancel this Agreement.

· 卖方违约

如果卖方没有按照第 5（b）条款递交 NOR，或到解约日时为止仍未准备就绪使船舶处于能够有效完成法律转让的状态，买方有权解除协议。如果在 NOR 递交之后，但在买方接收船舶之前，船舶实质上不再处于准备就绪交付的状态，或截止到解约日以及递交新的 NOR 时仍然没有再次实际准备就绪，买方应该享有解除合同的选择权利。如果买方选择解除本协议，那么保证金及其利息收益（若有）应该立即返还给买方。

如果卖方在截止到解约日时没有递交 NOR，或如前所述，没有准备就绪使船舶处于能够有效完成法律转让的状态，并且能够证实是由于卖方的疏忽而导致违约，则不论买方是否选择解除协议，卖方都应该赔偿买方所遭受的全部损失和一切费用以及利息。

本条包含了两种卖方单独违约的情况：①没有按照第 5（b）条递交 NOR；②没有在解约日准备就绪使船舶处于能够有效完成法律交接的状态。还规定了买方的权

利：①取消合同；②如果买方确实取消了合同，买方可以收回保证金及任何应计利息；③无论买方是否取消合同，买方都可以要求卖方赔偿已证实是卖方的疏忽所导致的损失。

当卖方按照第 5（b）条递交了有效的 NOR，但该船舶随后不再处于实际准备就绪的交船状态。在这种情况下，如果在解约日前卖方能够使船舶处于实际准备就绪的交付状态，卖方可以重新递交新的 NOR。

如果直到解约日时，仍没有使船舶做好能够完成有效法律交接的准备，卖方将构成违约，同时赋予买方解除合同的权利。这项规定主要关注的是卖方将船舶的合法主权转让给买方的能力。显然，按照合同，最迟在解约日卖方必须递交 NOR 和做好完成法律交接的准备，其中包括卖方准备好第 8 条款提到的交船文件。在解约日，同时满足这两个规定才能进行后来的船舶交接。从第 3 条的规定可明显看出，在收到 NOR 之后，买方被给予 3 个银行工作日的时间支付购船价款。

Saleform 1993 格式第 14 条给予卖方在递交 NOR 之后最多 3 个银行工作日的准备时间，以履行其文件交接的义务。该权利已在 Saleform 2012 格式中被删除。这样做是有道理的，因为在递交 NOR 之前都是由卖方控制交船的过程，而买方在收到 NOR 后通常需要时间安排其银行完成剩余购买价款的支付。因此，卖方应注意的是，在 Saleform 2012 格式中，一旦卖方递交 NOR，买方将有权立即进行购船价款的支付。在实践中，这种情况通常由合同当事方在第 8 条约定交船安排中加以规定。

本条结尾部分规定，如果买方根据第 14 条有权取消该合同，且卖方的违约是由于已经证实的疏忽导致的，卖方必须赔偿买方遭受的损失和所有费用，连同利息，而不论买方是否取消合同。买方将只有在由于卖方经证实的疏忽引起的情况下才有权获得损害赔偿。

关于"经证实的疏忽"这一限制条件，仅适用于本条没有按照第 5（b）条递交 NOR 和没有在解约日准备就绪使船舶处于能够有效完成法律交接的状态这两种类型的违约。并没有明确规定适用于其他类型的违约，如船舶不符合其描述的状况或违反第 11 条交船状况。且使用"经证实的"这个字样说明买方负有举证责任以证明卖方存在该疏忽。

为了降低自身风险，卖方有时会试图通过修改条款，将标准提高到"经证实的严重疏忽或卖方故意违约"。传统上，英国法律将"疏忽"和"严重疏忽"视为同样的意思。但是，最近的判例法表明，法院正倾向于接受"疏忽"和"严重疏忽"之间在程度上存在的差异，"严重疏忽"类似于草率鲁莽的行为或不作为，特别是这一术语常常与"故意违约"一起使用。

15. Buyers' representatives

After this Agreement has been signed by the Parties and the Deposit has been lodged, the Buyers have the right to place two（2）representatives on board the Vessel at their sole risk and expense.

These representatives are on board for the purpose of familiarisation and in the capacity of observers only, and they shall not interfere in any respect with the operation of the Vessel. The Buyers and the Buyers' representatives shall sign the Sellers' P&I Club's standard letter of indemnity prior to their embarkation.

·买方的代表

在合同双方已经签署本协议以及保证金已经支付后，买方有权安排 2 名代表在船，风险和费用由买方自行承担。

这些代表仅以观察员的身份在船熟悉情况，并不得干预任何方面的船舶操作。买方及其代表在他们登船前应签署卖方船东保赔协会标准格式的保函。

本条赋予买方在其已经支付保证金后安排 2 名代表登船的权利，但派出代表的目的只能是熟悉船舶和观察船舶。这并不表明买方具有可以进行进一步的交船前检查或审查船舶文件记录的日志、证书和其他文件的任何权利。尽管如此，卖方可能很难管制买方代表在船上的活动，卖方最好能够限制代表们的活动，以及减少这些代表在交船前被允许在船进行熟悉的时间。

本条还规定，买方及其代表在登船前必须签署保函，并要求使用卖方保赔协会标准格式的保函。每一个保赔协会都有其自己标准格式的保函，但这些保函通常都包含如下内容：

（1）在法律允许的最大范围内，买方及其代表放弃所有权利和因其于交船前在船而引起的索赔。

（2）买方必须保障卖方不受到因买方代表在船参加交船前熟悉工作而向卖方提起的任何有关索赔。

（3）买方代表同意，他们会将自己的活动限制于熟悉船上的一般性操作，不得干预船舶的运行，或在交船前的这段时间内进行的任何大修、维修或检验工作，应及时了解并遵守所有法律上的命令，以及船长给予他们的指示。

16. Law and Arbitration

（a）＊This Agreement shall be governed by and construed in accordance with English law and any dispute arising out of or in connection with this Agreement shall be referred to arbitration in London in accordance with the Arbitration Act 1996 or any statutory modification or re-enactment thereof save to the extent necessary to give effect to the provisions of this Clause.

The arbitration shall be conducted in accordance with the London Maritime Arbitrators Association（LMAA）Terms current at the time when the arbitration proceedings are commenced.

The reference shall be to three arbitrators. A party wishing to refer a dispute to arbitration shall appoint its arbitrator and send notice of such appointment in writing to the other party requiring the other party to appoint its own arbitrator within fourteen（14）calendar days of that notice and stating that it will appoint its arbitrator as sole arbitrator unless the other party appoints its own arbitrator and gives notice that it has done so within the fourteen（14）days specified. If the other party does not appoint its own arbitrator and give notice that it has done so within the fourteen (14) days specified, the party referring a dispute to arbitration may, without the requirement of any further prior notice to the other party, appoint its arbitrator as sole arbitrator and shall advise the other party accordingly. The award of a sole arbitrator shall be binding on both Parties as if the sole arbitrator had been appointed by agreement.

In cases where neither the claim nor any counterclaim exceeds the sum of US $ 100000 the arbitration shall be conducted in accordance with the LMAA Small Claims Procedure current at the time when the arbitration proceedings are commenced.

(b) * This Agreement shall be governed by and construed in accordance with Title 9 of the United States Code and the substantive law (not including the choice of law rules) of the State of New York and any dispute arising out of or in connection with this Agreement shall be referred to three (3) persons at New York, one to be appointed by each of the parties hereto, and the third by the two so chosen; their decision or that of any two of them shall be final, and for the purposes of enforcing any award, judgment may be entered on an award by any court of competent jurisdiction. The proceedings shall be conducted in accordance with the rules of the Society of Maritime Arbitrators, Inc.

In cases where neither the claim nor any counterclaim exceeds the sum of US $ 100000 the arbitration shall be conducted in accordance with the Shortened Arbitration Procedure of the Society of Maritime Arbitrators, Inc.

(c) This Agreement shall be governed by and construed in accordance with the laws of _____ (state place) and any dispute arising out of or in connection with this Agreement shall be referred to arbitration at _____ (state place), subject to the procedures applicable there.

*16 (a), 16 (b) and 16 (c) are alternatives; delete whichever is not applicable. In the absence of deletions, alternative 16 (a) shall apply

· 法律和仲裁

(a) * 本协议应受英国法律的管辖并依据英国法律进行解释。本协议引起的或与之有关的任何争议，应按照《1996 年仲裁法》或在必要情况下为使本条款之条文规定生效的任何修订的立法或其重新制定的法律提交到伦敦进行仲裁。

仲裁应按照仲裁诉讼程序启动当时最新版本的伦敦海事仲裁员协会（以下简称"LMAA"）规则进行。

仲裁庭必须由 3 名仲裁员组成。希望将争议提交仲裁的一方当事人应该指定其自己的仲裁员，并以书面形式把该委任的通知发送给另一方当事人，要求对方在该通知后 14 个日历日内任命自己的仲裁员，并声明除非对方委任他自己的仲裁员并给予他已在这规定的 14 天内做出相应的委任通知，否则该方指定的仲裁员将作为独任仲裁员。如果对方未任命他自己的仲裁员且未发出他已在这规定的 14 天之内做出相应的委任的通知，把争议提交仲裁的一方可能不再需要给予对方任何进一步的事先通知，任命其自己的仲裁员作为独任的仲裁员并相应地通知对方（未指定仲裁员的一方）。独任仲裁员所做出的裁决书应对双方均具有约束力，如同他是双方协议共同任命的一样。

在索赔和任何反索赔金额不超过 10 万美元的情况下，仲裁应按照仲裁诉讼程序启动当时最新版本的 LMAA 小额诉讼程序进行。

（b） *本协议应受《美国法典》第 9 编和纽约州实体法（不包括法律选择的规则）的管辖并以此进行解释，本协议引起的或与之相关的任何争议必须提交给在纽约州的 3 名仲裁员进行裁决，其中当事双方各自任命一名仲裁员，第三名则由已任命的 2 名仲裁员选择指定；3 名仲裁员全体或他们中任何 2 个人的裁决应是终局的，而且为了执行任何裁决书，拥有有效管辖权的法院可能对此裁决书做出法院的判决。仲裁诉讼应按照海事仲裁员协会的规则进行。

在索赔和任何反索赔金额不超过 10 万美元的情况下，仲裁应按照海事仲裁员协会的简式仲裁程序进行。

（c） 本协议受　　　（载明地点）的法律管辖并以此地方法律进行解释，本协议引起的或与之有关的任何争议应提交给　　　（载明地点）进行裁决，并受当地适当的程序约束。

*第16 条的（a）项、（b）项和（c）项是可选择适用的；应删除不适用条款。如果未做删除，则视为选择适用第16 （a）条。

本条规定了三种可选择的合同适用法律和仲裁地点：

（1）英国法律、伦敦仲裁。

（2）美国法律、纽约仲裁。

（3）其他法律体系和仲裁地点，由合同双方另行约定并在合同中载明。

如果双方没有做出他们明确的选择并删除第 16 条其中 2 个选项，英国法律和伦敦仲裁将自动适用。

在 Saleform 2012 格式合同下产生的争议，其提交解决的仲裁庭将由 3 名仲裁员组成，其中争议双方各自任命 1 名仲裁员，第三名仲裁员是由合同双方指定的两位仲裁员共同任命。

如果合同一方当事人没有指定仲裁员，并且在对方发出已经指定仲裁员（并要求他如此进行指定仲裁员）的通知后 14 天内，没有进行仲裁员的指定并通知对方，那么将争议提交仲裁的当事方可以指定自己的仲裁员作为独任仲裁员。

合同一方当事人指定仲裁员的完整程序是：①询问仲裁员是否愿意接受委任成为解决争议的仲裁员；②获得该仲裁员的肯定答复；③正式任命该仲裁员；④就已经指定仲裁员的事实通知对方和对方已经指定的仲裁员。

本条款区别于以往版本条款的一个新特点是明确引入 LMAA 小额诉讼程序。小额诉讼程序适用于不超过 10 万美元金额的索赔或任何反索赔。小额诉讼程序的好处

是诉讼程序的步骤有限，除非仲裁员要求，一般没有信息或文件的披露要求、限定了最高费用数额，且没有上诉到法院的权利。

如果合同双方选择英国法律和仲裁程序管辖他们的合同，如果一方当事人漠视仲裁协议并启动法院诉讼程序，另一方可以向法院申请中止这些诉讼并等待仲裁裁决。法院必须准许中止，除非其确信该仲裁协议无效，是不起作用或无法履行的。

《1996 年仲裁法》严格限制了合同当事人质疑裁决书的权利。该法规定了质疑裁决书的 3 个可能理由：

（1）该仲裁庭没有实质性的管辖权。

（2）出现影响仲裁庭、仲裁程序或仲裁裁决的严重不正常因素。

（3）基于某法律观点提出上诉。

关于最后一点，应当注意的是，除非所有合同各方同意上诉，否则意图上诉的申请人必须获得法院的许可批文才能就法律观点提起上诉。只有法院确信情况满足如下条件时，才会给予上诉批文/批准：

（1）对上诉方所提出的法律问题的判定将重大影响一方或多方当事人的权益。

（2）有关法律问题是已向仲裁庭提出，并请求依据仲裁裁决书内认定的事实进行裁决的问题。

（3）仲裁庭对问题的决定是明显错误的，或该问题具有普遍公共重要性而仲裁庭的决定存在重大疑问。

（4）尽管合同当事人约定通过仲裁解决争议，但由法院对上诉提出的问题进行判决在任何情况下都是公正和适当的。

根据英国法律，仲裁协议的当事人可以约定排除他们向法院上诉的权利。

17. Notices

All notices to be provided under this Agreement shall be in writing.

Contact details for recipients of notices are as follows：

For the Buyers：

For the Sellers：

· 通知

根据本协议，所有通知应以书面的形式提供给合同各方。通知接收人的详细联系方式如下：

对于买方：

对于卖方：

本条包含简单的通知规定，由合同当事方填写自己的详细联系方式。在实践中，买方和卖方之间的通知和书面通信往往是通过他们各自的经纪人进行的。在这种情况下，合同各方也应在第 17 条写入经纪人的详细联系方式。

在本格式和合同下，应发出具体的通知的条款有：

（1）第 4 条——买方给予卖方的书面接受船舶的通知。

（2）第 5（b）条——卖方分别提前 20 天、10 天、5 天、3 天给予买方、卖方预期递交 NOR 日期的通知，和卖方给予买方的 NOR。

（3）第 5（c）条——卖方延迟交船的通知和买方接受新的解约日之通知。

（4）第 16 条——关于启动仲裁程序和指定仲裁员的通知。

18. Entire Agreement

The written terms of this Agreement comprise the entire agreement between the Buyers and the Sellers in relation to the sale and purchase of the Vessel and supersede all previous agreements whether oral or written between the Parties in relation thereto.

Each of the Parties acknowledges that in entering into this Agreement it has not relied on and shall have no right or remedy in respect of any statement, representation, assurance or warranty (whether or not made negligently) other than as is expressly set out in this Agreement.

Any terms implied into this Agreement by any applicable statute or law are hereby excluded to the extent that such exclusion can legally be made. Nothing in this Clause shall limit or exclude any liability for fraud.

·完整协议条款

本协议之书面条款，构成与船舶销售和购买交易相关的买卖双方之间的完整协议，并替代交易相关的各个当事方之间无论是口头形式的还是书面形式的早先的所有协议。

每一当事方应确认，他在签署协议时没有依赖任何陈述声明、表述说明、保证或担保（不论其是否为疏忽做出），而且就此也没有任何请求权或法律救济，除非明确载于本协议。

在法律允许排除的程度和范畴内，本协议排除适用任何依本协议所适用的法律或法规可默示进入本协议的条款。本条款的任何规定，不得限制或排除因欺诈而产生的任何责任。

本条款是一个完整协议条款，以前版本的 Saleform 格式并不具有此特色的条款。

根据本条第一段的规定，该书面合同是包含所有的协议条款的。防止其中一方当事人依赖合同签署前的陈述或文件，以增加、变更或违背书面合同条款。例如，通过争辩说，合同签署前的陈述或文件产生了一个附带的保证或其他形式的附带协议。

本条第二段明文规定任何一方对在合同形成之前所做的未明确列入合同中的陈述，均没有任何请求权或法律救济。免除该当事方为其承担的责任。虽然其意图是为了将疏忽做出的陈述包含进去，但本条将无法免除或限制由欺诈引起的任何法律责任。

本条第三段的目的是，试图将因本协议所适用的法规或法律的作用而可能默示进入本协议的任何条款排除。

知识链接 6-9

根据经修订的 1979 年 SGA 第 14 条的规定，如果卖方是"在商业经营过程中"出售货物，关于满意质量的条文将默示进入买卖合同。当买方已使卖方知道他获取该货物的目的，那么也将默示另一个关于适用性的条款。英国法院已经确认，船东出售船舶属于"在商业经营过程中"的范畴，所以该法规适用于二手货物的销售。相应地，默示条款显然是可适用于船舶买卖合同的，除非它们被有效地排除。

1979 年 SGA 第 55 条规定，由于法律默示而可能在货物买卖合同之中出现的权利、义务或责任，可以被明示的协议，或双方之间的交易习惯，或约束合同双方当事人的习惯做法否定或变更（除非受到《1977 年不公平合同条款法》规定的限制）。它还进一步规定，合同中明示条款不得否定法规的默示条款，除非与之冲突。

很多从业人员认为，Saleform 1993 格式的明示条款与 1979 年 SGA 的默示条款冲突，或至少是到了能有效地排除适用默示条款的地步。这一论点依赖的事实是第 11 条款规定，船舶交付时的状况应如同其在第 4 条款所规定的检查时一样，正常损耗，以及关于船级的某些特殊规定除外。在此基础上，有观点进一步认为"质量"标准是参照按第 4 条款检查船舶当时的实际情况确定的，无论当时船舶是否符合"令人满意的品质"。换句话说，法规的默示条款强制规定，要求船舶必须达到令人满意的质量，以至于否定第 4 条款中对船舶检查的特殊目的和"按现状"出售的原则标准，因此，该默示条款与第 11 条款（交船状况）的明确规定前后不一致。

有些从业人员持不同的看法，认为虽然第 11 条款确实列明了其自己的质量标准，但该明示条文还远远不足以否定适用法规的默示条款。换句话说，如果第 11 条款的解释有可能与船舶满意质量的额外附加要求不发生冲突，那么这种不确定性本身已足够证明，它是不能满足 1979 年 SGA 第 55 条所要求的标准的，而明确排除法规的默示条款的。

第四节 二手船买卖合同谈判实例

二手船买卖合同签署前的谈判是二手船合同形成约定条款形成的主要阶段。二手船买卖谈判过程中大致上会有以下步骤：

第一步是卖方把船舶出售意图通过经纪人在二手船市场内广泛宣发，宣发中包括船舶主要描述/资料，如船名、船龄、船旗、船级社、载重量或多少个 TEU、船舶大小、船型、造船厂、主机型号、船速与耗油量、其他主要设备如冷藏或/与重吊设备等，并加上卖方出售的意向船价。这是卖方向众多潜在买方"邀盘"，但并不是"发盘"。偶尔，也会是买方先接触卖方/船东，试探他是否有意出售某一船舶。

第二步是有意向或有兴趣的买方会通过经纪人初步接触卖方并让双方了解对方身

份。买方了解卖方一般不难，因为知道船名后可以通过许多渠道去查明名义与实质的船东背景。但卖方对买方会是一无所知，往往必须通过查询才能确定。这一步十分重要，毕竟双方要去试图订立一份贵重与高价值的合约来互相约束，怎能对对方身份一无所知。固然，不少二手船的买卖双方都会以单船公司，特别是方便旗国家登记的单船公司名义去拥有船舶，这种情况下即便知悉了对方身份也并不能掌握背后的实质控制人的身份。如果明确了单船公司背后实质上的控制人，了解对方背后集团公司的身份与背景，会有较大的好处，例如了解船舶的状况、谈判技巧的运用、对方毁约/违约的可能性、需要起诉对方时的适当起诉对象，是否值得继续与坚持诉讼下去，等等。原本适当起诉的对象应是买卖双方名义上的单船公司，但在实践中，如果买方在谈判时或签署买卖合约时没有清楚说明买方身份，或以"代名人"（nominee）的名义作为替代的情况下，均会导致买方背后集团公司或买方个人被当作起诉对象。

第三步是买卖双方正式进入谈判。如果谈判破裂，双方达不成买卖合同。但如果谈判成功，买卖双方会最终达成买卖合约，签署合同。一旦签署合同，谈判阶段告一段落，之后只涉及履约的责任。如果买卖双方拒绝履约或破坏合约，即毁约或/与违约。这会使受害方去寻求法律的救济，可能是索赔金钱损失的救济，也可能是申请"履约指示"（specific performance）的救济，去强制或迫使另一方执行。

在这一阶段，谈判时间可长可短，双方以书面和电话、会议等口头方式谈判，可能谈一谈、停一停、断断续续花上 1～2 年的时间。也可能会十分快速，谈判几个回合即达成合约。尤其是航运市场欣欣向荣，船价日新月异的时候，买方往往不敢拖延，只要卖方要的船价与买方认为的差不多，买方会尽量避免在其他合同条款中有过多的谈判，尽快、尽早地达成买卖合约，以防市场进一步上升后卖方改变主意或另有其他买方加入竞争而抢高船价。

谈判过程总的方向是从零开始，即双方没有任何方面达成协议或试图达成协议的开始，慢慢通过发盘（offer）、还盘（counter-offer）、再还盘，一来一回地去缩小相异之处，直至最终把最后一点也达成共识，形成协议，才可说是谈判过程的完结。双方有了买卖合同关系，双方都再难以脱身或去试图改变合同内容，即便例如市场再进一步上升导致卖方企望去抬高合同中约定船价也不可以。任何对合同的修改都要求双方同意才会有可能有效，但若是对对方不利，试想对方怎会同意呢？

在谈判过程中，买卖双方各自为自身利益考虑。谁能做得更好的其中一个关键因素是谈判技巧和对英国合约法的熟悉与灵活运用，因为国际上的二手船买卖几乎都以英国法为准据法。买卖双方各显神通，合法的谈判手段无所不用，例如"吹嘘"、挑起竞争，如同时与几个买方谈判并把消息串来串去，向对方摸底。误导法律观点，如对合约条文解释，而法律误导一般没有后果。放假消息，如告诉买方/对方另有买方发盘。还有威吓、一时强硬一时让步、你进我退、你退我进等。

二手船买卖涉及的成交金额巨大，国际上最多涉及二手船市场的是希腊船东。在二手买卖中希腊船东往往是船东本人而并不假手下属或第三者，他们大都经验丰富，熟悉法律与船务，也不存在权限问题，十分清楚自己的底线与要求等，所以希腊船东在谈判中十分灵活，能迅速做出决定，反应快，敢承担，一有机会很快能把握。在市场中，也有部分船东自己不懂或没有经验，常常要下属出面谈判，但又去不断干预谈判过程，如果下属不熟悉英国合约的法律，则谈判效果往往很差，不仅反应慢，还常常会上当。假如在二手船买卖谈判中上当，代价会是十分昂贵的。

本节将以 Bay Ridge 船舶买卖的谈判为例展示规范的谈判过程。Bay Ridge 是一艘美国建造的超级油轮，载重吨为228000吨。由于经营的经济效益差，美国船东决定出售该船舶。1995年6月27日，卖方经纪人鼓励买方经纪人去向希腊买家建议做出一个发盘。

一、买方的发盘

于是，买方在次日，即28日，通过经纪人做出以下发盘，该发盘包含了构成一个合约的主要内容。

RE: TT 'BAYRIDGE' – 228000DWTBUILT1979 – 37000LDT

WE AR EPLEASED TO OFFER FIRM ACCOUNT NOMINEE OF MESSRS OCEAN-BULK MARITIME S. A. FOR REPLY LATEST BY17: 30 HRS GREEK TIME TODAY:

1. PRICE USD 9200000. 00 CASH LESS 3 PCT ADDRESS AND LESS 1PCT TO LINK MARITIME ENTERPRISES S. A. .

2. SUB PROMPT INSPECTION VESSEL AND RECORDS. DURING INSPECTION BUYERS SURVEYORS TO BE ALLOWED TO INSPECT, BUT NOT LIMITIED TO , DIRTY AND CLEAN BALLAST/CARGO TANKS IN GAS FREE CONDITION, SEG-REGATED BALLAST TANKS, FORE/AFT PEAK TANKS, LOG BOOKS, RECORDS ON BOARD.

3. DELIVERY ONE SAFE BEERTH/PORT TO BE MUTUALLY AGREED AND DATES TO BE MUTUALLY AGREED. (PLS ADVISE SELLERS THINKING THIS POINT).

4. VESSEL TO BE DELIVERED WITH EVERYTHING BELONGING TO HER ON-BOARD/ASHORE INCLUDED IN SALE INCL NAVIGATIONAL EQUIPMENT, WIRE-LESS NAVAIDS, RADAR, SSB ETC. , ONLY EXCLUSIONS MASTER/CREWS PER-SONAL PTY.

5. VESSEL TO BE DELIVERED SAFELY AFLOAT OTHERWISE" AS IS/WHERE LIES" SAME CONDITION AS AT TIME OF INSPECTION.

6. NO DRYDOCK CLAUSE BUT BUYERS RIGHT TO PLACE DIVERS AT TIME OF DELIVERY FOR INSPECTION UNDERWATER PARTS AND IF ANY DAMAGE FOUND SAME TO BE MADE GOOD TO CLASS SATISFACTION AT SELLERS' TIME/EX-PENSE PIRIOR DELIVERY.

7. BUYERS RIGHE PLACE 2 REPS ONBOARD AFTER CONCLUSION SALE ON TELEX.

8. OTHERWISE NSF – 87 TO BE MUTUALLY AGREED AND TO INCORPORATE AGREED TERMS/CONDITONS.

9. ARBITRATION LONDON WITH ENGLISH LAW TO GOVERN.

10. SELLERS WARRANT VSL APPROVED BY ALL MAJOR OIL COMPANIES.

11. ALL NEGOTIATIONS AND ANY EVENTUAL SALE TO REMAIN STRICTLY PRIVATE AND CONFIDENTIAL BETWEEN ALL PARTIES INVOLVED.

END OFFER.

PLS ON COUNTERING GRANT PERMISSION FOR RECORDS' INSPECTION AT ABS. WE WILL ADVISE SURYEYORS NAME SOONEST.

标题有关于船舶特征的描述，包括船名、载重吨、造船年份和轻吨，加入这些信息是为了明确数据与资料。

第一段阐述发盘是代表买方做出的。注意买方写法是有"代名人"（nominee）。在船舶市场，为降低风险，买方通常会注册单船公司去拥有船舶。在谈判或合同签署时，单船公司可能还未注册好，但总要有一个名字去订约，通常买方会以个人名义或集团公司名义先去订约，并在谈判时约定买方有权去指定第三者作为正式的买方。等将来单船公司成立后，买方再给卖方发书面通知指定单船公司为正式买方。如果没有这样的约定，合同签署后再提出要变更买方，则会相当困难。本案例买方是 Oeeanbulk，后来在 1995 年 7 月 12 日 Oeeanbulk 的确指定了另一家利比里亚公司 Laura 为正式买方。另外，需要注意的是，发盘中有一个希腊当天 17：30 时限，显示了"幕后人"。

第 1 点说明发盘中标明的船价的要减掉回扣佣金和经纪人佣金，其中 1% 是给希腊买方经纪人 Link 的。

第 2 点说明有检查船舶与船级记录的后续条件。在挪威格式（NSF）的第 4 条文有说明上船检查时可去查阅航海日志，所以这一项不必重复。但其他地方，如一些船舱（主要去看钢板的状况，例如是否严重腐蚀），买方若是坚持要看就必须写清楚。特别是，要求可以在"没有易燃气"（gas free）情况下检查船舱，因为这样船东才可允许买方检查人员进舱内细看。但这种情况只在船舶进干坞或修理时，或是经过了空载航次的清洗船舱时才有，不会在满载原油或刚卸货之时出现。

第 3 点说明交船地点与时间另待协商，并邀请卖方提出看法。

第 4 点说明交船时包括了所有船上/岸上设备，只除了船员个人行李。

第 5 点要求交船时船舶安全漂浮并且状况与买方检查船舶时一致。

第 6 点说明交船前船舶不进干坞但买方有权在交船港派出蛙人/潜水员进行水底检查，若发觉船底有损坏，卖方要去修妥至船级社满意。进干坞主要是为了检查船底状况，但安排超级油轮进干坞不容易而且十分昂贵。在最新的挪威格式合同中一般默认潜水员进行水底检查。

第 7 点说明在以电传谈拢买卖合约后，买方有权派两位代表上船熟悉操作。

第 8 点说明其他条文以 1987 年挪威格式（NSF'87）为准，双方同意后并入条款。

第 9 点说明伦敦仲裁与适用英国法。

第 10 点要求卖方保证船舶被所有主要石油公司批准，没有列入黑名单。这方面问题源于石油公司对传统的船舶结构安全依赖船级社有一定保留意见，加上不同公司、不同油品会有不同的重点关注，所以各石油公司开始了自己的船舶检查制度，在检查通过并获批准后，该船舶才会被允许租用和使用有关石油公司的码头设施。这方面问题只与油轮的二手船买卖有关，不适用在干货/散货船。

第 11 点要求谈判双方保守机密。

发盘/要约结束。

最后一段，请卖方在还盘时批准买方去美国船级社查阅船级记录。卖方若批准，需通知位于纽约的美国船级社，继而船级社才会肯让一位陌生人去查阅该船舶的船级记录。买方也应尽快告知卖方拟派上船进行表面检查人员的信息。

二、卖方的还盘一

以下是卖方在纽约的经纪人发出给买方经纪人的还盘（counter-offer）。

1）Owners grant permission to inspect class records— please advise full style of buyer, their inspector and when intend to inspect.

2）Meantime, Owners accept buyer offer, except：

（1）Delivery—A safe berth Aruba.

（2）Lay/Can—July 20/30（ETA 7/18 to discharge full cargo of crude）.

（3）Inspection—At Aruba and Sellers to allow inspection all spaces as reasonably possible.

（4）Price-U. S. $ 10. 0 million.

（5）Commission -1% each to McQ and Link, but no address.

（6）Reply—1200 New York today.

第 1）点船东也即卖方，允许买方去查阅船级记录，要求买方告知检查人姓名和查阅船级记录的时间。有了这些资料，卖方才可通知美国船级社。

第 2）点表示船东接受大部分买方在发盘中的主要条文，除了以下几点。

注意这句表达不是完全地接受，所以只能是还盘而不是受盘。

第（1）点提出交船地点是 Aruba，一个安全泊位。

第（2）点提出交船期和销约期在 7 月 20 日至 30 日之间（预计船舶将在 7 月 18 日抵达 Aruba，并卸下满载的原油）。

第（3）点提出在买方 Aruba 上船检查，卖方允许买方检查所有合理的空间，包括买方要求的船舱、压水舱、前后舱等。

第（4）点船价 10000000 美元。可见，卖方的意向价格和买方发盘出的船价仍有 800000 美元差别。

第（5）点卖方只肯给两个各 1% 的佣金，一个给卖方经纪人（McQ），另一个给买方经纪人（Link），但不肯支付 3% 给买方的"回扣佣金"（address commission），加上佣金，双方差价更大了。

第（6）点要求买方在纽约时间 12 点前回复。还盘时限较短。

三、买方的还盘一

买方的希腊经纪人再给卖方的经纪人以下的反盘：

BUYERS ACCEPT SELLERS'LAST EXCEPT—FOR REPLY LATEST BY 12；30 HRS NY TIME TODAY：

（1）OK.

（2）LAY/CAN：JULY 20/AUGUST 15.

（3）OK.

（4）USD 9500000. 00.

（5）3 PCT ADDRESS + 1 PCT LINK MARITIME ENTERPRISES S. A. ，PIRAEUS + 1 PCT MCQUILLING.

END FIRM COUNTER.

这段还盘的开头就写了"接受……但除了……"（accept…except）。表示这又是一个还盘，还盘越来越短，显然双方在收窄异议。但给卖方的回复时限同样较短。

第（2）点，交船日子与销约期，销约期有所延长，这也对卖方有利，因为船期有可能会延误，卖方也有更充分的时间。

第（4）点，关于船价，买方提高至 9500000 美元，但从价格上来看，双方仍有 500000 美元的差距。

第（5）点显示双方佣金上仍有不同意见，集中在 3% 船价的回扣佣金。

最后说明实盘结束。

四、卖方的还盘二

卖方经纪人通过传真发送如下信息：

Sellers accept Buyers' last except：

—USD：9750000. 00

—0% Address com—checking and reverting about major oil Co. approvals as vessel has been trading for owners'own account.（apologize but sellers had over-looked this point）.

在这次的还盘中，卖方也在降价，船价从 10000000 美元降到 9750000 美元，但双方仍有差距。

另外，卖方仍坚持不给"回扣佣金"（address commission）。还提到忘了回应有关主要石油公司对船舶的批准，仍在查有关名单。

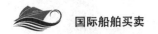

五、买方的还盘二

以下是还盘内容：

BUYERS ACCEPT/EXCEPT-FOR PROMPT REPLY：

—SELLERS WARRANT VSL ON DELIVERY TO BE APPROVED BY ALL MAJOR OIL COMPANIES

　　—PRICE：USD 9650000. 00

　　—BASIS LESS 5 PCT COMMISSION TOTAL TO SELLERS I. E. 3 PCTADDRESS + IPCT LME, PIRAEUS + I PCT MCQUILLINGO

　　END FIRM COUNTER.

买方的这次还盘没有给卖方回复设定具体的时限，只要求尽快回复。卖方保证交船时船舶被所有主要石油公司批准。船价差距进一步收窄，但买方仍坚持3%的回扣。最后表明还盘的结束。

六、卖方在电话中的还盘

以下是卖方经纪人的一份传真，记录了卖方经纪人较早在电话中的还盘：

For prompt reply, you gave us over the telephone the following authority from sellers accept/except；

　　—sellers reverting on matter of approval by major oil companies.

　　—price：USD 9750000

　　—less 3 PCT address com +1 PCT link maritime ＋ 1PCT McQuilling.

　　End firm counter.

根据上述还盘来看，卖方愿意将船价减掉这3%的"回扣佣金"（address commission），双方预期船价的差距也进一步缩小。

七、买方的受盘

买方经纪人给卖方经纪人的受盘如下，但仍有细节待谈拢：

BUYERS ACCEPTED/CONFIRMED SELLERS'LAST AS FOLLOWS：

—SELLERS TO REVERT ON MATTER OF APPROVAL BY MAJOROIL COMPANIES PROVIDING LIST.

　　—PRICE：USD 9750000

　　— LESS 3 PCT ADDRESS COM +1 PCT LINK MARITIME + + 1PCT MCQUILLING.

买方也对船价做出让步，接受了9750000元的价格，双方在主要条款上达成一致意见。

八、要点重述

双方的重要条款已经达成一致意见，卖方在纽约的经纪人拟定了以下要点重述（recapitulation），简称"recap"：

1）We are pleased to confirm the sale of the above vessel asfollows：

2）Buyer   Oceanbulk Maritime

3）Seller   Coscol Houston（or nominee owning company）

4）Vessel   T/T Bay Ridge

5）Specs   As per Questionaire 88 previously given

6）Delivery   A safe berth Aruba, safely afloat "as is/where is" in same condition as at time of inspection

7）Lay/Can   July 20/Aug 15（to be mutually narrowed）Vessel inbound Aruba to discharge full cargo crude oil— Present ETA Aruba 7/18

8）PriceU. S. ＄9750000. 00

9）Commission   Total 5% brokerage to McQuilling for division with Link Piraeus and others

10）Inspection   At Aruba, and Sellers to allow inspection of all spaces, as reasonably possible

11）Terms   Otherwise per NSF－87 mutually agreed,

（1）Vessel to be delivered with everything belonging to her onboard/ashore included in sale including navigational equipment, wireless navaids, radar, （SSB）etc. Only exclusion Master/Crew's personal property.

（2）No drydock clause, but buyers right to place divers, at time of delivery, for inspection of underwater parts, and ifany damage found, same to be made good to class satisfaction at Seller's time and expense prior delivery.

（3）Buyers right to place two（2）representatives on board after conclusion/confirmation of sale by telex/fax.

（4）Arbitration London, with English Law to apply.

（5）Vessel presently approved by the following oil companies：①BP；②Shell；③Texaco（expiring）；④Scanports；⑤Ashland；⑥Koch.

12）Subjects.

（1）Buyers inspection and approval of vessels classification record.

（2）Buyers inspection and approval of onboard condition survey.

13）Comments.

（1）Please advise what other, if any, oil company approvals required by Buyer.

（2）Please fax full background of Buyer for info only.

（3）Please fax full MOA terms.

（4） Please advise who/where/when will inspect records and survey vessel atAruba.

在这份要点重述中，关于买方的描述，卖方漏掉了买方有权另去指定"代名人"（nominee）作为正式买方。故为了避免错误记录，在该先例中买方在希腊的经纪人随即做出更正说买方是："Oceanbulk Maritime S. A.（or nominee）"。

买卖双方的谈判涉及十几张传真往来，本书没有全部记录。根据已有内容，可以看出双方的分歧主要是在船价与回扣佣金上，至于卖方在发盘中提出的其他要求，例如交船时船舶包括了所有船上/岸上设备或买卖合约谈拢后买方有权派两位代表上船熟悉操作。这些要求十分平常，也通常是市场惯例，所以卖方在第一次还盘中基本都爽快答应。价格是双方都非常关注的最主要的条款之一，大家通过谈判一步一步收窄了差距，最后形成共识。在要点重述中的第 11）条，清楚表示了仍有细节未谈妥，另须双方同意才有合约。如果不去写明，则有主要内容被视作同意的风险，可能导致一个需要履行的合约产生。事实上，双方仍未去看这份 1987 年的挪威格式（NSF'87）合同，更别说是双方要去同意每一条文了。此外，本条文没有清楚说明"subject details"，当然，写清楚更好。但即使少了一个"subject"的文字，也并不影响本条文的含义。

第（5）条列出了一些批准船舶的主要石油公司名单。

第 12）条有两个"subjects"，涉及船级记录查阅与买方上船进行表面检查，关于这两个条件的后续处理，在挪威格式合同第 4 条会有明确的约定。

总之，在要点重述当时双方只谈妥了主要或者说重要条款（main terms），以挪威格式为准的条款细节仍要谈下去，最后才会产生合约。

第七章 废船买卖

第一节 世界主要废船拆解地

一、废船买卖简介

一艘船舶的寿命通常在 20～30 年，在达到寿命后，船舶就会被送去拆解。废船是指供拆卸的以钢铁金属为主体结构的船舶及其他浮动结构体。废船的金属可回收率约占其自身实际重量的 90% 以上，中大型废旧船舶拆解下来的废钢，除废旧有色金属和机电设备外，有很大一部分为重型废钢。各类废钢回收利用领域广泛，深受冶金企业的青睐。例如，经过剪板加工，废船板可直接用于建设项目工地的铺路板；加工制成板条或结构体可以直供钢铁冶炼企业。从废旧船只上拆下的废钢代替矿石炼钢，可减少气体污染 85%、水污染 73%、耗水量 45% 和采矿废弃物 96%。不仅如此，废旧船只的拆解，可以加快船舶行业的新陈代谢，有利于船舶行业的可持续发展。

废船买卖也称拆船买卖，是买方为取得船舶钢材等拆解物资而购买老旧船舶的交易。它和传统的二手船买卖的主要区别在于买卖的船舶通常不再投入航运市场运营，而是直接进拆船厂进行拆解。一般而言，拆船厂是废船的最终买家。废船买卖中的船舶绝大多数是船龄比较长、船舶状况较差的老旧船舶，买卖价格通常也会低于同船龄、同类型的二手船舶买卖价格。由于船舶不再投入市场运营，买方通常更关注的是船舶的自重，螺旋桨的制造材料，船舶是否有备用螺旋桨和备用尾轴，等等，并不关注船舶各方面的技术状况。在洽谈时，一般不会要求对船舶进行详细的检查、派代表跟船、交船前进坞等。所以，废船买卖的磋商相对二手船买卖也更为简单。

二、世界拆船业发展

拆船行业是有着悠久历史的行业，有新造船投入航运运营，就会有退役的船舶。

古代的船舶是木质的，大部分船舶退役拆解后被直接销毁，少部分作为文物和纪念品被保留下来。随着钢质船舶的出现并大规模地运用在航运中，直接销毁的办法来处理退役船舶已经变得不现实，所以就要想办法把船舶拆解后再处理。而世界能源的大规模开采和运用，加上自然环境的破坏日益严重，人们逐渐意识到能源循环利用的重要性，拆船就和废钢、废旧设备回收再利用紧密联系并发展起来了。

最初各国所拆解的基本都是本国的舰船，世界拆船中心主要集中在北欧、美国和日本。20 世纪 50 年代，世界废船的年拆解量为 100 万～200 万载重吨，仅相当于 3～8 艘 VLCC 的拆解量。60 年代后期，世界拆船市场逐渐形成了一个开放的自由交易市场，许多国家的废船已不在本国拆解。尤其随着第二次世界大战时期的战时标准船进入拆船市场，世界拆船市场进入了一个活跃期，年拆解量约为 600 万载重吨。日本和中国香港成为当时世界主要的拆船地区。

20 世纪 70 年代后半期是世界油船大量拆解的时代，1975 年、1976 年和 1977 年的船舶年拆解量都达到或突破 1000 万载重吨大关，1978 年世界船舶拆解量又突破了 2000 万载重吨的关口。当时世界拆船中心转移到了中国台湾地区和韩国，中国台湾地区更是占据了拆船市场的大部分份额，并获得了"拆船区"的称号，拆船企业的数量一度达到 202 家。

20 世纪 80 年代中后期，世界拆船总量急剧下降，韩国和中国台湾地区相继退出了拆船行业，世界拆船中心再一次发生了转移。中国内地和印度成为当时新兴的世界拆船中心。1994 年中国内地的废船拆解量占到了当时世界拆船总量的 50% 左右，一举登上世界之最的宝座。但 1994—1997 年，中国由于受到国内政策因素的影响，拆船量急剧下降。直到 1998 年国家再次给予拆船优惠政策，中国拆船业才再度发展起来。

进入 2000 年后，孟加拉国在拆船行业中异军突起，并于 2003 年首超印度，成为世界第一拆船国。之后随着海运市场的兴旺，国际拆船市场再度陷入低迷，2005 年达到一个低谷，当年的船舶拆解量仅为 600 万载重吨。其间，印度拆船量一度超过孟加拉。

2008 年金融危机之后，随着航运市场低迷及船舶技术的不断更新，船舶拆解业迎来了又一轮热潮。2009 年孟加拉国船厂拆解的船舶所占运力最多，达到了 1046 万余吨，印度紧随其后，中国凭借市场份额的 32% 位居第三。2013 年印度再次超越孟加拉，成为世界第一拆船大国，中国位居第二，孟加拉第三，巴基斯坦第四，土耳其第五。巴基斯坦的拆船厂主要集中在卡拉奇（Karachi）和加达尼（Gadani）地区，拆船以冲滩方式为主。土耳其伊兹密尔以北的阿里阿阿港是欧洲第一大拆船港，运营 40 多年以来，主要拆除报废船舶。这里不光拆各类货船，也是大型邮轮和海军军舰的主要拆船地，良好的地理位和环保拆船政策的导向，使其成为欧洲对环保拆解要求较高船只的主要送拆地之一。孟加拉、印度、巴基斯坦、土耳其和中国五个全球最大的拆船业国家占据了全球 97% 的市场份额，但五国的经济和科技水平差距较大，各国在拆船过程中所采取的机械化水准、人员技术、环保控制和安全监管水平差距巨大。中国和土耳其重视拆船的安全环保和工人健康等，采用码头或船坞作业降低污染和事故的发生概率。而南亚国家由于技术和资金等因素，广泛采用冲滩的落后模式，不符合环保要求，安全事故频发，拆船效率低下，周期较长。

2015 年以后，孟加拉国拆解量超过印度，成为世界第一大拆船国。孟加拉的拆船厂大都集中在孟加拉最大的港口城市吉大港（Chittagong）。目前，孟加拉国拥有拆船厂 160 多家，总拆解能力超过 875 万吨。而中国由于国内政策的调整，进口废船拆解几乎停滞，拆船量急速下降。

拆船先在欧洲、美国、日本、中国台湾等航运先发展的国家和地区兴起和发展，之后随着全球航运布局、人工成本以及环保成本的变化，逐渐移到中国内地、印度、巴基斯坦、孟加拉、土耳其等国家和地区，这些国家和地区的拆船量基本上占了世界拆船总量的 80% 以上，将来也会随着世界航运和经济的变化而不断变化。

根据非政府组织拆船平台（NGO Ship Breaking Platform）发布的数据显示，2022 年有 443 艘远洋商船和海上平台被出售拆解。其中，292 艘大型油轮、散货船、浮动平台、货船和客船最终在孟加拉国、印度和巴基斯坦的潮汐海滩上拆解。虽然 2022 年全球报废船舶数量大幅下降，南亚仍然是全球废船拆解的首选目的地，拆解了全球 80% 的废船。2022 年世界主要拆船地拆船数量占比如图 7－1 所示，2022 年世界主要拆船地拆解船舶总吨如图 7－2 所示。

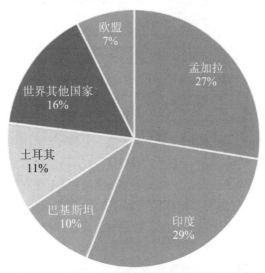

图 7－1　2022 年世界主要拆船地拆船数量占比

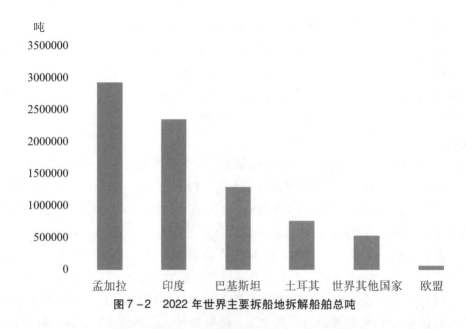

图7-2 2022年世界主要拆船地拆解船舶总吨

近年来，随着拆船市场的不断扩大，废船上存在大量有害废弃物，诸如油类、石棉制品、重金属、油漆等引起各国高度关注，如果拆解过程中不以安全环保的方式加以处置，极易泄漏造成海洋环境污染，给海洋环境造成严重威胁。国际海事组织（IMO）、国际劳工组织（International Labour Organization，ILO）、欧盟等国际政府及组织持续研究并出台相关环境保护的拆船公约、管理条例及法律法规，并要求其成员国家及其船东、拆船厂采取更加环保、安全的拆船作业方式，以推进绿色拆船的发展。拆船业步入以绿色发展、安全环保为重点的新阶段。

三、中国拆船业发展

20世纪60年代我国的拆船开始出现，不过由于国内废弃的船舶数量偏低，且面临西方世界封锁，所以当时拆船业还难以称得上是一个完整的产业链，主要以拆解打捞沿江、沿海的沉船为主。

20世纪80年代以来，中国拆船业迅猛发展。1983年，国内专门出台相关政策对拆船业予以扶持，给予免征关税、免息优惠政策，每年还拨款一定数额的平价外汇额度和配套人民币作为流动发展资金。同时，国家对拆解10000轻吨以上的废船企业给予免息10个月的扶持，对拆解10000轻吨以下的废船企业给予免息6个月的扶持。

20世纪90年代初，中国拆船企业数量曾一度接近200家，拆船量占世界的50%，位居世界第一。随后恰逢国家税制改革，废船进口的零关税一跃涨至6%，同时对废船进口环节征收17%的增值税，许多拆船商人纷纷撤退，在接下来的短短两年时间内，中国拆船业遭遇了泥石流式滑坡，约90%的国内企业停止拆船，国内拆船业濒临崩溃。1998年，国家给予拆船业"进口废船增值税先征后返"优惠政策后，废船拆解总体成本低于废钢的利用成本，市场开始逐步回暖。中国拆船业才再度发展起来。

2003 年，中国废船年拆解量达 1100 万载重吨，达到历史最高峰。随着中国加入 WTO，全球贸易增长迅猛，推动了航运业的繁荣，大量船超期服役，我国拆船量从 2003 年下半年开始下滑，进入了持续 4 年的低谷时期。2008 年金融危机席卷全球各行各业，航运业和造船业发展跌入低谷，航运运力严重过剩，一些船东只能将一些老旧、残损的船舶出手、封存和拆解。我国拆船业再次迎来了发展机遇，拆解量井喷式增长，全年拆解废船 69.4 万轻吨，超过前 3 年的总和。2009 年拆船量更是超过 320 轻吨，是 2008 年的 5 倍，达到历史最高峰。就拆解载重吨而言，中国拆船量占世界拆船量的比例从 2008 年的 9.6% 增长到 2009 年 19.6%，排名全球第三。拆解船舶数量达 220 艘，排名全球第二。一时间废船上市量激增，沉寂多年的拆船业焕发生机，船舶拆解量直线上升，轧钢、修造船、小五金等相关产业再度活跃。据不完全统计，我国长江中下游、珠江三角洲、沿海地区约有 126 个大大小小的拆船厂，绿色定点拆解企业几十家，常见的拆解方式有三种：码头浮拆、船坞拆解和船台拆解。

2013—2017 年 12 月之间，国家再度出台拆船补贴政策。大力促进了中国单壳油轮和老旧船舶的拆解，改善了船队结构，促进了航运市场的良好发展。中国的国际拆船量稳居全球前三，中国拆船行业在世界拆船行业中的市场份额从未低于 13%，是除印度和孟加拉之外的全球最主要的拆船地之一。

在一波拆船高潮过去之后，世界船队中已有 20 年船龄的船舶往往不超过 10%，再加上许多船舶公司宁可将高龄船只作为二手船再度出售，继续从事沿海航线运输，也并不愿意报废船舶。故而，当一波拆解技术要求较低的船舶被拆解之后，报废余波只剩下散货船、邮轮和集装箱船等船舶类型。面对印度、孟加拉国等强力竞争对手，我国长江三角洲、珠江三角洲、沿海地区等拆船重地大力推进码头、船坞和场地改造，装备多种起重设备，定位于 ULCC 或 VLCC 的大型拆船基地建设，这一趋势为中国拆船业转向绿色、环保、高技术含量吹响了前奏。

2018 年 12 月，国家关于调整《进口废物管理目录》的公告开始执行，该公告明确将废船列入禁止进口目录。我国进口废船进入停滞状态。之后随着国家政策的调整、环保督察、航运市场逐步复苏和疫情防控等综合因素的影响，中国企业拆解国内外废船的数量大幅减少，现年拆解量占全球市场份额已不到 5%，2018 年和 2019 年分别降到了 4% 和 3%。

四、绿色拆船的发展趋势

国际社会对拆船作业中的安全与环境问题的关注由来已久。1973 年 IMO 通过了《国际防止船舶造成海上污染公约》，该公约也成为世界上第一个为了防止船舶造成海洋污染的国际公约，其中包含了对待拆解船舶的相关规定。2003 年 IMO 通过了《IMO 拆船导则》，主要通过船舶的设计营运以及拆解之前规范化，保障船舶拆解过程的安全，降低环境风险。巴塞尔公约与国际劳工组织也分别于 2002 年、2004 年制定了各自的拆船导则：《船舶整体及部分拆解的环境无害化管理技术导则》和《拆船业中的安全与健康：亚洲国家及土耳其拆船导则》。但由于导则仅属建议性质，没有法律强制性，缺乏法律约束力，各国拆船企业为避免增加拆船成本、削弱价格竞争力，导则履行情况并不理想。

2005 年，IMO 决定在以上 3 套导则的基础上制定强制性的拆船公约，以从根本上解决拆船作业中的安全与环境问题，经过 5 年的起草讨论，《国际安全与环境无害化拆船公约》在 2009 年 5 月于香港召开的 IMO 外交大会上获得通过，并被命名为《2009 年香港国际安全与无害环境拆船公约》（以下简称《香港公约》）。该公约率先引入"船舶有害物质全生命周期管理"的理念，从设计建造、运营管理和无害拆解等方面对船舶的整个生命周期做了较为详细的强制性规定，对非缔约国船舶实行"非最优惠的待遇"，填补了国际法律上的空白。

《香港公约》虽然已经通过，但真正生效还需要满足 3 个条件，首先需得到至少 15 个成员国的支持，其次是这 15 个国家的合计商船吨位不少于世界商船吨位的 40%，且这些国家在过去 10 年的最大年度总拆船量合计不少于其商船总吨位的 3%。满足以上条件之日起 24 个月以后生效。

2023 年上半年，随着孟加拉和利比里亚两国批准加入，已有以下国家成为《香港公约》的缔约国，分别为：比利时、刚果、克罗地亚、丹麦、爱沙尼亚、法国、德国、加纳、印度、日本、卢森堡、马耳他、荷兰王国、孟加拉、挪威、巴拿马、葡萄牙、圣多美和普林西比、塞尔维亚、西班牙和土耳其、孟加拉和利比里亚。

目前，《香港公约》的所有条件已满足，只待 24 个月后，即 2025 年 6 月 26 日正式生效。一旦生效，标志着拆船业这一全球行业的巨大变化。用于回收的船舶被要求在船上携带一份危险材料清单，船东必须在达到公约要求的拆船厂安全和环保地拆解船舶。这将促使拆船厂发展绿色拆解来促进产业转型，进而改善全球拆船厂的拆船环境。

之前由于《香港公约》一直未生效，欧盟迫切希望通过法规减少船舶拆解时造成的环境污染和改善工人的作业条件，2012 年 3 月欧盟委员会提交了《欧盟法规》的建议案，《欧盟法规》于 2013 年 12 月生效。该法规采用了调查、认证及授权体系，对挂上欧盟旗帜的船舶进行全程监管，即从船舶制造、运营到最后的回收，都必须遵守《欧盟法规》。访问欧盟成员国港口的第三国船旗船舶必须配备《有害物质清单》，并持有主管机关或其授权组织签发的《有害物质清单证书》。船舶上的有害物质，包括货仓残余物、燃料等，必须清理后才能将船舶送到拆船厂，即拆船前需对船舶进行预清洁。船舶回收设施也必须符合一系列环境及安全标准。悬挂欧盟成员国国旗的船舶只能在对环境负责的船厂进行报废，这些船厂必须在欧盟出具的清单上。《欧盟法规》还规定了经济激励制度，建立了绿色拆船基金。拆船厂为了达成符合要求的无害化拆船，需要投入大量经济成本，绿色拆船基金可以填补这部分成本，从而在提高技术成本的情况下，不降低拆船厂的价格竞争力。

全球拆解船主要基地集中在亚洲，主要是孟加拉、印度、巴基斯坦、中国和土耳其。南亚大陆印巴孟三国以传统拆船模式为主，采用冲滩式拆船，环保意识和劳动成本低，工伤意外频频发生，拆解周期时间长。这些国家虽然也在积极改进上述问题，但取得明显的效果仍然需要时间。中国和土耳其是较早积极倡导推行绿色拆船的国家。中国的环保拆船厂全部是船坞拆解或码头拆解，绿色环保拆船技术先进。在全球拆船行业首创的最新一代工艺技术——"岸上拆船"技术，将船舶从水上转移到岸上，实行工业流程化作业。其最突出的环保和效率优势，能在极大程度上规避行业中现存的环保问题和安全隐患。中国有不少拆船企业通过了国际环境管理体系和职业安全卫生管理体系的认证；有的企业已成为国际上有影响的一流拆船企业，在进口废船停滞之前，受到了发达国家和环保意识强的国际船东的青睐。

随着《香港公约》和《欧盟法规》的生效，船东的环保意识增强，将带动整个拆船业的自主创新、技术进步和产业升级。

第二节　废船价格估算

一、废船的价值

拆船厂商在船舶市场上购买废船的目的是用于拆解，从出售拆解物资中取得回收资金和利润。因此，废船的价值取决于废船拆解后所能得到的拆解物资的多少和各类拆解物资出售的价值。这一点与二手船的价值有根本的不同。

废船本身的价格主要由废船本身的实际重量、拆解物资回收率和各类拆解物资的比例和出售价值所决定。

1. 废船的实际重量——"轻吨"

轻吨（LDT）是船舶的空载排水量（light displacement tons）的简称，即船舶的空船重量。轻吨在国际船舶市场上习惯使用长吨（long ton，LT）作为计量单位。船检证书、舱容图、稳性计算书上通常都会有船舶轻吨记载，有的不表述为轻吨，而表述为空船重量或空船排水量，且多以吨作为计量单位，长吨与吨（ton）之间的换算关系是：

$$1 \text{ 长吨} = 1.016\,047 \text{ 吨}$$
$$1 \text{ 吨} = 0.984\,206\,4 \text{ 长吨}$$

按照国际海事组织的有关规定，船舶的空载排水量是船舶载重量（dead weight tonnage，DWT）为零，即没有装载任何货物、压载水、燃油、润滑油、淡水、旅客、船员及行李、食品和物料等状况下的排水量。它标志着船舶在夏季海水空载吃水状态下的实际重量，即等于船舶在夏季海水满载吃水状态下的满载排水量（full loaded displacement tons）与其载重量之差，可以下式表示：

$$LDT = \Delta - DWT \tag{7-1}$$

式中：LDT 为船舶空载排水量，即轻吨，这里包含固定压载的重量；Δ 为船舶在夏季海水满载吃水状态下的满载排水量；DWT 为船舶载重量。

同样是国内建造的同类型的船，船舶载重量相差不大，但因为船舶的建造方法、货舱数量、主机型号、材料等不同，轻吨数有时会相差很大，有的轻吨是载重量的1/3，有的是载重量的1/2，并无固定比例。

按照国际船舶市场的惯例和拆船行业的传统做法，废船交易是按废船的实际重量，即轻吨来作为计量基数计算废船的价格，并以美元/每轻吨的单价来进行报价、洽谈和成交的。交易中使用的废船轻吨不包括任何固定压载的重量。对于少数有固定压载的废船，要求必须说明固定压载物的种类和重量，并扣除固定压载重量来计最终价格进行交易。即

$$S = LDT \times P \tag{7-2}$$

式中：S 为废船总价（美元）；LDT 为船舶轻吨（长吨）；P 为每轻吨单价（美元/长吨）。

在船舶买卖中，卖方明确地向拆船厂提供该废船的轻吨数据，对拆船厂而言，只要有船级社出具的证书，这一数据就会被认可。如果船舶经过改装，在改装时，船东最好要求改装船厂提供一份改装（改装或/和拆除）部分设备和部件的名称及吨数证明，并加盖公章，保留原始购进材料的数据凭证资料。这样，改装的船舶在拆解时，可以附上数据资料作为凭证，船舶如果经过改装，通常也会有船级社出具改装后的轻吨数据。还需要提供船级社背书的原始稳性计算书和改装后的船舶稳性计算书。

2. 废船拆解物资回收率和各类拆解物资的比例

（1）废船拆解物资的回收率。废船的拆解物资回收率是废船经过拆解后所得到的可回收物资重量占废船轻吨的比例。

对于不同类型、船龄和状况的废船，其拆解物资回收率均不同。

油船因其结构特点而拆解物资回收率较高，并按船龄、状况和吨位大小不同，其拆解物资回收率一般在 90%～95% 之间。散货船的拆解物资回收率一般在 80%～90% 之间，而杂货船的拆解物资回收率则在 80%～85%，冷藏船的拆解物资回收率为 70%～80%。

（2）各类拆解物资的比例。废船拆解后所得到的主要回收物资为：①可轧钢材：包括板厚在 6 mm 以上的钢板和型钢。②废钢：指作为回炉废钢的边角钢材和板厚在 6 mm 以下的钢板。③铸锻钢。④有色金属。⑤可利用设备。

不同类型的废船各类拆解物资比例如表 7-1 所示。

表 7-1　不同类型的废船各类拆解物资比例

物资分类	船型		
	油船（%）	散货船（%）	杂货船（%）
可轧钢材	60～70	55～65	50～60
回炉废钢	20～30	25～35	30～40
铸锻钢	0.5～3	1～3	1～3
有色金属	0.5～2	1～2	1～2
可利用设备	0.5～3	1～3	1～3

3. 废船的船体钢材腐蚀率

由于废船拆解后所回收的最主要物资是钢材，这也是废船的主要价值所在。因此，估计废船的船体钢材腐蚀率对于正确估计废船的价格是非常重要的。

影响船体钢材腐蚀率的因素是多方面的，主要和建造地、船舶的船龄、营运航行区域及环境条件、维护保养状况、大修次数以及船体钢材的化学成分等因素有直接关系。所以，在洽购废船时对以上各种因素都需要有所了解，以使得对废船的估价比较符合该船的实际情况。

根据有关资料统计，营运船舶的船体钢板腐蚀量为：

（1）欧美国家建造的船舶，航行在西欧或北美区域，在保养正常的情况下，船体钢板腐蚀量为每10年0.70～0.90 mm。

（2）亚太地区国家建造的船舶，航行在亚太或中美洲区域，在保养正常的情况下，船体钢板腐蚀量为每10年1.3～1.5 mm。

按照废船的具体情况在上述腐蚀量范围内选取适当的数据作为计算参数。船体的腐蚀程度越重，废船的出材率越低。如果船舶维修保养状况较差，则腐蚀量要相应增加。

按式（7-3）可计算船体钢板腐蚀厚度：

$$钢板腐蚀厚度\ \delta = \frac{平均10年腐蚀量}{10\ 年} \times 船龄 \qquad (7-3)$$

按式（7-4）可计算废船的船体钢板腐蚀率：

$$钢板腐蚀率\ \eta = \frac{钢板腐蚀厚度\ \delta}{船体钢板原始厚度\ h} \times 100\% \qquad (7-4)$$

式中：船体钢板原始厚度可从船舶图纸文件查出，或按经验公式估算出来。

二、废船市场价格的影响因素

在国际船舶市场上，废船的市场价格水平和动向受下述因素的影响。

1. 船舶种类及其老旧程度

在船舶市场上，船舶种类与船型的不同会直接影响船价。一般而言，滚装船、集装箱船、工程船的船价要高于散货船。在废船市场上出现的某船舶种类、船型越多，往往说明该船船舶种类、船型的闲置量越大，其价格也越低。另外，船舶的老旧程度越大、船龄越长，船价也就越低廉。

2. 船舶状态

（1）船舶完整程度。一艘进入废船交易的船舶多半是由于产品的老化，或者这一船型已不适应海运物资的要求，或是船舶遭受破坏。若是最后一种情况，船舶售价就比市场均价要低，至于低多少则要根据船舶损坏的程度而定。需要注意的是当船舶在破坏状态下作为废船出售时，船价中必然应考虑到交船时是否存在拖航费用。

（2）船体锈蚀程度。船体锈蚀程度影响废船拆解后钢材的回收率，因此它是影响废船价格的一个重要因素。一般来说锈蚀越严重，废船价格越低。

（3）船舱的洁净程度。在废船拆解中对油污的处理极为重要，它既可以改善拆解的工作环境，提高拆解后的材料回收率，还关系到拆解时的安全问题。因此，在废船待售时，常会对油舱先进行半洗舱。据对比，经半洗舱的废船售价会比未洗舱者高

10%～15%。

（4）船舶装备情况。主要关注船上设备的品牌和性能及设备材料。尤其是主机、副机和吊机这样高价值的设备。废船虽然整体报废，但在运营的20多年间，部分设施设备有更新维修或保养状况好，拆解下来后还能再次作为二手备件在市场销售，回收的经济价值更大。设备的用材也关系到废船拆解后的回收价值。例如，是否有备用螺旋桨？螺旋桨的材质是钢质的还是铜质的？钢材虽然是船舶的主要结构材料，但除钢材外，还包含有色金属。不同船舶的有色金属含量会有差别，油船中的管材要比干散货船多，含铜材料更多。液化气船的铝合金材料要比其他船种多。军舰航母中的钢质量、有色金属，电缆的用料也高于一般货船。我国在1985年曾购进一艘4500载重吨的内燃机船"Astracruz"号，单价为122美元/轻吨，这在当时来看是偏高的。价格偏高原因是该船为双桨船型，比通常单桨船型多装有一套动力装置、传动装置和铜合金的螺旋桨，这些设备都有较高的回收利用价值。无动力船需要拖航至指定交船地点，会额外增加拖航费、船员费用等。

3. 船舶市场上提供的废船数量

全球市场的船舶运力供给和货运需求决定了海运运价。运价随着供给的变化而变动。全球的货运需求由全球经贸的发展决定，在航运市场只能调节运力的供给来适应需求的变化。新造船的投入和闲置船舶的重新启用会增加市场运力供给，而船舶的拆解或者闲置会减少市场运力供给。当货运市场蓬勃发展，运力供给小于市场需求，运价上升，船东会延迟老旧船舶的报废，废船的数量减少，影响废船市场价格的波动。当航运市场货运需求减弱，大量新造船下水，供大于求，运价下降，船舶运营的经济效果大幅下滑，船舶运营亏损，船东会考虑把老旧船舶报废拆解，废钢传输量增多，影响废船的市场价格波动。

4. 钢铁工业对拆船钢铁材料的需求

如前所述，废船拆解后回收物资中最主要的是钢铁材料，其中包括供回炉炼钢的废钢、铸钢和锻钢，以及供直接再轧钢材用的船板和型材。钢铁工业对这些拆船钢铁材料的需要量和收购价格的变化，将直接影响拆船量和废船市场价格。在对拆船钢铁材料需要量增大、收购价格升高的时候，船东往往会控制营运旧船和闲置商船的报废量，减少废船的上市量。这时拆船厂商为了取得废船拆解获利，不得不提高出价以吸引船东出售废船，因而使得废船的市场价格上升。在相反的情况下，拆船厂商只能减少拆船量并降低出价。如果此时船东仍维持高价出售废船，使得拆解废船回收的钢铁材料成本价格高于市场上其他回炉钢料和再轧钢材的价格，拆船厂商将会亏本，甚至被迫停止拆船活动。

5. 废船交船地点的地理位置

废船交船的最终地点，即拆船地区的地理位置，对于废船的市场价格有直接影响。南亚地区的废船价格一直比欧洲高，主要是因为南亚地区是世界的拆船中心，常有地区性的求大于供现象；而欧洲地区拆船业逐渐缩小和消失，废船船源产生地区性供大于求现象；且南亚地区拆船成本更低，拆解物资售价相对高，欧洲地区拆船成本高且拆船钢料市场小。

6. 废船交易的季节性

废船买卖具有一定的季节性，每年废船成交的旺季一般都在 3—5 月，而成交的淡季则是 7—8 月。

南亚地区属于台风地区，每年的台风季节在 6 月初至 10 月底，拆船厂往往都希望在台风季节之前尽量采购废船，并且将废船安全地停泊在拆船场地上。因此，拆船厂在每年 3—5 月都集中采购一批废船而形成废船成交地旺季。在这段时间内，虽然船东都会提供较多的废船上市，但由于采购比较集中，在旺季内废船的市场价格会比平时有所提高。

台风最频繁的时间是 7—8 月，在台风季，南亚的拆船厂都尽量减少购进废船。加上夏季 7—8 月是欧美地区人的休假时间，多数船东都因休假而暂时把旧船出售等重大决策搁置一旁。因此，每年的这段时间内废船上市量较少，入市采购的拆船厂也减少，而使废船成交量较平时大大减少，形成废船交易的淡季。

三、废船价格的估算

1. 废船轻吨的估算

如前所述，废船交易主要是根据船舶的轻吨来计价。假设没有详细图文资料得知准确的轻吨数，需要对船舶轻吨数据进行粗略估算，或者对已知的废船轻吨数进行初步复核，可以有以下两种方法：

（1）按船舶分项重量估算废船轻吨。船舶轻吨即船舶的空船重量，可以按船舶分项重量来估算，即

$$LDT = W_S + W_M + W_0 + W_B \qquad\qquad (7-5)$$

式中：LDT 为船舶的空船重量；W_S 为船体钢料的重量；W_M 为机电设备的重量；W_0 为舾装木作的重量；W_B 为固定压载重量。

在本书第四章中详细介绍了估算空船重量 LDT 的各分项重量 W_S、W_M、W_0 的有关公式和方法。由于大多数船舶均没有固定压载物，即 W_B 为 0，因此可以按前三个分项重量之和估算出空船重量 LDT，最后再把 LDT 的吨数按照国际惯例换算为长吨，则可得出废船的轻吨数据。

（2）按船舶载重吨或总吨估算废船轻吨。在废船交易的洽谈初期，如果未能掌握第一种估算方法所需要的数据，但掌握船舶载重吨或总吨数据时，可以采用下列船舶吨位换算系数表来粗略地估算出废船轻吨数。

表 7-2 分别列出不同载重吨范围的油船、多用途船、散货船和杂货船的总吨/载重吨系数和轻吨/载重吨系数，利用这两组船舶吨位换算系数，可以方便地从船舶载重吨或总吨换算出船舶轻吨的估算数。

表 7-2 船舶吨位换算系数

载重吨（DWT）范围	载重吨（DWT）	总吨（GRT）	轻吨（LDT）	比例系数	
				总吨/载重吨	轻吨/载重吨
油 船					
10 000～30 000	20 000	12 500	6 500	0.625	0.325
30 000～50 000	30 000	18 750	8 000	0.625	0.267
	40 000	25 000	11 500	0.625	0.288
50 000～80 000	50 000	29 500	12 600	0.59	0.252
	60000	35 400	13 600	0.59	0.227
	70 000	41 300	15 000	0.59	0.214
80 000～160 000	80 000	42 400	17 800	0.53	0.223
	100 000	53 000	20 000	0.53	0.200
	150 000	79 500	25 000	0.53	0.167
160 000～250 000	220 000	110 000	32 000	0.50	0.145
250 000 以上	280 000	140 000	37 000	0.50	0.132
多用途船					
10 000～30 000	25 000	16 250	5 670	0.650	0.25
30 000～50 000	45 000	28 125	9 220	0.625	0.205
50000～100 000	65 000	38 350	14 820	0.59	0.20
100 000 以上	120 000	67 200	22 860	0.56	0.19
	200 000	112 000	34 000	0.56	0.17
散货船					
10 000～30 000	25 000	16 250	5 670	0.65	0.23
30 000～50 000	40 000	25 000	8 480	0.625	0.21
50 000～100 000	65 000	38 350	14 320	0.59	0.20
100 000 以上	120 000	67 200	22 860	0.56	0.19
杂货船					
10 000 以下	8 000	6 000	4 000	0.75	0.50
10 000 以上	15 000	10 950	4 740	0.73	0.32

2. 估算废船价格

已知或估算出轻吨数，并知道目前的市场单价，则可估算出废船的价格。如果没有拆船厂的准确报价，可以从近期船舶市场废船成交的市场报告中选取船型相同，船龄、轻吨数接近的市场成交价作为参考，按式（7-6）进行计算：

$$P_1 = LDT_1 \times \frac{P_0}{LDT_0} \qquad (7-6)$$

式中：P_0 为已成交的废船价格（美元）；P_1 为需估算的废船价格（美元）；LDT_0 为已成交的废船轻吨数（长吨）；LDT_1 为需估算价格的废船轻吨数（长吨）。

通过对国际船舶市场废船价格水平的动向变化进行分析预测，同时考虑需估价废船和参考废船的差异情况，对上面估算出来的废船价格进行修正，就可以得到较符合市场实际的废船估算价格。

知识链接 7 − 1

拆船市场周报

船型	船名	载重吨	轻吨	建造日期	价格（USD/轻吨）	拆家
BULKER	JIN YUAN XING 9	47392	7576	1996	530	孟加拉国
TANKER	SEAPEAK POLAR	48817	23707	1993	637（绿色拆船，KHORFAKKAN 交船）	其他

数据来源：世纪环海 2023 年 6 月 23 日。

COUNTRY	MARKET SENTIMENT	DRY BULK PRICES	TANKER PRICES	CONTAINER PRICES
BANGLADESH*	STABLE	USD 575/LDT	USD 605/LDT	USD 625/LDT
INDIA	STABLE	USD520/LDT	USD 540/LDT	USD 560/LDT
PAKISTAN*	WEAK	USD510/LDT	USD 530/LDT	USD 550/LDT
TURKEY	WEAK	USD 320/LDT	USD 330/LDT	USD 340/LDT

* SUBJECT L/C APPROVAL

第三节　废船买卖交易流程

一、现金买家

废船交易方式和二手船一样，可以上市交易、不上市交易或者拍卖出售。二手船的买卖主要通过船舶买卖经纪人完成。废船买卖中，最终的买家是拆船厂，船东可以直接和拆船厂交易，也可以通过船舶买卖经纪和拆船厂交易，但还有很大一部分是出售给现金买家（cash buyer），现金买家再与拆船厂进行交易。现金买家是在废船买卖中发展出来的角色。

世界各地的拆船厂大都位于金融管制中的国家，由于国家金融政策的限制，拆船厂无法直接向船东支付外币（主要是美元），只能通过信用证的方式来购买船舶。又由于信用证付款比 T/T 付款更为烦琐且对文件要求高，大部分船东很难接受信用证付款条款。另外，拆船厂和船东之间，由于在空间距离、国际贸易等方面认识的差距产生的不信任，导致交易很难完成，所以需要第三方公司来接收拆船厂开出的信用证，并代拆船厂完成支付定金，船到交船地点之后结清余款的工作，并起到中间贸易商的作用，这样的第三方公司就被称为现金买家。

由于世界各国拆船竞争越来越激烈，加上很多海运国家没有拆船厂，出现了有拆船厂的国家自身的船舶无法满足本国拆船厂的需求，而没有拆船厂的海运国家自身无法解决退役船舶等问题，导致了购买外籍船舶的拆船厂越来越多，而原来少量的现金买家无法满足市场的需求，这样就催生了更多有实力、重信誉的现金买家的出现。

随着拆船行业的不断发展，新政策的不断制定，金融支付渠道的丰富，拆船行业也发生了巨大的变化，现金买家也需要逐渐转变角色适应新的市场需求。有的现金买家不再单一地只起到货币支付桥梁的作用，还会参与拆船厂的融资、参与拆船过程，作为第三方监督环保拆船，把控船舶买卖风险等，提供更多角度、立体化的全方位服务。

二、交易流程

废船买卖也是船舶买卖的一种，但由于废船直接被送至拆船厂拆解，不再投入市场运营，废船买家不会像二手船买家一样对船舶的各方面技术状况很关注，所以废船的交易流程相对二手船买卖更为简单。废船交易流程如图7-2所示：

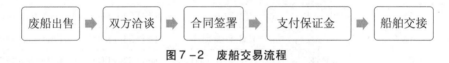

图7-2　废船交易流程

1. 废船出售

按照国际船舶市场的惯例，通常船东会委托一个或多个买卖经纪人，并告知其意向出售的废船的资料信息，由船舶买卖经纪将拟出售的废船信息向其他船舶买卖经纪或现金买家发送，发出报价邀请。有时船东也会直接联系现金买家，发出报价邀请。

2. 双方洽谈

有兴趣的现金买家或买方经纪人会与船或卖方经济人沟通获取更详尽的船舶资料来评估船舶价值，进行报价。在废船交易中，主要关注的是船舶的轻吨，是否有备用螺旋桨及其材料，是否有备用尾轴及其材料，是否有备用锚及其材料，及是否有固定压载等信息。双方会对交易价格和交易条款进行多轮磋商洽谈。

知识链接7-2

Demolition questionnaire	
NO	PARTICULAR
1	Vessel Name 船名
2	Type 船舶类型

3	Light Weight (LDT) in ton or Long ton 轻吨（吨或长吨）
4	Country & Year Built 建造国家及年份
5	Length Overall x LBP x Breadth x Depth 全长＊垂线间长＊型宽＊型深
6	Draft of the Vessel (FWD/AFT) 船舶吃水（艏吃水/尾吃水）
7	GRT/NRT (International) 总吨/净吨
8	Main Engine (Make, Model, BHP, Present working Condition) 主机（生产商、型号、马力、目前工作状态）
9	Generator (s) (Number, Make, Model, Kw/KVA, Volts, HZ, AC/DC) 发电机组（数量、生产商、型号、功率、伏特、赫兹）
10	Emergency Generators 应急发电机
11	Bowthruster 艏推进器
12	All Working？ 都正常工作否？
13	Working Propeller (Please confirm material and weight of the same) 螺旋桨（请确认材质和重量）
14	Spare Propeller (Please confirm material and weight if present) 备用螺旋桨（请确认材质和重量）
15	Spare Anchor 备用锚
16	Spare Tailshaft 备用尾轴
17	Location of Ballast Tanks 压载舱的位置
18	Ballast Tanks Coated 压载舱涂层
19	Permanent Ballast (Material, Weight, Location) 永久性压载物（材质、重量、位置）
20	Under own power or undertow 自航还是需要拖带？
21	Delivery Dates 交船时间
22	Last Port of Discharge 最后卸货港
23	Last 5 cargoes carried by the Vessel 最后五航次运载的货物
24	Any Removals 有无任何移除
25	Any Exclusions 有无任何排除
26	Any Conversions to the vessel？（if yes, please answer the following） 对船舶有无任何改装（如果有，请回答以下问题）
27	Type of vessel prior conversion 改装前船舶类型
28	Date converted, where？ 改装日期及地点
29	LDT proofs of before and after conversion confirming new LDT 改装前后的轻吨数证明

30	Any Damages to the vessel (especially those affecting the ligthship) 有无任何损坏（尤其是影响船舶轻吨数部分）
31	Welded or Riveted Construction? 焊接还是铆接？
32	Vessel is Single or Double Skinned? 单壳或双壳？
33	Single or Double Bottom? 单底或双底？
34	Any Top Side Tanks? 是否有上边柜？
35	Vessel been laid up in last three (3) years? (When/Where/How Long) 在过去三年船舶是否有被闲置？（时间、地点，闲置时间多长）
36	Please advise if vessel has any reefer compartments 船舶是否有冷藏室
37	If yes, please advise material / quantity of insulation 如果有，请说明材质及隔热数量
38	Present Class of the vessel 船级
39	Bunkers ROB upon delivery 交船时船上剩余燃油数
40	Other Special Items (Aluminum / Stainless Steel onboard the vessel) 其他特殊项（铝、不锈钢）
41	Flag / Port of Registry 船旗，登记港
42	Deadweight 载重吨
43	Holds / Hatches 货舱/舱盖
44	Derricks / Crane 起重机/克令吊
45	Draft 吃水

3. 合同签署

买卖双方对废船的交易价格、交船地、交船时间和交易的其他条款达成一致后，则可正式签订废船买卖合同。

4. 支付保证金

和二手船交易一样，买方需要支付保证金作为完成交易的担保。如果买卖双方是第一次合作，可以开设联名账户，买方将保证金支付到联名账户中，依据双方共同指示处理；也可以选在第三方账户，例如存放在有声誉的经纪人或律师的客户账号中；双方足够信任的情况下，也有直接支付到卖方账户中的情况。

5. 船舶交接

通常卖方在临近交船时间时，会向买方递交预15天、10天、7天、3天的交船预报通知和提前1天的交船确报通知。船舶到达指定港口后，符合合同规定的交船条件，卖方即可向卖方提交备交通知。买方在规定的时间内支付尾款，双方进行实船交接和文件交接。

第四节　废船买卖合同

国际上许多拆船厂商及有关组织都制定了废船买卖标准合同格式。例如，波罗的海国际航运公会（BIMCO）制定的"DEMOLISHCON"就是废船买卖标准合同之一，但波罗的海国际航运公会是船东协会，因此合同中的某些条款被认为比较偏袒船东，即卖方，所以许多大型拆船厂也制定了自己的废船买卖合同。中国拆船协会会同中国海事仲裁委员会，依据国内有关法律法规和国际公约，结合相关仲裁案例和企业废船买卖实践，联合组织编制了《中国拆船协会拆解废船买卖标准合同》。虽然各种标准合同的制定方利益有所不同，但是基本内容和条款是相似的，废船买卖合同条款主要包括以下各项内容：

1. 买卖双方

包括买卖双方的全称、地址、电话、传真、邮箱等。建议在签订合同前，双方交换公司注册证明文件，确认双方信息的真实性，以及授权签署相关文件的代表及卖方对船舶拥有所有权和处置权。

2. 废船状况

包括船名、船型、建造国及厂名、改造厂商、建造年月、改造年月、船旗、船级、船长、船宽、型深、空载吃水、总登记吨、净登记吨、轻吨（注明是否包括永久压载）、工作桨（重量/数量/材质/型式）、备用桨（重量/数量/材质/型式）、备用艉轴、备用锚（重量/数量）、船吊（类型/起重能力/数量）等。

通常在该条款中，买方会要求卖方保证船舶轻吨书的准确。卖方在交船时需提供能够证明废船轻吨的原始稳性计算书或舱容图及其他可以接受的能证明废船轻吨数据的证明文件。如果船舶有非金属永久固定压载，或有设备、设施、部件的拆除，或其他任何影响原有轻吨的情况，应根据市场实际价格在合同总价中扣除。如该船经过改造，卖方必须提供改造后能证实轻吨位的图纸和资料。

3. 船上设备

该条款主要声明船上可以移走的物品清单和除外物品，例如船长和船员的私人物品；办理船舶注销证书所需要的文件和证书；航海日志、技术文件、公司简介、信函等；餐用器皿、道具、餐巾；等等。除清单记载的设备和物品外，船上的一切设备和物品均属于该船。卖方无权移走或替换。

4. 船价

写明废船每轻吨位单价和整船的总价。

5. 支付保证金

双方约定买方在合同签署后的规定时间内支付购船款的一定比例到共同账户或卖方指定的银行账户，作为购船的保证金。保证金的支付比例可以是整船总价的10%，也可以是20%，或者其他的约定比例。双方约定具体的付款方式及收款账号等。

6. 交船地点、时间及解约日

约定废船在安全泊位或锚地交船及交船港口的名称、地点，交船的时间期限及解

约日。如果到解约日未能交船，买方可以选择解除合同或者选择延期交船。

7. 实船交接

本条款内容由双方商定，一般包括：

（1）卖方应及时告知买方预计交船时间，并向买方递交距交船日 15 天、10 天、7 天、3 天的交船预报通知和距交船日 1 天的交船确报通知。若卖方延迟发出上述交船预报通知，则买方有权相应顺延等量的时间接受备交通知书以及支付船款的时间。若卖方未向买方发出上述交船预报通知，则因此而给买方造成的任何损失、损害和责任，均由卖方向买方给予赔偿。

（2）当符合合同规定的交船条件时，卖方应向买方提交备交通知书，除非买卖双方在合同中另有约定，否则备交通知书应在交船地的正常工作时间内提交。

（3）买方应收到上述文件后在约定的银行工作日内书面通知卖方接受或者不接受备交通知书，如买方未发出前述通知，则视为买方接受备交通知书。买方如不接受备交通知书，则应在前述书面通知中说明理由。买方不接受备交通知书时，卖方可做相应修正后再次提交。

（4）买方向卖方支付剩余船款或全额购船款，卖方应在收到剩余船款后的 24 小时内向买方书面确认已收到全额购船款，并以传真或邮件的方式通知卖方代理或船长，在交船地向买方或其代表或代理实际交付船舶。双方代表应签署交接备忘录，写明船舶交接的准确时间和地点。

（5）卖方保证，在交船时，船上至少存有足以供船舶使用 3 天的主机用油和足以供船舶使用 7 天的辅机用油，其余的剩余油量不得超过交船地海关的规定，否则由卖方按照相关的规定自行处理。

（6）交船时，船舶应符合交船地有关管理废船的法律或行政法规的规定。如交船地管理部门要求对船舶采取洗舱或测爆等措施，卖方应负责安排并承担相关的费用，并向买方提交相关的合格证明。

8. 文件交接

船舶的交接是实船交接和文件交接同时进行，通常有些文件会提前确认。

（1）由卖方董事长签署，以买方为受益人的船舶所有权转让法律文件，声明卖方拥有标的船的全部所有权并将其转让给买方，同时船舶不存在未完成的租约、抵押、船舶优先权、海事留置权、拖欠的税费或工资以及其他任何未清偿债务。文件应经过合法的公证或认证。

（2）普通商业发票（含增值税），说明标的船的购买单价和总价，并包含本合同规定的船舶概况。

（3）由交易船舶船籍国有关管理部门签发的标的船所有权登记证书，证明该船的所有权归属。

（4）由交易船舶船籍国有关管理部门签发的无债务证明，证明该船不存在租约、抵押、船舶优先权、海事留置权、拖欠的税费或工资以及其他任何未清偿债务。该证明的签发日期应为卖方提交备交通知书之前约定的若干天内。

（5）卖方股东会或董事会决议，声明股东会或董事会决定或同意出售该船给买方，该决议应由卖方股东会或董事会签署并经过合法的公证或认证。

（6）指定卖方代表或代理的授权委托书，声明其对船舶拥有所有权和处置权，授权其进行实船交接并签署标的船交接协议书或其他相关文件，该委托书应经过合法公证或认证。

（7）卖方保证书一：卖方保证标的船在交船时不存在租约、抵押、船舶优先权、海事留置权、拖欠的税费或工资以及其他任何未清偿债务。

（8）卖方保证书二：卖方保证在收到船款后的 24 小时内，通过传真/邮件指示卖方代理或船长将标的船移交给在交船地点的买方代表或代理或其他买方指定人员。

（9）卖方保证书三：卖方保证在交船后自费在船籍国办理标的船的船籍登记注销证明和标的船的船舶所有权登记注销证明，并于约定时间内将前述证明的正本递交给买方。

（10）卖方董事在职证明或其他列明卖方董事的公司文件。

（11）交易船舶船籍国颁发的信誉良好证明。

（12）交易船舶的稳性计算书正本和舱容图正本。如果卖方不能提交上述文件的原件，该文件的影印件亦可接受，但需要经船级社原始背书、盖章和签字。

（13）由船长和船员签名并盖章的声明文件，声明船长和其他船员对卖方和船舶无任何未竟的索赔。

（14）由卖方代表或代理在交船地提供的声明文件，声明交易船舶在交船时对外无应付而未付的费用。

9. 风险转移

明确风险的划分，以实质性交船结束时刻为界线：在这以前的风险、责任和费用由卖方负责；在这以后的风险、责任和费用由买方承担。

10. 违约责任

包含免责条款、买方违约责任和卖方违约责任。

由于罢工、战争、地震、海啸等一切不可抗力因素造成船舶全损或其他致使卖方无法履行合同的情况下，合同自动解除，双方都无需向对方承担责任。

买方如果未按约定支付保证金或支付购船剩余款，则违约，卖方有权解除合同。如果因买方未按约定支付保证金造成卖方可以证明的损失或损害，卖方可以向买方要求赔偿。如果买方未按约定支付购船剩余款，卖方有权解除合同的同时，还可以没收保证金，并针对造成的可以证明的超出保证金部分的损失或损害，要求卖方赔偿。

卖方如果未能在合同约定的解约日前交船，则违约。买方有权解除合同，如果买方书面通知卖方解除合同，则卖方要退还买方已经支付的保证金及其利息。另外，无论买方是否解除合同，如果是因为卖方可证明的疏忽导致的不能完成法律交接或不能在解约日之前交船，买方因此产生的损失或损害均可向卖方索赔。

11. 仲裁

合同中一般规定，对合同持有不同意见、索赔或争议时，双方应尽量通过协商解决，如解决不了再提交仲裁。合同中，对在何时仲裁、根据哪一国法律仲裁应明确规定。如果合同规定仲裁地点有两处以上，则应尊重被告意见。仲裁员应是精通废船交

易的专家。

12. 其他条款

　　船东如果选择环保拆船，通常也会在合同里约定船舶有害物质清单和拆解监理。《2009 年香港国际安全与无害环境拆船公约》很快将正式执行。则卖方需要提供有害物质清单，买方根据清单编制卖方认可的拆船计划，并向卖方提供拆船设施计划或一份拆船厂有拆船设施计划的证明。船舶有害物质的去除或处置由买方负责。卖方还会安排第三方监理人员去监督船舶的安全和无害拆解。船舶拆解完毕后，买方在约定的时间内向卖方提供拆解完毕确认书。

附录　船舶交易管理规定

第一条　为加强船舶交易管理，规范船舶交易经营行为，维护船舶交易各方的合法权益，保障船舶运输安全，促进航运市场的健康发展，依据国家有关法律、法规，制定本规定。

第二条　中国籍船舶的交易及其相关的经纪活动，适用本规定。建造中的船舶交易活动不适用本规定。

本规定所称船舶交易，是指船舶所有人向境内、境外转让船舶所有权的行为。

船舶交易应按照本规定第七条确定的范围在船舶交易服务机构进行。

第三条　船舶交易服务机构是指依照本规定设立，不以营利为目的，为船舶的集中交易活动提供场所、设施和信息，组织开展交易鉴证、评估等相关专业服务的组织。

各省、自治区、直辖市交通运输主管部门（或航运管理机构，下同）应会同相关部门根据本地区的实际情况，按照适度集中、便利交易、公平有序的原则，加强对本地区船舶交易服务机构的管理，合理确定船舶交易市场的布局安排，并报交通运输部备案。

第四条　设立船舶交易服务机构，应具备下列条件：

（一）有固定的营业场所和从事业务活动的必要设施；

（二）有不少于5名熟悉航运、船舶技术和船舶交易的专业人员；

（三）有规范的规章制度，包括交易规则、服务规范及交易文件档案管理办法等；

（四）具有连接或使用全国统一船舶交易信息平台的相关技术条件。

船舶交易服务机构应依法取得营业执照，并向省级交通运输主管部门备案。省级交通运输主管部门应根据本地区船舶交易市场的布局安排，对符合上述条件的船舶交易服务机构予以公布，并报交通运输部汇总公布。

第五条　船舶交易经纪是指为船舶交易提供居间、行纪、代理等活动，并获得佣金报酬的经营性活动。

从事船舶交易经纪活动，应至少配备2名从事航运、船舶交易相关行业3年以上工作经验的专业人员，依法取得营业执照，并向所在地地级市交通运输主管部门备案。

从事船舶交易经纪活动，应当遵守国家法律法规，遵循平等、自愿、公平和诚实信用的原则。

第六条　船舶交易服务机构应定期公布进场的船舶交易经纪人名单并建立信用等级档案。

船舶交易服务机构不得从事船舶交易经纪活动，任何单位和个人不得影响船舶交易方自由选择船舶交易经纪人。

船舶交易服务机构应当提供公开、公平、公正的交易环境和便利的交易条件，保障船舶交易依法进行，并接受相关部门依法实施的监督检查。

第七条　下列船舶的交易应通过船舶交易服务机构进行：

（一）国际航行各类船舶；

（二）港澳航线各类船舶；

（三）国内航行油船（包括沥青船）、化学品船、液化气船；

（四）100 总吨以上内河普通货船、200 总吨以上沿海普通货船；

（五）50 客位以上的国内航行客船。

除上述船舶外，各省级交通运输主管部门可根据本地区的实际情况，确定需要通过船舶交易服务机构进行交易的其他船舶。

第八条　交易方应当向船舶交易服务机构提供下列文件，并对其提供材料的合法性、真实性负责：

（一）船舶所有权证书、国籍证书；

（二）船舶检验证书；

（三）交易双方的身份证明或营业执照。若由他人代理的，还需提供委托人签章的授权委托书和被委托人的身份证明或营业执照；

（四）抵押权人同意船舶转让的书面文件（如船舶已设定抵押权）；

（五）确认船舶交易合法性的其他材料。

船舶交易服务机构应对船舶交易文件进行审核，对存疑的内容应请有关方予以澄清。对被海事管理机构列入重点跟踪的船舶，应提交解除重点跟踪的证明材料；对涉嫌伪造或提交虚假文件的，应向相关管理部门报告。

船舶交易服务机构应建立交易文件档案，并妥善保管。

第九条　交易双方应当参照船舶交易合同示范文本签订书面合同，并向船舶交易服务机构留存合同副本。

交易双方可以自行约定向船舶交易服务机构提供信用担保。交易双方在交易过程中发生争议，可以自行协商解决或请求船舶交易服务机构调解，也可依照有关法律、行政法规的规定申请仲裁或提起诉讼。

第十条　船舶交易服务机构应建立完整的船舶信息数据库，船舶交易信息应包括船名、船舶类型、建造日期、船厂及建造地点、船籍港、船舶主尺度、船检机构、船舶成交价格、船舶出让方和受让方等。

第十一条　船舶交易双方成交后，应当向船舶交易服务机构缴纳交易服务费。

船舶交易服务机构应按照不以营利为目的原则，合理测算交易服务费收取标准，并报地级市交通运输、价格主管部门核准。

第十二条　船舶交易服务机构应在船舶交易完成后，向交易方开具税务机关监制的购船发票（船舶交易发票）。

对未经船舶交易服务机构鉴证或交易的，船舶交易服务机构不得开具购船发票（船舶交易发票）。

第十三条　船舶交易方应当凭船舶交易服务机构开具的购船发票（船舶交易发票）等有关材料，向船舶登记机关办理船舶所有权登记或注销手续，向交通运输主管部门办理船舶营运证或国际航行船舶备案手续。

第十四条 上海航运交易所受交通运输部委托，组织其船舶交易服务机构会员拟定统一规范的船舶交易服务规范、交易规则、交易合同示范文本，并报交通运输部备案。

第十五条 上海航运交易所受交通运输部委托，建立全国统一的船舶交易信息平台，提供船舶交易信息服务。

各地方船舶交易服务机构应当向上海航运交易所及时报送本机构的船舶交易信息，由上海航运交易所定期汇总发布全国船舶交易信息和市场行情。

油船、化学品船、液化气船、客船等重点监管船舶进行交易时，应在船舶交易信息平台进行信息公示，船舶交易服务机构应及时受理有关方提出的异议，并向航运、海事管理机关报告。

船舶交易服务机构及其工作人员不得泄露交易方的商业秘密。

第十六条 禁止下列船舶交易行为：

（一）为不符合安全技术标准的船舶提供交易服务；

（二）以欺诈或胁迫手段，强迫他人接受交易条件，损害国家、集体或他人合法利益；

（三）恶意串通，故意隐瞒船舶缺陷，或制造虚假信息出售船舶，损害国家、集体或他人合法利益；

（四）为不能提供齐全、真实、有效文件的船舶提供交易服务；

（五）法律、法规规定禁止的其他交易行为。

第十七条 船舶出让方应当如实提供船舶的维修、事故、检验以及办理抵押登记、报废期等真实情况和信息。因出让方故意隐瞒重要事实或者提供虚假情况，导致受让方遭受损失的，出让方应依法承担相应责任。

第十八条 省级交通运输主管部门应会同相关管理部门在各自的职责范围内采取有效措施，加强对船舶交易的监督管理，依法查处违规行为，维护船舶交易秩序，保护交易各方的合法权益。

交通运输（港航）、海事等管理机关及其工作人员应维护船舶交易市场的公正性，不得以任何方式参与船舶交易营利性活动。

第十九条 船舶交易服务机构有下列行为的，由省级交通运输主管部门责令其改正：

（一）不具备本规定第四条规定的条件，未经备案擅自开展船舶交易服务；

（二）未依照本规定第八条规定对交易文件进行尽职审核，导致存在问题的船舶进场交易；

（三）为禁止交易的船舶提供交易服务。

第二十条 船舶交易服务机构违反本规定，给交易方造成经济损失的，应当依法承担赔偿责任。

第二十一条 本规定由中华人民共和国交通运输部负责解释。

第二十二条 本规定自 2010 年 4 月 1 日起施行。